地方立法公众参与机制研究

饶艾 程馨桥 陈迎新 饶世权 夏永梅◎著

四川大学出版社

项目策划：杨岳峰
责任编辑：杨岳峰
责任校对：吴连英
封面设计：墨创文化
责任印制：王　炜

图书在版编目（CIP）数据

地方立法公众参与机制研究 / 饶艾等著. — 成都 : 四川大学出版社，2019.12
ISBN 978-7-5690-3318-2

Ⅰ. ①地… Ⅱ. ①饶… Ⅲ. ①地方法规—立法—研究—中国 Ⅳ. ①D927

中国版本图书馆 CIP 数据核字（2019）第 292659 号

书名　地方立法公众参与机制研究
Difanglifa Gongzhongcanyu Jizhi Yanjiu

著　者	饶　艾　程馨桥　陈迎新　饶世权　夏永梅
出　版	四川大学出版社
地　址	成都市一环路南一段 24 号（610065）
发　行	四川大学出版社
书　号	ISBN 978-7-5690-3318-2
印前制作	四川胜翔数码印务设计有限公司
印　刷	成都市新都华兴印务有限公司
成品尺寸	170mm×240mm
印　张	13
字　数	248 千字
版　次	2020 年 6 月第 1 版
印　次	2020 年 6 月第 1 次印刷
定　价	46.00 元

◆ 读者邮购本书，请与本社发行科联系。
电话：(028)85408408/(028)85401670/
(028)86408023　邮政编码：610065
◆ 本社图书如有印装质量问题，请寄回出版社调换。
◆ 网址：http://press.scu.edu.cn

四川大学出版社
微信公众号

序

本书以习近平新时代中国特色社会主义思想为指导，对地方立法公众参与机制进行了系统性研究，兼及其理论与实践，试图在梳理并介绍有关成果的基础上，廓清地方立法公众参与机制的一些基本问题，搭建一个相对完整的地方立法公众参与机制理论体系。

本书由引论、本论、余论三个部分构成。引论部分，基于基本概念的界定，对地方立法公众参与成果做了梳理介绍及分析研究，包括地方立法公众参与的实质、地方立法公众参与的机制体系等内容。本论部分，是对地方立法公众参与机制（主要是表达机制）包括其公开公告、调研、座谈、听证、列席与旁听、助理六大机制的一个系统的理论归纳和相应的实践考察并分析论述。地方立法公开公告是立法信息对公众的告知，解决了公众知晓立法信息途径的制度化问题；地方立法调研突出的是对公众意见的了解和搜集；地方立法座谈侧重于立法者和公众参与者双方面对面的立法交流；地方立法听证则解决了不同利益诉求的普通民众参与立法的制度化问题；地方立法列席与旁听又拓展了公众参与地方立法的渠道；地方立法助理更是解决了我国地方立法实践中专家协助立法的制度化问题。该地方立法公众参与六大机制在其立法的不同环节相互交织相互配合，形成了一个系统的且形式多样并功能相对完备的公众参与机制体系。余论部分立足地方立法公众参与实践，对地方立法公众参与的监督保障机制及其实效与评估进行理论研究，同时兼及中外有关学理的分析判断。

引论所言，是地方立法公众参与机制体系的法理范畴，构成其体系的逻辑起点和基石；本论所述，系理论体系的主体内容或称基本范畴，不可或缺且是重中之重；余论所释，实属其法理范畴的扩展与延伸，是理论体系的完整化及其理论升华。该三部分内容既相互独立又相互联系，共同构成了一个相对完整的地方立法公众参与机制理论体系。

本书系四川省哲学社会科学项目的一个成果，是西南交通大学公共管理与政法学院、马克思主义学院几位志同道合的法学专业课教师以往研究成果的总结。在课题的研究过程中，当时法学系在读的部分法学理论硕士研究生参与了有关资料搜集整理等前期工作。本书的出版编辑承蒙西南交通大学2018年度研究生教材（专著）建设项目资助，得到了西南交通大学公共管理与政法学院的支持。在此，谨致谢忱。

本书的写作，参考借鉴了学界诸多专家学者的成果，谨向各位同仁致敬！

本书各章撰稿人分工（以编写章节为序）：饶艾，第一、二章；陈迎新，第三、五章；饶世权，第四、六章；程馨桥，第七、八章；夏永梅，第九、十章。

书中谬误在所难免，祈请读者批评指正。

饶　艾

2019年7月　西南交通大学九里校区

目　录

上　篇：引　论

中　篇：本　论

下　篇：余　论

上　篇：引　论

第一章　地方立法公众参与释义

一、地方立法

（一）立　法

1. 立法的概念

在法学理论与法律实践中，“立法”一词通常是在两种不同的情形下使用：在其静态情形下，立法指法律形式或法源（法律渊源），法理学意义上相当于与判例法相对应的制定法渊源或形式，即学界所称“刑事立法”“民事立法”“经济立法”中的立法，表法律形式或法律渊源之意；在其动态情形下，立法指创制规范性法律文件的活动或过程，法理学意义上即所谓法律运行中的立法，与法律实施及其司法、执法等概念相对应。本著作所论立法，是上述第二种意义即其动态情形下的立法，即法的创制，表法的创制活动或过程之意。

在法的创制即立法活动或过程意义上，立法是指有关国家机关在其法定的职权范围内依照法定程序所进行的规范性法律文件的立、改、废的活动或过程。在我国学界，由于对立法活动的主体与客体且主要是主体范围认识上的分歧，立法概念的界定又有至少四种不同的观点，试归纳述要：第一，立法是指从中央到地方的各级国家权力机关和行政机关，依据法定权限和程序，制定、修改和废止各种不同的规范性文件的活动。这是对立法最广义的解释。第二，立法是指最高国家权力机关及其常设机关，依据法定权限和程序，制定、修改和废止法律这种特定的规范性文件的活动。这是对立法最狭义的解释。第三，立法是指一切有权主体，依据法定权限和程序，制定、修改和废止规范性法律文件的活动。这是一种简单却灵活的解释。第四，立法是指从中央到地方享有立法权的国家机关，依据法定权限和程序，制定、修改和废止法的规范的活动。该释义强调了体制上中央立法和地方立法之分类。[①] 然而，概括言之，立法概念的界定不外乎广义和狭义两种。广义的立法，主要指有关国家机关包括中央国家机关和地方国家机关在其法定的职权范围内，依照法定程序，制定、修改、补充、废止及解释规范性文件的活动。狭义的立法，专指国家最高权力机关（或称国家立法机关等）制定、修改、补充、废止及解释基本法律（或称法典）和基本法律以外的法律（或称普通法律）的活动，强调的是不包括法律以外的其他法律渊源即法律渊源的单一性或纯粹性。[②] 立法含义的广义界定与我国《中华人民共和国立法法》（以下简称《立法法》）中所指“立法”的含义一致，也即本著作所论立法。

从其形式上考察，立法活动有其明显的特征，主要表现在下述方面：(1) 立法是国家行为，是国家机关依照法定职权进行活动的一种法律形式。首先，立法主要是由国家机关进行的，其他任何社会组织、团体和个人，非国家机关授权或法律规定不能进行立法活动。其次，立法并非任何国家机关均可实施，而是享有相应立法权的国家机关的专有行为，这种权力通常是由一国的宪法和其他有关法律所确认的，不同国家对此有不同的规定。最后，立法不是国家机关活动的唯一方式，一般意义上，其他方式如行政执法活动、司法审判活动和法律监督活动均非创制法律规范的活动。(2) 立法是国家机关按照法律程序所为的行为。自近代法治出现以来，任何国家的立法活动和行为均非任意而为，相反，立法行为必须遵循一定的程序展开。尽管不同国家的立法程序不尽相同，但是立法程序由宪法和专门法律确定即立法活动和行为的法律化、程序化却是一致的。(3) 立法行为和活动是以对规范性文件的制定、修改、补充和废止为内容的。首先，立法的直接目的是创制具有普遍约束力的法律规范。其次，立法的活动内容并非单一地制定新的法律规范，还包括对已有法律规范的修改、补充和废止及其相应的有效解释。再者，在一项法律规范的创制过程中，法律规范的立、改、废、释有时是单独出现的，有时又是同时进行和开展的，这需视具体的立法行为和活动而论。

从其实质上剖析，立法活动并非如形式特征那样简单，其原理与马克思主义法学中有关法的本质的原理相一致，这主要表现在下述方面：(1) 立法是一国中掌握政权的阶级通过国家机关将自己的意志转化为国家意志的过程。马克思主义法学认为，法是由一定社会的物质生活条件决定的，是一国中掌握政权的阶级共同意志的体现。据此，立法在本质上是一国统治阶级将

① 参见周旺生：《立法学》，法律出版社，2004 年，第 25 页。

② 朱力宇、张曙光主编：《立法学》，中国人民大学出版社，2006 年，第 20 页。

自己的共同意志转化为国家意志或提升为法律的过程，它并非单纯的程序性技术性的国家活动和行为，而是借此进行利益分配与取舍和协调从而实现阶级统治和社会管理目的的活动和行为。同理，我国社会主义立法活动就是广大人民在党的领导下通过人民代表大会及其他各种途径参与立法从而将自己的意志上升为国家意志的过程。(2) 社会物质生活条件是进行立法活动的最终决定因素。马克思主义法学认为，法最终是以社会经济基础而不是以人的主观意志为转移的，社会物质生活条件是立法活动的最终决定因素。构成社会生活物质条件的内容很丰富，主要包括地理环境、人口状况和社会物质生产方式，其中生产方式是社会发展的决定力量。诚如马克思所言："无论是政治的立法或市民的立法，都只是表明和记载经济关系的要求而已。"[①] (3) 当然，经济以外的其他因素也对立法产生一定的影响，这些因素有政治、文化、历史、民族、宗教、艺术等等。马克思主义法学肯定经济条件对立法的最终决定作用，但并不认为经济是法律产生和发展的唯一决定因素。诚如恩格斯所言："政治、法、哲学、宗教、文学、艺术等等的发展是以经济发展为基础的。但是，它们又都相互作用并对经济基础发生作用。并非只有经济状况才是原因，才是积极的，其余一切都不过是消极的结果。这是在归根到底总是得到实现的经济必然性的基础上的互相作用。"[②]

如上所述，立法是国家行为，立法活动是国家权力的行使，其实质是利益的分配、取舍和协调，借此实现其政治统治和社会管理的职能。因此，立法权的分配或立法权限的划分即立法体制是国家制度的重要组成部分。我国社会主义法治的建设与发展、立法工作的加强和立法质量的提高，也需要一个科学的、合理的立法体制的保障。

2. 立法体制的概念

按理说，立法体制是关于一国立法机关设置及其立法权限划分的体系和制度，即有关法的创制权限划分所形成的制度和结构，它既包括中央和地方关于法的创制权限划分的制度和结构，也包括中央各国家机关之间及地方各国家机关之间关于法的创制权限划分的制度和结构。

一个国家的立法体制是同该国家的国家性质和国家结构形式密不可分的。从国家性质看，在古代君主专制的国家，皇帝一人独揽大权，包括立法权，因此，古代基本上实施的是君主个人专制独裁立法体制。在现代民主国

① 中共中央编译局：《马克思恩格斯全集（第四卷）》，人民出版社，1958 年，第 121～122 页。

② 中共中央编译局：《马克思恩格斯选集（第四卷）》，人民出版社，1995 年，第 732 页。

家，由于实行人民主权，一般采用民主形式的立法体制。从国家结构形式看，在实行单一制国家结构形式的国家里，一般是采用一元立法体制，即立法权集中在最高权力机关，全国只有一个立法体系。

关于我国的立法体制的描述，学界的研究成果主要表现在两种不同的研究思路上。一种思路是，将我国的立法体制概括为“一元、两级、多层次”和“一元、两级、三层次、四分支”。“一元、两级、多层次”理论认为，所谓“一元”，是指依据宪法，我国是一个单一制的统一的多民族国家，因此，我国的立法体制是统一的、一体化的，全国范围内只存在一个统一的立法体系，不存在两个或两个以上的立法体系。所谓“两级”，是指依据宪法，我国立法体制分为中央立法和地方立法两个立法等级。所谓“多层次”，是指依据宪法，不论是中央立法还是地方立法，都可以各自分成若干个层次和类别。[①]“一元、两级、三层次、四分支”理论认为，我国立法权配置从理论上，可概括为“一元、两级、三层次、四分支”体制。“一元”是指我国立法权配置依照一部宪法的统一规定，构成统一的整体。“两级”是指我国的立法权配置分为中央和省两级，在中央一级享有立法权的国家机关有全国人民代表大会及其常务委员会、国务院、国务院各部门；在省一级享有立法权的国家机关有省、自治区、直辖市的人民代表大会及其常务委员会、人民政府，设区的市的人民代表大会及其常务委员会、人民政府，特别行政区立法会和长官。“三层次”是指立法权配置在每一级内分为三个层次。在中央一级，全国人民代表大会及其常务委员会构成了第一层次，国务院是第二层次，国务院各部门是第三层次。在省一级，省、自治区、直辖市人民代表大会及其常务委员会制定地方性法规，批准设区的市人民代表大会制定的地方性法规，批准民族自治地方制定的自治条例和单行条例，这是第一层次；省、自治区、直辖市的人民政府制定规章为第二层次；设区的市人民政府制定规章为第三层次。“四分支”指中央一级的立法权延伸到地方，分为四个分支。第一分支是省、自治区、直辖市以及设区的市的人民代表大会及其常务委员会制定地方性法规，还有人民政府制定规章的权力；第二分支是民族自治地方制定自治条例、单行条例的权力；第三分支是经济特区地方人民代表大会及其常务委员会制定在经济特区实施的地方性法规、人民政府制定在经济特区实施的规章的权力；第四分支是特别行政区立法会和长官制定法律

---

① 参见张文显主编：《法理学（第三版）》，法律出版社，2007年，第211页。

的权力。[①] 当然，还有其他一些有关我国立法体制结论相同的不同表述，例如“中国现行立法体制是中央统一领导和一定程度分权的，多级并存、多类结合的立法体制”[②]。另一种思路是，根据《中华人民共和国宪法》（以下简称《宪法》）和《立法法》的规定，分析我国的立法体制所具有的特点。该思路对我国立法体制特点的分析是：第一，集权和分权、中央和地方相结合。所谓集权，是指《宪法》和《立法法》规定国家立法权集中于最高国家权力机关和它的常设机关，其他各级国家机关均无此权。即使是全国人大及其常委会将某些属于国家立法权范围内的事项授权给国务院立法，也采取的是一事一议的方式。所谓分权，是指宪法规定的最高国家权力机关及其常设机关以外的其他各级国家机关享有一定的从属立法权，即它们有权在宪法、法律规定的范围内，对自己所管辖的事项进行立法。同时，又赋予地方特别是各省、自治区、直辖市一定的立法权，这样地方不仅能够将中央的立法具体化，而且还能够在法定的职权范围内根据本地情况主动立法。第二，我国现行立法体制属于一级立法体制，同时又在一定程度上吸收了某些二级立法体制的特点。在狭义“立法”意义上，可以认为我国的立法体制是一级立法体制。[③] 在一定程度上吸收了某些二级立法体制的特点，是说我国的立法体制不仅在中央专属的立法事项上赋予了最高行政机关相应的权限，而且也赋予了地方相应的权限，特别是赋予了民族自治地方和特别行政区更大更多的立法权限。第三，对中央专属立法权的事项明确加以列举。第四，符合统一和民主的原则。该立法体制的特点体现在我国《宪法》与《立法法》的具体规定上。[④]

上述有关我国立法体制研究的两种思路，其成果大同小异。两者均以我国现行宪法和立法法为依据，结论上也可以认为是殊途同归，尽管在语言表述和归纳方式上各有特色。总之，我国的立法体制可以简单地概括为“一元、两级、多层次、四分支”，或者“一元、两级、三层次、四分支”，或者

① 李步云、汪永清：《中国立法的基本理论和制度》，中国法制出版社，1998 年，第 107 页。

② 周旺生：《立法学》，法律出版社，2005 年，第 187 页。

③ 该分析可进一步研究。一是，从纵向角度即中央和地方关系的角度研究我国的立法体制不可或缺；二是，原有“两级”体制理论似乎同我国单一制国家结构形式并非十分吻合，当然可以用“中国特色”加以解释；三是该“一级”兼“两级”理论，其分析确有道理，但在广义立法意义上探讨我国立法体制却又以狭义“立法”意义做具体分析，似乎有违逻辑上概念一致的规则，有偷换概念之嫌。

④ 参见朱力宇、张曙光主编：《立法学》，中国人民大学出版社，2006 年，第 143～146 页。

"一元、两级、多层次种类"。所谓"两级"是纵向的即从中央和地方关系的角度研究我国的立法体制即中央立法和地方立法两级，但是正如上述立法体制研究成果的介绍中所分析的，这种"两级"是"一级"基础上的"两级"，即狭义"立法"意义上的一级和以此为基础的广义"立法"意义上的两级。因此，我国的立法实践和立法理论研究中就形成了所谓"中央立法"和"地方立法"① 之分。

（二）地方立法

1. 地方立法的概念

所谓地方立法，是相对于中央立法②而言的。对此，学界有着多种不完全一致的学理界定，述其要者如下：其一，地方立法是指地方国家权力机关和地方国家行政机关依据宪法、法律规定的权限，制定和颁布在本行政区域内有普遍约束力的，由国家司法机关或地方行政机关保证实施的规范性文件的活动。③ 其二，地方立法是指地方国家权力机关依据宪法、法律的权限，根据本行政区的具体情况和实际需要，依据一定程序，运用一定技术，制定、认可、修改、补充和废止具有普遍性、明确性、肯定性的并以国家司法机关或地方行政执法机关保证实施的规范性文件的活动。④ 其三，本书所称地方立法，不仅包括省、自治区、直辖市以及设区的市制定地方法规的活动，而且包括民族自治地方制定自治条例和单行条例的活动。⑤ 其四，我国的地方立法是省、自治区、直辖市（包括设区的市）人民代表大会（包括县以上民族自治地方人民代表大会）及其常委会、人民政府依据《宪法》《中华人民共和国地方各级人民代表大会和地方各级人民政府组织法》（以下简称《地方各级人民代表大会和地方各级人民政府组织法》）所赋予的立法权，按照法定程序制定、修改、废止在其辖区内具有法律约束力的地方性法规、

---

① 关于中央立法和地方立法，我国宪法和有关法律并未做出统一的界定，但理论上已经形成一定的研究成果和概念界定，在以下的论述中将会以研究内容为序逐步涉及并介绍。

② 在我国，中央立法是以全国人大及其常委会的国家立法为主导的，以国务院及其所属部门立法相辅助的中央有关国家机关立法。参见周旺生：《立法学》，法律出版社，2005 年，第 187 页。

③ 王飙主编：《实用立法技术》，中国法制出版社，1995 年，第 8 页。

④ 王盛林主编：《地方立法概论》，山东人民出版社，1993 年，第 19 页。

⑤ 唐孝葵、欧阳振、黄湘平主编：《地方立法比较研究》，中国民主法制出版社，1992 年，第 8 页。

地方政府规章、民族自治条例和单行条例等立法活动的总称。[①] 其五，地方立法，是指特定的地方国家机关依法制定和变动效力不超出本行政区域范围的规范性法律文件活动的总称。该定义有下述几层次意思：第一，特定的地方国家机关指我国《宪法》和《立法法》确定的可以制定规范性法律文件的地方国家机关，以及根据授权可以立法的地方国家机关。第二，依法是指依《宪法》和《立法法》及其他法律渊源形式所规定的立法权限、程序和其他要求。第三，效力不超出本行政区域范围，意为其效力在本行政区域范围均有效和部分有效，而非任何法律渊源形式在本行政区域全部范围有效。第四，规范性法律文件是地方立法各种法律渊源形式的总称，包括地方性法规、地方政府规章、自治条例、单行条例、特别行政区的法律和其他规范性法律文件、被授权的主体制定的效力及于一定地方行政区域的规范性法律文件。[②]

以上诸多地方立法概念的学理界定，其所指地方立法的主体、客体及内容不尽一致。所指地方立法主体，有的仅指地方权力机关即地方人大及其常委会，有的则指国家机关（既包括地方人大又包括地方政府），有的还表述为国家政权机关。所指地方立法客体和地方立法内容也存在不一致之处。按照学术传统和方法，这些有关地方立法的定义可以分别称为广义的地方立法、狭义的地方立法或其他。此外，也有学者依据宪法和有关法律的规定，就法律渊源的现状来定义地方立法，"本章所称地方立法，是指地方性法规、地方政府规章、自治条例和单行条例、特别行政区法律的制定、修改和废止的活动。"[③] 相较而言，各种有关地方立法的界定和解释均有其值得称道之处，而周旺生教授对地方立法所作的广义上的解释和表述，即特定的地方国家机关依法制定和变动效力不超出本行政区域范围的规范性法律文件活动的总称，则更显全面且严谨。

简要归纳之，就立法权的主体而言，地方立法概念有广义和狭义两说。狭义上的地方立法，仅指享有地方立法权的地方国家权力机关制定地方性法规的活动。广义上的地方立法，既包括有地方立法权的地方国家权力机关制定地方性法规的行为，也包括有行政规章制定权的地方行政机关制定地方行政规章的活动。

---

① 刘虎、张利凯：《地方立法涵义解析》，载山东省人大常委会法制工作室编：《地方立法研究》，山东人民出版社，1991 年，第 39 页。

② 参见周旺生：《立法学》，法律出版社，2005 年，第 215 页。

③ 李步云、汪永清主编：《中国立法的基本理论和制度》，中国法制出版社，1995 年，第 217 页。

2. 地方立法的构成与种类

一般而言，我国地方立法主要是由一般地方立法、民族自治地方立法和特区地方立法所构成。

一般地方立法，是相对于特殊地方立法而言的地方立法。一般地方立法是指在一般行政区划范围内的地方立法，即制定地方性法规和地方政府规章的活动。主要包括以下几种情形：(1) 省、自治区、直辖市人大及其常委会在不同宪法、法律、行政法规相抵触的前提下，制定地方性法规的活动。(2) 设区的市的人大及其常委会在不同宪法、法律、行政法规和本省、自治区的地方性法规相抵触的前提下，制定地方性法规，报省、自治区人大常委会批准的活动。(3) 省、自治区、直辖市人民政府和设区的市的人民政府根据法律法规制定规章的活动。据学界研究，一般地方立法不同于特殊地方立法的特色主要在于其普遍性、任务的繁重性及从属性和自主性。所谓一般地方立法更具普遍性是说：首先，一般地方立法是由《宪法》和宪法性法律明文确定的地方立法，立法权主要直接来自宪法和宪法性法律的授权，不像经济特区的授权立法，立法权更多来自中央立法主体的另行授权。其次，一般地方立法的调整对象，是地方上普遍需要以法的形式调整的、更多属于普通范围的事项，不像自治立法和特区立法（特别行政区立法和经济特区的授权立法），在调整对象方面通常带有鲜明的特殊性。其三，一般地方立法，在总体上不像自治立法和特区立法（特别行政区立法和经济特区的授权立法）那样带有破格性，不像经济特区的授权立法那样带有经常的不确定性，一般地方立法的任务和程序等，通常不仅是普通的、常规性的，而且是确定的或明确的。所谓一般地方立法的任务更繁重性一方面是说，它是中国地方立法中地域范围最广泛的立法。省、自治区、直辖市、设区的市，都有一般地方立法权。其他地方立法的地域范围远不及一般地方立法。另一方面，一般地方立法既要贯彻实施中央法律、法规，又要解决本地需要以立法方式解决的问题，它可以在广泛的领域制定地方性法规和政府规章，调整的事项很多，不像经济特区授权立法通常是在授权范围内立法。所谓一般地方立法的从属性和自主性是说，其一，一般地方立法比自治立法和特区立法（特别行政区立法和经济特区的授权立法）更需要注重贯彻实施中央立法产生的规范性法律文件，使它们具体化。《宪法》明确规定地方性法规的制定不得同宪法、法律和行政法规相抵触。而自治立法和特区立法（特别行政区立法和经济特区的授权立法）虽然也有贯彻实施中央立法产生的规范性法律文件的任务，也要维护国家法制的统一，但它们在这方面不像一般地方立法那样更具从属性。其二，在立法程序和立法范围方面，一般地方立法的自主性更大些，如地方性法规不须报全国人大常委会批准，在时间和空间（事项）等方面也不像经济特区的授权立法那样受到种种明确的限制，它可以在自己权限范围内自主地解决所要解决的问题。一般地方立法构成我国地方立法的主体。

我国是一个统一的多民族的国家，民族区域自治是我国的一项重要政治制度，因而形成了民族自治地方立法。民族自治地方立法，是指民族自治地方的自治机关，依法制定和变动效力可以及于本民族自治地方的自治条例和单行条例的活动的总称。① 或者，民族自治地方人民代表大会及其常委会根据《宪法》、民族区域自治法和其他法律规定，有权制定自治条例、单行条例、变通规定和补充规定。自治条例、单行条例、变通规定和补充规定人们习惯上统称为自治法规。同时，根据《宪法》《地方各级人民代表大会和地方各级人民政府组织法》的规定，自治区和设区的市的人大及其常委会也可以制定地方性法规。在此，民族自治地方立法也是从广义上言说的。但是，学界所谓民族自治地方立法主要是指民族自治地方人大及其常委会制定和变动自治条例及单行条例的活动。② 该立法种类应当是我国地方立法的一种特殊形式，其特征主要表现在它存在于特定的区域、有特定的立法主体、有特定的表现形式，是特定的立法权并且在立法依据、立法程序以及与中央立法的关系方面也呈现出不同于一般地方立法的特色。③

特区地方立法，又包括特别行政区立法和经济特区立法两种。特别行政区是一般行政区划和民族自治地方之外的行政区划，它是以“一国两制”思想为指导，以宪法为根据，为合理解决因历史原因所致香港、澳门和台湾问题所设置的直辖于中央人民政府的特殊行政区域。特别行政区实行高度自治，与中国大陆主体所实行的基本社会制度不同，在长时期中仍然保留实行资本主义制度。我国现在已经拥有香港和澳门两个特别行政区，台湾的回归也指日可待，特别行政区立法研究也不可或缺。

经济特区是在国内划定一定范围，在对外经济活动中采取较国内其他地区更加开放和灵活的特殊政策的特定地区。在我国，是中国政府允许外国企业或个人以及华侨、港澳同胞进行投资活动并实行特殊政策的地区。其主要特征，一是，经济特区是我国采取特殊政策和灵活措施吸引外部资金、特别是外国资金进行开发建设的特殊经济区域；二是，从功能上讲，经济特区是

---

① 参见周旺生：《立法学》，法律出版社，2005 年，第 231 页。

② 李步云、汪永清主编：《中国立法的基本理论和制度》，中国法制出版社，1998 年，第 250 页。

③ 参见周旺生：《立法学》，法律出版社，2005 年，第 231 页。

我国改革开放和现代化建设的窗口、排头兵和试验场。经济特区立法是适应这种需要应运而生的一种地方立法。相较于一般地方立法，经济特权立法的特点鲜明，主要表现为其立法权的来源不同，立法的效力等级和调整范围不同，同时带有明显的先行性和试行性。该种类地方立法也不可或缺。

3. 地方立法的基本特征

一般地方立法、民族自治地方立法和特区地方立法有其不同于中央立法的共同特性。据学界相应研究，这些特性主要表现在其地方性、复杂性和两重性等方面。

地方立法具有地方性，是说地方立法的主体只能是地方国家机关。中央国家机关不能是地方立法的主体，即使中央国家机关制定专门解决地方问题的法律、法规。地方立法的任务是解决地方问题，尤其是注重解决应当以立法解决而中央立法不能或不便解决的问题。地方立法可以有或应当有鲜明的地方特色，其基本原则之一是要从本地实际出发，保持地方特色。地方立法的效力范围限于本地行政区域内。地方立法更具复杂性，涉及其三个要点，即：首先，地方立法涉及的立法关系复杂，这些关系主要有地方立法与宪法和法律的关系、地方立法与行政法规的关系、地方立法与部门规章的关系、地方立法与地方政府规章的关系、地方立法与上级或下级地方权力机关及其常设机关的地方性法规的关系等等。其次，地方立法调整的社会关系更具体、事项更多。再次，各地经济、政治、文化等发展不平衡的情况，使地方立法异彩纷呈的同时，也使地方立法更加复杂。地方立法的两重性指其从属性和自主性两个不同的方面。所谓从属性是指，一方面，地方立法与中央立法相比，处于相对次要的地位，一般需以中央法律、法规为依据，或不能与其相抵触。在立法功能方面，地方立法一般都承担着贯彻实施中央法律的责任，以及补充中央法律、法规与先行立法以积累立法经验的任务。另一方面，一国法制统一原则还要求地方立法在法的体系、法律渊源及其他方面同中央立法保持一定的协调性。所谓自主性是说，地方立法作为一国立法体制的组成部分，也有相对的独立地位。① 关于我国地方立法的相对独立地位，在学者的论述中，均强调其从属性，如周旺生教授所著《立法学》认为，在中国现阶段，地方立法对中央立法的从属性、下级立法对上级立法的从属性，是更主要的内容。如在李步云、汪永清主编的《中国立法的基本理论和制度》中，我国地方立法的整体特征被概括为地方性、授权性、多样性和受

① 周旺生：《立法学》，法律出版社，2005 年，第 216 页。

监督性，内地的地方立法的特征则被概括为从属性、实施性和实验性三点。如何解读我国地方立法的相对独立性，该问题是否可有另一种思路，这值得进一步思考。①

4. 地方立法的功能与作用

地方立法在我国存在的现状表明了它的不可或缺。那么，其作用何在?对此，学界有一定的理论探讨。周旺生认为，地方立法的作用是地方立法对国家、社会和公民生活所具有的功能和效用，主要有：使宪法、法律、行政法规和国家大政方针得以有效实施；解决中央立法不能独立解决或暂时不宜由中央立法解决的问题；自主地解决应当由地方立法解决的各种问题；促进中国社会的法治建设。李步云、汪永清主编的《中国立法的基本理论和制度》也集中探讨了该问题。该著作认为，我国地方立法的作用有三点：有利于各地因地制宜地自主解决本地方自己的事务；有利于加快立法步伐，促进依法治国的实现；有利于宪法和国家法律的实施，特别行政区的立法则有利于特别行政区基本法的实施。②

笔者认为，事物的作用依事物的特性和价值而定。地方立法的特性和价值主要在于它的地方性、实施性和实验性。地方性决定了地方立法的作用主要在于各地方因地制宜地自主解决本地方事务；实施性决定了地方立法的作用主要在于通过地方立法对国家法律法规的细化，促进宪法和国家法律的实施；实验性决定了地方立法的作用主要在于通过地方立法实验加快立法步伐和提高立法质量。在此对地方立法作用的分析并未深入，只是提出了一个初步的思路而已，但是该思路的合逻辑性却显而易见。当然更主要的是，该内容并非本研究的重点。无论如何，我国地方立法的实践与地方立法在我国立法体系中的地位、价值与功能以及地方立法研究领域的博大精深，此即地方立法研究进入法学研究视野的原因。而地方立法中立法程序尤其是公众参与机制的研究则更具学术魅力与探索价值，此即本课题研究的动力。

---

① 周旺生：《立法学》，法律出版社，2005年，第216页。

② 李步云、汪永清主编：《中国立法的基本理论和制度》，中国法制出版社，1998年，第224页。

二、地方立法公众参与

（一）地方立法公众参与的概念

伴随着我国法治建设的进程，公众参与一词已经成为我国政治生活和社会生活中使用频率较高的一个概念。那么，何谓公众参与？公众参与首先是一个政治学的概念，学者从政治学的视野出发，对公众参与有形形色色的描述和定义，用词也不尽相同。国外有学者用“Citizen participation”来表达，但所给定义略有不同。有学者认为，公众参与指与政策制定者共同分享担当政策与提案形成的角色，并且在决策者与被规划者之间，隐含了双方合作与互相教育的实质意义；也有学者认为，公众参与是指提供一种机会，可供民众参与政府决策和规划的过程；还有学者认为，公众参与是除选举投票外，任何相关民众（个人或团体）所采取的影响决策、计划和政策的行动。另一些学者用的是“Public participation”一词，泛指公众和一般机构参与有关政府决策的一系列程序。我国学界较早使用的词还有“民众参与”“市民参与”等。近些年来，“公众参与”一词的使用最为常见，其定义也不尽相同。有学者将公众参与定义为，公众中的个人或组织通过直接或间接的方式影响公共政策制定和实施效果的行为；有学者将其定义为对某项公共事务或政策具有利害关系的个人或团体直接涉入政策过程中，以影响政策结果或了解、熟悉有关该政策信息的一种咨询活动。如此等等，不胜枚举。①

从上述有关公众参与的定义与描述不难看出，在政治学看来，公众参与就是公众中的个人和团体直接或者间接地参与社会生活和政治生活，从而影响政府的一种行为。并且，从理论上言之，有广义与狭义之分。广义上的公众参与，指涉及政治过程、立法过程、行政过程以及司法过程中的公众参与。狭义上的公众参与，指仅限于某一具体行为过程如立法或行政过程中的公众参与，那么，地方立法公众参与即地方立法过程中的公众参与。

法学领域公众参与的研究起步相对较晚，且是以政治学中公众参与的概念为基础的。较早提出立法公众参与这一概念的，是1995年在全国人大法工委工作的陈斯喜。他在1995年第1期的《行政法学研究》上发表了一篇题为《论我国立法的公众参与机制》的论文。他认为立法的公众参与制度就是“法律、法规、规章的制定过程中，允许立法机关以外的人员参与发表意

① 转引自王彧：《论地方立法中的公众参与机制》，西南交通大学硕士学位论文，2007年。

见的制度”。当时，他对立法的公众参与制度的定义相对简单。简言之，所谓立法的公众参与或者公众参与立法就是指公众以影响立法者的选择为目的而采取的直接或间接的行动。立法参与的主体可以是公民个人也可以是团体，立法参与的方式既可以合法也可以不合法，其结果可以有效也可以无效，其时间可以持续也可以间断，其手段可以和平也可以暴力，立法参与的目就在于影响立法利益的权威性分配。公众影响立法决策并试图取得一定影响力的过程就是立法参与的过程。① 在这一视角下，把健全人民代表大会制度也看成完善公众参与途径的一种方式。而朱景文在 2000 年第 1 期的《浙江社会科学》上发表的《关于立法的公众参与的几个问题》中，虽然没有给立法的公众参与一个明确的定义，但显然把专家立法排除在外，而只将公众参与狭义地理解为普通公民的参与。其他关于公众立法的研究大多停留在公众参与制度价值的层面，也没有明确公众参与立法的内涵及外延。②

综上，本书所论地方立法的公众参与机制主要是指，在地方性法规的立、改、废、释活动中，除人民代表大会制度以及人大代表的代议民主外，社会公众直接参与立法活动的参与民主的途径和方式。按照《中华人民共和国宪法》和《立法法》的规定，其地方性法规是指，省、自治区、直辖市的人民代表大会及其常委会根据本行政区域的具体情况和实际需要，在不同宪法、法律、行政法规相抵触的前提下所制定的规范性法律文件；以及设区的市的人民代表大会及其常委会根据本市的具体情况和实际需要，在不同宪法、法律、行政法规和本省、自治区的地方性法规相抵触的前提下，对城乡建设与管理、环境保护、历史文化保护等方面的事项制定的规范性法律文件。

（二）地方立法公众参与的实质

公众参与的实质或其基本依据应当是人民主权，即我国《宪法》明确规定的人民当家作主。

此意义上，立法权即公共权力的典型。立法权不仅仅是审议通过法律法规的权力，还应当包括提案权、起草权、发表意见或建议权、监督权等一系列次权力所构成的集束性权力。法治社会中管理国家、社会事务的权力集中体现为立法权，因为立法权是将人民的利益和意志上升为法律的权力。人民选举自己的代表组成立法机关，可以充分表达人民的整体利益和诉求，但社

① 陈爽：《公众立法参与若干问题研究》，武汉科技大学硕士学位论文，2008 年。

② 参见王彧：《论地方立法中的公众参与机制》，西南交通大学硕士学位论文，2007 年。

会现实复杂多变、利益关系日趋多元，“仅仅依靠民选的立法代表已经越来越难以充分反映公众的各种不同的利益要求”①。其他公共机构作为社会的管理者，也不可能充分地了解和确保不同公众的利益。

因此，通过建立公众参与立法机制，可以实现公众与立法机关共享地方立法权。公众共享地方立法权不同于分享，分享是指不同主体分别享有不同的权力，如建议权仅归属于公众，提案权仅归属于公共机构。而共享则是指立法权所包含的各次级权力为各主体共同享有。在我国，这是人民有序政治参与的重要内容，也是社会主义协商民主的具体形式。

三、地方立法公众参与的价值与功能

地方立法公众参与的实践及其进一步推进，有赖于对地方立法公众参与价值的挖掘。对此，学界已经有过相应的探讨。南京财经大学法学院祝贺认为，公众参与行政立法的价值取向在于追求公正与效率的动态平衡。② 武警工程学院的程锦撰文《公众参与行政立法的价值及途径》，分析了公众参与行政立法的意义。他认为，公众参与行政立法由行政立法的特性所决定，是民主决策和权力制衡的需要，有利于和谐社会的构建、有利于服务型政府的建设、有利于依法治国方略的实施和更好地保护公民、组织的合法权益。③ 在行政立法领域实行公众参与，正是在立法的过程中进行多方利益博弈。公众参与行政立法的核心价值正是在于坚持立法的群众路线，扩大公民的有序政治参与，推进立法的民主化，促进社会主义和谐社会的科学发展。④ 西安市行政学院许小婵、马慧以《公众参与行政立法体现和谐社会的科学发展》为题，探讨了公众参与行政立法的意义：（1）可以为构建和谐社会奠定群众基础。（2）可以为构建和谐社会提供法治保障。（3）是构建和谐社会化解矛盾冲突的有效途径。（4）可以为构建和谐社会营造舆论氛围。（5）可以为构建和谐社会建立长效机制。⑤ 方世荣在其论文《论公众参与地方立法的理论基础及现实意义》中联系我国社会主义法治建设实践，分析了在我国地方立法中建构公众参与制度对实现依法治国以及建设和谐社会具有的重要现实意

① 王鉴辉：《我国地方立法的价值取向研究初探》，《现代法学》2002 年第 2 期。

② 祝贺：《公众参与行政立法的价值定位和模式》，《南京财经大学学报》2004 年第 6 期。

③ 程锦：《公众参与行政立法的价值及途径》，《陕西行政学院学报》2008 年第 1 期。

④ 许小婵、马慧：《公众参与行政立法体现和谐社会的科学发展》，《新西部》2008 年第 22 期。

⑤ 许小婵、马慧：《公众参与行政立法体现和谐社会的科学发展》，《新西部》2008 年第 22 期。

义。他认为，其重要意义主要表现在四个方面，即公众参与地方立法可以有效保障人民当家作主基本权利的实现、适应了社会主义市场经济的要求、可以监督立法机关依法立法、是保障地方立法内容的科学性和有效性的有力举措。就公众参与地方立法可以有效保障人民当家作主基本权利的实现而言之，公众参与地方立法，首先是人民群众直接实现当家作主权利的一种方式，是民主政治的内在要求，可以防范和避免立法机关及其立法代表因不全面性而可能带来的歧视，从而有利于实现对不同利益群体的社会公众的平等对待和平等保护，使地方立法能最大限度地协调各种利益关系。就适应了社会主义市场经济的要求来看，市场经济是一种竞争经济，市场主体具有独立的人格地位及相应的自主性，公众参与地方立法，其实质是市场主体的主体地位在政治层面的一个体现，是市场经济体制的内在运行要求。同时，市场经济主体的自主性导致了社会利益的多元，通过公众参与地方立法可以有效弥补传统的间接民主立法因自身缺陷难以在立法中全面表达这些多元利益的缺陷，满足市场经济主体各自不同的利益需求，从而推动市场经济的进一步深入健康发展。不受监督的权力难以避免腐败，公民参与立法，实际上也是公众对立法机关立法权运用的一种防范与监督，构成对立法权力加以监督的一种模式。是故，公众参与地方立法可以监督立法机关依法立法。公众参与地方立法可以为立法机关提供更加广泛的公众建议和意见，弥补代表知识和能力的客观缺陷，避免立法中的疏漏。同时，公众参与地方立法，既是一个表达公众意愿的过程，也是一种学法及尊法守法的强化途径，这对促进国家机关与社会公众两方面的关系和谐具有不可替代的作用，对于推进和谐社会的建设有重要的意义。① 因此，公众参与地方立法可以保障地方立法内容的科学性和有效性。②

可见，诸多研究成果是将地方立法公众参与的价值和意义作整合性论述，这不无道理。然而，价值与意义本身，又是不同的两个层面的问题。简言之，价值更强调内含于事物中的特性，意义侧重于现实的需要和所达成的目的。

就地方立法公众参与的价值而言，首先是其民主性价值之协商民主。当代政治学理论认为，民主的方式和种类可分为直接民主、间接民主、协商民

① 方世荣：《论公众参与地方立法的理论基础及现实意义》，《湖北行政学院学报》2005年第5期。

② 方世荣：《论公众参与地方立法的理论基础及现实意义》，《湖北行政学院学报》2005年第5期。

主三类。何谓直接民主?《简明不列颠百科全书》对“直接民主”的描述是“由全体公民按多数裁决程序直接行使政治决定权的政府形式”，该民主以古代希腊雅典城邦的民主制度为典型。何谓间接民主？指由人们选举出代表来行使人民主权进行立法、组织国家机构，从而实现秩序与正义的社会管理模式。何谓协商民主？就学界最广义的定义而言，“协商民主是这样一种观念：合法的立法必须源自公民的公共协商。作为对民主的规范描述，协商民主唤起了理性立法、参与政治和公民自治的理想。简而言之，它呈现的是一种基于公民实践理论的政治自治理想。”[①] 协商民主作为一种法律价值追求及理论和制度，主要是基于对程序化的“票决式民主”的批判和反思提出的。

相较而言，直接民主和间接民主实质意义上强调的是立法在内容上所反映的民意，是一种立法结果上的民主；协商民主实质意义上强调的是立法在其程序或者说立法活动过程中所体现的民意，是一种立法程序上的民主。正如喻少如在《公众参与行政立法的民主性探讨》一文中所归纳的，协商民主注重那些先于选举的相关意见和达成意愿的畅谈过程。协商民主强调在参与者严肃和负责任地表达、沟通、相互理解的基础上做出公共决定。并且，在这个过程中，核心是讨论和对话，也就是公共协商，即“政治共同体参与公共讨论和批判地审视具有集体约束力的公共政策的过程”，其主要目标是“利用公共理性寻求能够最大限度地满足所有公民愿望的政策”。[②] 其中，“讨论”（discussion）被赋予一种参与者之间通过阐述理由、进行说服、寻求共识而提升决策正当化和理性化的功能。[③] 地方立法的公众参与首先强调的正是这种立法过程、立法程序的公共协商。

法律是立法活动的结果，立法活动运行的质量决定法律内容的质量。在立法过程中，立法者所掌握的知识越丰富，与立法有关的信息越翔实，则越能保证所立之法的科学性。当今社会，随着科学技术的不断发展及社会分工的不断细密，立法者的知识和信息局限越来越大，面对立法中出现的新情况新问题，尤其是那些专业性技术性较强领域的立法，立法者更显得迷茫或者力不从心。公众参与立法则可在一定程度上弥补立法者有关非法律专业性知识方面的缺陷，从而保障立法质量。

在地方立法工作中，为凸显地方立法的特殊性当然需要采集民意，而最

① ［美］詹姆斯·博曼·雷吉：《协商民主：论理性与政治》，陈家刚等译，中央编译出版社，2006 年，“导言”第 1 页。

② ［美］乔治·M. 瓦拉德兹：《协商民主》，何莉编译，《马克思主义与现实》2004 年第 3 期。

③ 陈家刚：《协商民主》，上海三联书店，2004 年，第 2 页。

了解地方特殊性的当然是当地民众。通过公众参与立法过程，立法者不仅能够充分了解本地经济、政治、法制、文化、风俗、民情等对立法调整的需求程度，懂得如何通过地方立法有针对性地解决地方的特殊问题；而且能够抓住本地的特殊性，分清本地区地方立法的轻重缓急之所在。因此公众参与无疑能促进地方立法凸显地方特殊性，从而使所立之法更具有生命力。[①] 是故，公众参与可以促使地方立法强化其立法的地方性。[②]

将公正、正义作为法的价值目标，是良法善治的基石，法治其实就是一种正义之治。正义的理论分类为数不少，影响较大的是实体正义和程序正义的分类。实体正义是其内容，需要通过程序正义落实，程序正义是其形式，是通往实体正义的必经之路。罗尔斯在《正义论》一书中指出，所谓程序正义是指不存在衡量正当结果的独立标准，而是存在一种正确的或公平的程序，这种程序如果被人们恰当地遵守，也会是正确的或公平的，无论它们可能是一种怎样的结果。在这种程序正义中，“分配的正确性取决于产生分配的合作体系的正义性和介入其中的个人要素的回答”[③]。立法的程序正义表现为立法的公正、公平和公开。立法及地方立法的公众参与恰恰是实现这种公正、公平和公开的最有效的途径，公众参与地方立法可以有效实现“程序正义”和“自然公正”，而程序正义比实体正义更能让公民直观感受，从心理上接受和行为上认同，立法过程的神圣性和公正性远比一个还在期待中的结果更能让人感受到“自然公正”，程序正义的反复适用远比追求一次结果正义更能让“自然公正”理念深入人心，况且对于利益相对的当事人或不同价值取向的旁观者而言，实体结果是见仁见智的，而程序和过程的公平、公正则是有目共睹和取向一致的。[④]

地方立法的公众参与至少包含着地方性法规的正当性、权威性和适应性三大功能。

所谓正当性，简单地说是指事物存在的合理性，不同的事物其正当性的标准也不相同。地方法规的正当性是对地方法规是否合理与公平的价值评判，首先是对地方法规是否在各主体间公平地分配权利与义务作出评价，其次也包含着对地方法规立法程序是否公平合理作出评价。其内容的正当性意味着地方性法规的具体制度包括原则规则的合理与公平，也即制度设计中权

① 参见王彧：《论地方立法中的公众参与机制》，西南交通大学硕士学位论文，2007 年。

② 参见王彧：《论地方立法中的公众参与机制》，西南交通大学硕士学位论文，2007 年。

③ ［美］约翰·罗尔斯：《正义论》，张文显等译，中国社会科学出版社，1988 年，第 80 页。

④ 参见王彧：《论地方立法中的公众参与机制》，西南交通大学硕士学位论文，2007 年。

力与权利、权利与义务其实就是利益的合理且公平分配，尤其是其法律的精神理念当与社会的主导价值相一致，就我国地方立法而言当与我国社会主义核心价值观相一致。所谓地方法规部门利益化、地方保护主义等均有欠其正当性，故当清理并修改完善。其程序的正当性，即在立法中是否给予了相关主体的充分话语权①，立法程序中公众参与正是保障地方性法规正当性功能实现的有效途径。

所谓权威性，简单地说指的是对象的地位及其统领度或者受人们尊重遵守的程度，国家法律及地方性法规的权威，强调的是其客观上的约束力及其至上的地位，或者是指其普遍尊重遵守在程度上的至上性。法律权威一方面来自法律本身，即其是制定得好的良法，另一方面来自立法过程中程序上的公开、公平、公正，即程序美，良法及立法程序美两者，其基本条件与实现途径均在于地方立法的公众参与。总之，综上所述，公众参与是公众在情感上认同地方法规的公开、公平、公正的最好形式，也是公众尊重、遵守地方法规，确立地方法规权威的基本路径。②

所谓适应性，就地方立法而言，是指地方法规与地方的政治、经济、社会和风土人情等适应的程度。“地方性法规具有显著的地方适用性，即在调整对象、角度、手段、措施等方面具有地方性，不仅仅是对上位法的有效补充和具体化，而且是对社会关系的主动规范和积极引导。因此，地方性法规规范的事项，必须是上位法在本地实施中存在法律空白或者需要细化的事项。”③ 也就是说，地方立法的自主立法特征决定了它的相对独立性，即它可以在不与中央立法抵触的前提下独立自主地立法，积极主动地调查研究并进行立法以解决地方性问题。笔者认为，地方要充分发挥自主性，制定适合本地特色的地方立法必须要公众参与，因为地方立法直接规范本区域内公众的经济、政治、社会生活，应当能充分体现本地经济水平、地理资源、历史传统、法制环境、人文背景、民情风俗等状况，适合本地实际。公众不仅是地方上述状况的创造者、实践者、体验者，立什么样的法，如何立法，公众最有发言权。一般而言，公众“不大会将法律变为与生活脱节的神秘而抽象的东西”④，而是会把现实生活法律化。思维方式上，公众总是有针对性地

① 参见王彧：《论地方立法中的公众参与机制》，西南交通大学硕士学位论文，2007 年。

② 参见饶世权、饶艾：《地方立法公众参与：概念、主体与功能》，《西北大学学报》2008 年第 1 期。

③ 孙潮、阎锐：《论立法决策》，《人大研究》2006 年第 12 期。

④ ［美］哈罗德·伯曼：《美国法律讲话》，陈若桓译，生活·读书·新知三联书店，1988 年，第 42 页。

参与并以解决现实问题为出发点。从实践来看，公众直接参与地方立法，可以发挥地方立法的自主性，从而创制具有地方特色的地方立法，如沈阳市2006年根据市民建议确定立法项目，并且由市民全程参与起草、修改地方性法规——《沈阳市环境噪声污染防治条例》[①]，具有较强的沈阳地方特色。因此，无论是地方立法理论还是地方立法实践均已证明，地方法规的适应性是由公众参与的程度来决定的，即地方立法的公众参与度越高，地方性法规的适应性就越强；反之，地方法规的适应性越弱。

① 胡士俊：《为百姓利益立法，让百姓自己说话》，《中国人大》2006年第12期。

第二章　地方立法公众参与机制体系

一、地方立法公众参与实践

（一）地方立法公众参与的历史沿革

我国地方立法从 1979 年至今已经走过了 40 年的历程。这个历程大致上可以划分为四个阶段，即地方立法公众参与的起步阶段、地方立法公众参与的逐步发展阶段、地方立法公众参与的全面提高阶段以及地方立法公众参与的改革发展阶段。

第一阶段，地方立法公众参与的起步阶段（1979—1983 年）。该阶段始于 1979 年《地方各级人民代表大会和地方各级人民政府组织法》规定省级人民代表大会及其常务委员会行使地方性法规制定权。该阶段，各种立法程序还有欠规范，其公众参与的形式简单、种类不多，按照传统的走“群众路线”的思路，主要采取座谈会和立法调研方式。

第二阶段，地方立法公众参与的逐步发展阶段（1983—1992 年）。1983 年省级人大进行了换届，地方立法的步伐开始加快。到 1984 年 10 月《中共中央关于经济体制改革的决定》公布之后，地方立法的数量逐步增多，特别是地方的经济立法数量增长较快。从立法的内容看，逐渐由仅涉及社会治安扩展到涉及经济、民族、环境、政权和社会等各方面。立法领域打破了地方不能先于中央立法的做法，如广东省人大常委会制定的《深圳经济特区涉外公司破产条例》等，为以后全国人大常委会制定类以法律积累了经验。[①] 该阶段，公众立法参与在方式上出现了较为明显的变化和发展，传统的参与方式如座谈会、书面征求意见、实地调研等向前推进的同时，在法规草案的起草和征求意见上也反映出一定的公众参与现象。

---

① 参见王彧：《论地方立法中的公众参与机制》，西南交通大学硕士学位论文，2007 年。

第三阶段，地方立法公众参与的全面提高阶段（1993—2000 年）。1992 年中共十四大正式提出了建立社会主义市场经济体制。1993 年 3 月 29 日八届全国人大一次会议通过《中华人民共和国宪法修正案》，把国家实行社会主义市场经济等内容宪法化，标志着经济立法工作进入了一个新的发展阶段。该阶段，在立法的公众参与方式上，除传统方式外，还充分发挥专家学者的作用如设立和聘请立法咨询委员（立法咨询委员会），召开地方性法规的专家论证会等，出现并实行公民旁听、立法听证等，地方立法的公众参与稳步向前。

第四阶段，地方立法公众参与的改革与发展阶段（2000 年以来）。2000 年 3 月《立法法》的颁布，使中央和地方的立法权限划分、立法程序有了明确的法律依据，地方立法的民主性加强，公众参与立法在立法的各环节都有所突破并获得了相应的发展。地方立法进入这一阶段，对立法质量的关注开始超出了对立法数量的关注。“开门立法”成为地方立法过程中最为鲜明的特点。立法听证逐渐制度化，并利用新技术如网络技术、电子技术、信息技术等强化公众参与，公民旁听立法规范化、立法调研形式多样化，如此等等。[①] 尤其是 2015 年 3 月 15 日第十二届全国人民代表大会第三次会议《关于修改〈中华人民共和国立法法〉的决定》修正以来，我国立法“贯彻落实党的十八大和十八届三中、四中全会精神，高举中国特色社会主义伟大旗帜，以马克思列宁主义、毛泽东思想、邓小平理论、‘三个代表’重要思想、科学发展观为指导，深入学习贯彻习近平总书记系列重要讲话精神，坚持党的领导、人民当家作主、依法治国有机统一，以提高立法质量为重点，深入推进科学立法、民主立法，更好地发挥立法的引领和推动作用，发挥人大及其常委会在立法工作中的主导作用，完善以宪法为核心的中国特色社会主义法律体系，全面推进依法治国，建设社会主义法治国家”（全国人民代表大会常务委员会副委员长李建国 2015 年 3 月 8 日在第十二届全国人民代表大会第三次会议上所做关于《中华人民共和国立法法修正案（草案）》的说明），取得了重要的成就。《立法法》修正中，“突出重点，着力围绕提高立法质量完善制度。发挥立法的引领和推动作用，提高立法质量是关键。要认真总结多年来全国人大及其常委会和地方人大及其常委会在推进科学立法、民主立法方面的实践经验，将一些好的做法通过修改立法法提炼、固定下来。通过完善立法体制机制和程序，努力使制定和修改的法律能够准确体现党的主张和人民意愿的统一，有效地解决实际问题。”（全国人民代表大会常

① 参见王彧：《论地方立法中的公众参与机制》，西南交通大学硕士学位论文，2007 年。

务委员会副委员长李建国 2015 年 3 月 8 日在第十二届全国人民代表大会第三次会议上所做关于《中华人民共和国立法法修正案（草案）》的说明）在实行统一而又分层次的立法体制，赋予设区的市地方立法权，以及拓宽公民有序参与立法的途径，开展立法协商，完善立法论证、听证、法律草案公开征求意见等制度方面取得了重大成就，标志着我国公众参与立法及地方立法公众参与的新发展。

（二）地方立法公众参与的现实困境

“中国公民权利意识的逐渐强化以及与此相呼应的权利体系和权利保护机制的不断走向完善，将是推进中国法律现代化进程最为关键的因素。同时，我们也相信，权利领域中任何真正意义上的进步，都不仅仅取决于意识的觉醒和价值的执着（虽然这是十分重要的），我们更需要衔接细密的程序设计和扎实有效的机制运作。”① 的确，伴随着公民权利意识和参与权意识的觉醒，地方立法公众参与机制的制度缺失便明显地暴露出来。因此，该部分所论涉及地方立法公众参与要求和参与机制缺失两个方面的思考。

地方立法公众参与要求其实也反映了公众权利意识的觉醒。清华大学高鸿钧提出，“改革以来，中国公民权利意识变化的趋向是公民权利意识有了明显的提高”②。并且他认为，这种提高主要表现在公民自我意识开始觉醒、寻求救济的愿望日益强烈两方面。就自我意识觉醒而言，又表现在权力的失落感等方面。从广义上言之，权利与权力不无联系，某些法定权力中包含着权利，但是权利与权力有着重要的区别，权利一般是以平等为基础的，而权力通常意味着不平等的等级如上级对下级的管束、强者对弱者的压制等。因此，在一个强权的社会里，个人的权利不会有适当的地位，而有了权力就意味着有了一切。掌权者凭借权力而享有各种特权，普通民众则被迫承担繁多的义务。传统上，中国社会是一个权力本位的社会。改革开放以来，社会结构和利益关系的变化对权力结构和权力意识产生了巨大的冲击，权力在社会中的影响已经远不如从前，人们的权力观念日益淡化。这种现象从相反的方面说明人们权利意识的觉醒和增强。权利意识的增强表现在经济的和政治的

---

① 夏勇主编：《走向权利的时代——中国公民权利发展研究》，中国政法大学出版社，1995 年，前言。

② 夏勇主编：《走向权利的时代——中国公民权利发展研究》，中国政法大学出版社，1995 年，第 19 页。

各个方面，政治方面的表现是公众参与意识的觉醒。[①] 观念的变化催生了公众参与的主观意愿和客观需求。

随着我国社会主义法治建设进程的加快，地方立法公众参与实践如立法听证、立法座谈等形式伴随着网络技术手段的运用而呈现出多姿多彩的局面。但是仍然需要进一步完善。一是立法机关对公众参与进行有效组织与安排的具体机制的进一步完善。立法机关作为公众参与方式的主导者，往往因缺乏可操作性的规范而无所适从。二是民意在立法中的表达机制尚需进一步完善。我国的立法活动以立法机关为主导，公众参与的方式也往往依赖于立法机关的主动作为。客观上，公众参与地方立法权已有相应的法律原则依据，但是仍然需要进一步具体化，如此等等。通过相应的地方立法公众参与机制的系统化建构与完善，实现地方立法公众参与的最大化，这对于进一步提升地方立法的质量有着重要的且不可低估的作用。

二、地方立法公众参与机制体系框架

地方立法公众参与机制的体系化建构，是公众参与机制能否健康发展的一个极其重要的因素。实现我国地方立法过程中公众参与机制的制度化和规范化，无疑是保证地方立法民主化的前提和关键。笔者认为，在我国地方立法实践中，公众参与机制可以分为公众参与的表达机制、激励机制、监督机制三大类。就其表达机制而言，它涉及立法调研、立法听证、列席和旁听法案审议、书面征求意见、公布法律草案、论证会、公开征集立法项目建议等诸多机制。在此，本论著拟主要研究地方立法公众参与的表达机制包括地方立法公开公告、地方立法调研、地方立法座谈、地方立法听证、地方立法列席与旁听、地方立法助理在内的六大机制，并试图建构起一个系统的地方立法公众参与机制体系。

（一）地方立法公开公告

地方立法公开公告指的是立法公开与法律公告这两个不尽相同的公众参与机制。立法公开机制是指，立法向社会公开，其程序性要点是，立法的每一阶段每一步骤及其阶段性成果都应当以外界看得见的方式进行，公众有权知晓并取得有关立法资料和信息。它强调的是立法过程的透明性。法律公告制度是指，专门的立法机构向社会公开立法机关的各类规范性文件的制度。

① 夏勇主编：《走向权利的时代——中国公民权利发展研究》，中国政法大学出版社，1995年，第23页。

该制度的设计目的在于，立法机关的各类规范性文件能够及时地为公众知晓，在任何公民受到或有可能受到这些规范性文件的不利影响时，能够不至因为无法了解该文件的内容而蒙受不应有的损失，法律公告强调的是立法结果报告与公开。

地方立法公开和法律公告机制两者，虽然并非立法机关与公众直接进行的面对面的互动和沟通，然而却构成地方立法公众参与机制的一个不可或缺的组成部分和重要环节。正如徐显明所言："若没有立法公开制度，要建立并实行公民参与立法的制度就是不可能的，或者说，其效果是大打折扣的。道理很简单，公民要参与立法，就必须首先了解所要参与的法律的有关情况，否则，就无法发表意见。"①

（二）地方立法调研

地方立法调研从调研的方法来说，广义上包括了座谈、论证会、听证会、公开征求意见、参观交流、问卷调查研究、个别走访等方式方法；但从狭义而言，它是与座谈、听证会、公开征求意见、旁听、列席相区别的一种方式。我国有关立法中对立法调研与座谈、听证会、公开征求意见的关系的规定也较为模糊。《规章制定程序条例》第十五条规定："起草规章，应当深入调查研究，总结实践经验，广泛听取有关机关、组织和公民的意见。听取意见可以采取书面征求意见、座谈会、论证会、听证会等多种形式。"第二十二条规定："法制机构应当就规章送审稿涉及的主要问题，深入基层进行实地调查研究，听取基层有关机关、组织和公民的意见。"这些规定显然将调查研究作为方式、手段，目的是听取意见。而听取意见的书面征求意见、座谈会、论证会、听证会等方式是调研的方法。可见，此规定采纳的是广义的立法调研方法。但《规章制定程序条例》第二十三条规定："规章送审稿涉及重大利益调整的，法制机构应当进行论证咨询，广泛听取有关方面的意见。论证咨询可以采取座谈会、论证会、听证会、委托研究等多种形式。"显然，这一规定又将调查研究与听取意见方式相区别，采狭义之立法调研。从理论上说，调查研究既可能是听取意见，也可能是了解事实、搜集材料等，二者是交叉关系。但本书将立法调研作为公众参与方式之一，与座谈会、听证会、征求意见等公众参与方式相区别，换言之，本书所言之地方立法调研是指除了座谈会、听证会、征求意见、旁听、列席等以外的其他立法

① 计伟民、孙沛沛：《立法公开，为民意评判打开大门》，《政府法制·半月刊》2005年第10期，第8～9页。

调研活动。

（三）地方立法座谈

立法座谈机制是指立法起草机关召集与法案有关的机关、团体、企事业单位、利害关系人或专家等通过会议形式，对法律草案或者草案中的某个或几个问题进行征询和交流意见的制度。地方立法座谈贯穿于整个立法全过程，运用于法案的立项、起草、审议等各环节，它是实践中地方立法公众参与的一种重要形式。同时，因其群众路线的优良传统，立法座谈是地方立法公众参与中最有效的一种机制，其应用也相对普遍。多年的立法实践表明，座谈会能让各种意见得以表达，这种方法是行之有效的，是有中国特色的公众参与地方立法的好办法，值得在地方立法中推广和进一步完善。①

（四）地方立法听证

立法听证机制是指，“立法机关为了收集、获取可靠的立法信息和资料，就立法的必要性和法规案内容的可行性等问题举行听证会，邀请和接受与法规案有利害关系的组织和公民、有关专家学者、实际工作者等到会陈述意见，以便为立法决策提供参考依据的制度”②。该制度是现代立法民主性及公众参与的一个集中体现，立法听证制度带有一定的公开性、程序性和对各方利益的关注等像司法程序那样的特征。公众参与实践中，立法听证成为受到立法活动参与人欢迎的一种重要的和相对有效的制度机制。

（五）地方立法列席和旁听

该参与立法制度包括立法列席和立法旁听两种。“列席”是指列席者仅仅出席立法会议等的活动，要言之，则意味着符合所参加的会议工作活动的有关规定的非正式代表的与会行为，列席者只有发言权没有表决权。“旁听”是指应邀者仅仅以个人身份旁听会议，要言之，则意味着与该会议工作活动无法定参与关系者经该会议、该项工作、该项活动组织者批准，按所参加的会议、工作活动的有关规定的听会行为，旁听者只能听取报告和听取发言者发言。立法列席和立法旁听属于两种不同的地方立法公众参与机制，其区别还是十分明显的。

---

① 张霞：《公众参与地方立法问题研究》，山东大学硕士学位论文，2007 年。

② 汤唯、毕可治：《地方立法的民主化与科学化构想》，北京大学出版社，2006 年，第 231 页。

（六）地方立法助理

立法助理机制是指邀请立法专家学者或者其他具有立法专门知识和能力的公众在立法不同环节协助立法机关及其立法工作者履行立法职责的制度。协助立法的公众个体称立法助理。周旺生认为，立法助理制度提高了立法的技术和质量，增强了立法的科学化或程序化的程度，为通向民主与效率的统一铺设了一条道路。[①] 实践中，我国地方立法助理制度已经起步，其存在的问题主要是制度缺失和立法助理资源供求关系的不平衡。为此，应当结合我国地方立法实践，在批判扬弃西方国家有关立法助理制度因素的基础上，建构我国具有独立知识产权的地方立法助理制度。

综上，地方立法公开公告、地方立法调研、地方立法座谈、地方立法听证、地方立法列席与旁听、地方立法助理六大机制在地方立法的各环节交织在一起，构成了一个相对完整的地方立法公众参与的表达机制系统。地方立法公开公告是立法信息对公众的告知，解决了公众知晓立法信息途径的制度化问题；地方立法调研突出的是对公众意见的了解和搜集；地方立法座谈侧重于立法者和公众参与者双向的面对面的立法意见交流；地方立法听证制度则解决了不同利益诉求的普通民众参与立法的制度化问题；地方立法列席与旁听又拓展了公众参与地方立法的渠道；地方立法助理制度更解决了专家协助立法的制度化问题。地方立法的公众参与六大制度相互交织、相互配合，从而建构起一个系统的且形式多样并功能相对完备的公众参与机制体系。

---

① 周旺生：《立法法研究（第Ⅰ卷）》，法律出版社，2000年，第247页。

中　篇：本　论

第三章　地方立法公开公告

一、地方立法公开公告基本理论

（一）地方立法公开公告的概念

地方立法公开公告其实是两个概念的组合，表现为地方立法公开和法律公告，二者之间呈现出这样一个关系：既相互区别又相互联系。从基本概念上理解立法公开程序时，我们可以赞同如下观点：要实现公开，以外界看得见的方式进行立法，并且要将“公开”融入立法的每一个阶段、每一个步骤中去，要保证公众可以获取有关立法的基本信息和资料，可以获知阶段性的立法成果。在理解法律公告制度时，我们应当认识到它是立法公开的最主要的组成部分，法律公告制度通过设立专门的机构，建立相关的制度，使得民众可以准确、便捷、有效地知晓立法机关的各类规范性文件。在公民受到或有可能受到任何这些规范性文件的不利影响时，可以有效避免因为无法了解该文件的内容而遭受不应有的损失。综上所述，立法公开强调的是保证立法过程的透明性，而法律公告强调的是立法结果的公众知晓度。①

（二）地方立法公开公告的价值

首先，立法公开公告是人民主权的表现。人民主权这一概念是指一个国家或政府的最高权力来源于人民而且最终归属于人民所有，体现出一种“民有性”，即国家或政府的最高权力的“民有”，并且这种来源往往是国家和政府的政权、权力获得合法性的基础和依据。

人民主权原则的突出特点：第一，人民主权原则最完善的实现方式表现为人民可以直接地、亲自地参与和决策国家、政府的事务。通常主权被认为

① 王彧：《论地方立法中的公众参与机制》，西南交通大学硕士学位论文，2007 年。

是一项实体性的权力，它本身包含两个方面的内容：其一是主权的归属问题，即主权应当归属于人民；其二是一个更加关键的问题，即这项权力应当如何行使才能保证人民主权这一原则不至于形同虚设从而起不到应有的作用。第二，实现人民主权原则的最佳制度途径是建立起“人民立法一政府执行”的政权组织形式。秉持着马克思主义信仰的社会主义国家的理论学者们也普遍认同人民主权这一学说，认为人民是国家一切权力的享有者。

立法公开公告是人民主权的基本要求。作为人民立法、政府执行的现实模式，通过某个立法机构进行立法是理性而现实的。但应该避免立法机关反而脱离民众及民众的实际需求，忽略民情民意，闭门立法。比较合理的做法就是对立法进行公开公告，使民众的立法知情权得到保障，保证立法能够始终维护最广大人民群众的根本利益。要想使人民真正成为权力的最终所有者与理念层面上的行使者，我们必须坚定地实施立法公开公告程序，从而最终使立法过程真正变成不断深入了解民情、充分反映民意、广泛集中民智的过程。

其次，立法公开公告是法治国家的要求。学者卓泽渊提出“民主是法治国家必备的政治基础，完善的民主是法治国家的重要标志。法治国家是以完善的民主作为基础和目标的。民主完善最首要的内容是完善政治民主，最直接的内容是完善立法民主”，“立法民主是民主在立法上的体现，是法治建设首位的工作，也是法治国家在立法上的首要要求，是法治国家建设中不可或缺的重要方面。我们从历史发展的过程中可以清楚地得出这样一条规律，即现代法治国家的法治化是要求立法、执法、守法、法律监督等方面的全面法治化。而立法的民主化则是所有这些法治化的先决条件。可以说立法民主为法治国家奠定制度基础。通过民主立法创制的法律制度将构建法治状态的制度框架或理论格局。从某种程度上来说，立法是一幅法治国家具有国家权威性的法治蓝图，因为立法代表了立法者对其国家法治状况的制度预想。而执法、守法、法律监督则是按照这份蓝图各尽其能、各司其职地将其现实化。我们也可以这样理解立法民主与法治国家的关系，即民主的立法若被良好地实现了，这样的国家我们可能称之为是法治国家；民主的立法若无法实现，则法治国家的梦想就会成为泡影，不能得以实现；如果根本就没有民主的立法，那么这个国家就丝毫不会与法治国家沾上半点关系。立法民主中既包括立法的目的民主、立法的内容民主，也包括立法的程序民主。”① 随着时代发展和历史的步伐不断向前，法治原则的内容也呈现出一个不断增多的过

① 卓泽渊：《法治国家论》，法律出版社，2004年，第45～46页。

程。在现代法治国家，法治的实质是“民治”，“民治”代表了作为主权者的人民来实现对国家的管理，即人民是法治国家的第一层次主体；法治国家的第二层次主体是由人民群众直接或间接选出的代议机关，如立法机关等，它受人民委托，行使国家权力，同时也须对人民负责。对于现代法治国家而言，其所倡行的民主、公开精神最重要的实践就是立法公开制度的建立。“因为现代意义上的法治的推行，是以法律的公开为基础的。”① 诚然，在实现法治国家建设的过程中立法公开是必要的手段，人民若想要有效地监督和评断法治的建设，就必须将法律成文化、系统化、公开化，也唯有这样，日后方可进行有效的技术操作。同时，良法是法治国家建设的重要推动引擎，良法的制定离不开正当、科学的立法程序，通过立法公开可以汲取社会各界的不同意见，广泛吸收民众的智慧，以最大的可能保证法律法规的良好制定。这符合法治社会下的立法标准，从而最终实现法治国家的良法之治的伟大理想。

再次，立法公开公告是世贸组织透明度原则的要求。透明度原则是世贸组织众多基本原则中的一个基本原则。透明度原则旨在防止和消除因为成员方政府的不公开行政管理所造成的歧视性待遇和由此给国际贸易带来的阻碍，并且监督成员方政府执行世贸组织的各项协议以及履行市场开放的承诺。根据世贸组织相关协议的规定，上述透明度原则涉及多个方面，例如行政、立法和司法等环节，主要涵盖以下内容：一是为了便于其他成员方熟悉一方有关管理对外贸易的各项政策，要求各成员方迅速公布与之有关的各项法律、法规等；二是要求各方成员应当将相关的司法判例也纳入公开的范围。我国政府关于此项透明度原则也做出过承诺，即加入世贸组织后，会严格遵守该组织的各项协议，同时我国规定实行透明度的范围是与贸易有关的一切政府措施以及所有的法律、法规、规章、指令、法令、行政指导、政策和其他措施，并会让世贸组织成员一定不晚于所有这些政策、措施实施之前获得全部信息。此外，我国政府还承诺，有关的法律法规等措施会有官方指定的公布渠道，以便各方查询阅知；同时还会设立或指定一处咨询点，以提供任何个人或政府按要求可以获知的代表中国政府权威观点的信息。以上种种我们可以看到世贸组织透明度原则会对我们的经济生活带来很大的改变甚至是剧烈的冲击，我国正在进行的全面的法治建设也很大程度上离不开政府对贸组织透明度原则许下的承诺所带来的深刻影响。

在立法领域，世贸组织透明度原则也必然要求实现法治的公开化、透明

① 马怀德：《中国立法体制、程序与监督》，中国法制出版社，1999 年，第 215 页。

化。在现代法治社会，社会主体的行为规范和价值指南不仅仅是道德而最重要的应当是法律，并且应当是公开公正的良法。如此便要求立法活动本身也应当依法公开进行，因为我们必须要保证立法过程及程序的透明与民主，才能确保立法结果的科学合理，否则良法之治便不复存在，社会主体的行为规范和价值指南也会荡然无存。现代立法的潮流是民主化的立法，民主立法也是现代立法程序应予确立的一项重要原则。在民主政体下，立法程序的民主化，一方面是指立法机关应当有民主化的立法活动程序，包括它的立法活动应当有更多的公开性；另一方面是指公民、社会团体等能够充分参与、影响和监督立法过程。① 其精髓就是立法要体现人民的意志，保护人民的利益。法律是由人民选举并设立的立法机构制定的，但同时立法机构只是一个名义上的机构，真正实行立法工作的是其里面的组成人员，因此，立法能否很好地集中人民的意志、贯彻民主精神，这很大程度上取决于立法机构的组成人员。当前环境下，我国在地方立法这一工作中存在着对于立法背后的利益认识不足以及对利益的协调不够这一重要问题。现代社会是一个利益多元化的社会，不同民众所代表的利益可能千差万别，如果仅仅依靠民选的立法代表，而且是相对于整体民众比例很低的民选代表，则很难充分反映所有公众所代表的不同群体的不同利益诉求，因此在这种情况下就需要通过公众直接参与的方式来有效弥补民选的立法代表在反映民意方面不够充分的缺陷。因此，我们必须在地方立法中，确立立法公开制度，加强地方立法的民主基础，保证立法尽可能公正。②

（三）地方立法公开公告的法律依据

关于地方立法公开公告的法律依据，最早的规定是 1954 年《中华人民共和国全国人民代表大会组织法》（以下简称《全国人大组织法》）第十五条："全国人民代表大会会议公开举行。"现在，涉及立法公开的法律规定主要包括以下内容，我国《宪法》第二十七条规定："……一切国家机关和国家工作人员必须依靠人民的支持，经常保持同人民的密切联系，倾听人民的意见和建议，接受人民的监督，努力为人民服务……"；除开《宪法》规定，我国于 2015 年修订的《立法法》第五条也明确规定："立法应当体现人民的意志，发扬社会主义民主，坚持立法公开，保障人民通过多种途径参与立法

① 高鸿钧：《清华法治论衡》，清华大学出版社，2000 年，第 277 页。

② 肖萍：《透明度原则与地方立法公开制度》，《南昌大学学报（人社版）》2003 年第 4 期。

活动。”另外，《立法法》第三十六条、第三十七条、第六十七条、第七十二条、第七十五条、第八十条、第八十二条分别对法律、行政法规、地方性法规、自治条例和单行条例、规章公布的内容和方式做出了规定。除了以上法律依据，全国人民代表大会议事规则和地方各级人民代表大会的议事规则也都规定有关于公开立法会议内容、设立旁听席位、举行新闻发布会以及记者招待会等的内容。

（四）地方立法公开公告的基本类型

地方立法公开的主要内容是法律公告。因此本章主要研究地方立法的法律公告问题。在法律公告中，主要包括三种类型，即向社会公开征集关于立法项目的建议、公布法律草案以及向民众书面征求意见。近些年来，享有立法权的一些地方人大常委会及地方政府在制订立法规划、计划和编订地方性法规的过程中，为了使立法决策与本地的改革发展决策相适应，进一步拓宽和增强广大人民群众参与地方立法的广度和力度，通过各种形式向社会广泛征集立法项目建议，这是地方立法工作向民主化、科学化进程迈出的重要一步，从源头上为公众参与立法打开了公开之门。[①] 公布法律草案是法律公告中的重要部分，它意在将已经基本成型的法律草案通过一定的途径向社会公众进行公布，从而希望社会公众可以尽情地提出自己的想法和建议。在地方立法公开公告中，法律草案的公开尤为重要。这些法律草案是公众参与立法、发表意见最直接的对象，因为法律草案往往集中了立法过程中的各种各样的信息。而书面征求意见则是地方立法机构通过公告或信件的方式向社会公众特别是专家征集意见。下文将对这三种形式分别进行论述。

二、公开征集地方立法项目建议

（一）公开征集地方立法项目建议实例

一般而言，政府往往通过信件、电子邮件、传真以及直接送达等多种方式向群众公开征集地方立法的项目建议。“群众对自己所处的基层情况最为熟悉，他们也最为了解当地的经济发展还需要什么样的法规、社会进步需要什么样的法规以及还缺少什么内容的法规，哪些领域或行业的行为亟待地方性法规去规范、哪些方面的关系亟待地方性法规去调整，以上所有内容以及

① 艾志鸿：《关于地方人大公开征集立法项目建议的几点思考》，《海南人大》2004 年第 8 期。

更多的内容都可以从获取的民意调查中得到想要的信息反馈。”① 这种由群众提出各种有关立法的意见或建议的方式不需要什么巨额的调研经费，因为群众的生活实践本身就是最好的社会“实践调研”，甚至相比之下更有发言权。通过公开征集立法项目建议的方式不仅可以很好地凝聚群众的智慧，并且可以极大地调动人民群众的积极性，让广大人民群众参与到立法中来，既加强了民众“主人翁”的意识又可以节约立法成本。

地方人大常委会及地方政府面向社会公开征集地方立法项目建议，总的来说可以分为三种情况。

第一种是向社会长期公开征集立法项目建议和法规草案草稿。这种征集方式需要在立法公开经验较丰富、公民参与热情较好的地区实施，现在并不常见。

第二种是征集今后五年的立法规划项目。比如，长春市十四届人大常委会十分重视地方立法工作，在编制五年（2013—2017）地方立法规划中，积极拓宽地方立法参与渠道，努力推进地方立法民主，在市人大常委会网站等媒体上发布关于征集长春市第十四届人民代表大会常务委员会五年（2013—2017）立法规划建议项目的公告，面向社会公开征集立法建议项目。公告内容如下：“一、各国家机关、企业事业单位、人民团体、人大代表、政协委员和公民、法人等均可提出立法建议项目。二、提出立法建议项目应当坚持突出重点、急需先立的原则。在地方立法权限范围内，按照经济和社会事业发展迫切需要，重点围绕以下几个方面进行：（一）我市在加快转变经济发展方式、加强和创新社会管理、保障和改善民生、建设生态文明等方面急需立法的；（二）结合我市实际情况，为贯彻上级法律、法规需要制定配套法规的；（三）为完善我市地方性法律体系，根据实际情况需要创制性立法的；（四）现行有效的地方性法规中已不适应实际情况，需要修改、废止的。三、提出的立法建议项目要符合立项的基本条件。报送的立法建议项目要填写立法建议项目表，写明立法建议项目名称、类别，立法的必要性、主要依据以及拟提请审议时间等。四、立法建议项目可以以书面或者电子邮件形式于2013 年 6 月 30 日前邮寄或者发送到市人大常委会法工委法规处。”②

又如 2017 年 10 月 17 日上海市人大常委会法工委在门户网站上公开向社会征集五年立法规划建议项目，其具体内容为：“为了提高立法规划编制

① 刘锦森：《地方立法项目信息获取途径探析》，《新疆人大》2010 年第 3 期。

② 《关于征集长春市第十四届人民代表大会常务委员会五年（2013－2017）立法规划建议项目的公告》，http://www.ccrd.gov.cn/gg/201305/t20130520_1057181.htm，2013 年。

工作的民主化程度，增强立法规划编制工作的透明可信度，从而科学编制市十五届人大常委会五年立法规划（2018—2022年），现决定面向社会公众公开征集立法规划建议项目。具体公告内容如下：一、各机关、企事业单位、社会团体、基层自治组织和公民都可以根据要求在符合地方立法权限的范围内就本市需要制定、修改或废除的地方性法规，提出自己的立法建议项目。二、社会各界和公民可以围绕以下重点领域提出建议项目：（一）为贯彻落实国家战略，深入推进本市基本建成‘四个中心’，建设自由贸易试验区、具有全球影响力的科技创新中心和社会主义现代化国际大都市，加快创新驱动发展、经济转型升级提供法制保障的项目；（二）为构建和谐社会，切实保障改善民生提供法制保障的项目；（三）为提高城市运行和管理水平，推进超大型城市社会治理创新提供法制保障的项目；（四）为大力提升文化软实力，努力建成国际文化大都市提供法制保障的项目；（五）为建设资源节约型、环境友好型社会，推进城市生态文明建设提供法制保障的项目；（六）为推动政府职能转变，促进依法行政提供法制保障的项目；（七）为坚持和完善人大制度提供法制保障的项目。三、提出立法建议项目，请下载附件中的‘市人大常委会五年立法规划建议项目民意征集登记表’，按要求填写相关内容，如有条件可以详细说明立法的上位法依据、必要性、可行性等内容，并可附法规草案以便增强立法建议项目的可靠性。四、立法建议可以根据以下联系方式，通过信函、传真或电子邮件等方式直接向市人大常委会法制工作委员会提出。通信地址：上海市人民大道200号上海市人大常委会法制工作委员会办公室（请注明‘立法建议’）邮政编码：200003；传真：63586497；电子邮箱：lifajihua2017@163.com；本次立法建议征集的截止时间为2017年11月6日。对于各方面提出的立法建议项目，我们将认真研究论证，作为市人大常委会编制2018—2022年立法规划、开展立法活动的重要依据。”①

第三种是征集年度地方立法计划项目。如2018年9月30日，深圳市在政府法制信息网上公开征集立法建议，“为贯彻落实党的十九大和十九届二中、三中全会及市委六届十次全会的精神，拓宽社会各界参与我市政府立法工作的途径，科学编制市政府2019年度立法工作计划，根据《深圳市制定法规条例》和《深圳市人民政府制定规章和拟定法规草案程序规定》等有关法规、规章的规定，深圳市人民政府法制办公室特向社会各界公开征集深圳

① 《上海市人大常委会关于向社会公开征集五年立法规划建议项目的通知》，http://www.spcsc.sh.cn/n1939/n1944/n1946/n2029/u1ai152216.html，2017年。

市人民政府2019年度立法工作计划项目建议。现就相关事宜通告如下：一、立法项目建议范围，社会各界可在我市立法权限范围内，围绕我市着力打造国际一流营商环境、营造共建共治共享社会治理格局、加强科技创新、加强城市管理治理、保障和改善民生、加强生态环境保护、补齐发展短板、粤港澳大湾区建设等领域以及我市经济社会发展中面临的其他重大民生和热点问题，研究提出立法项目建议。立法项目建议的范围包括制定（修改、废止）我市地方性法规和政府规章。二、立法项目建议的具体要求，提出立法项目建议，请写明立法项目名称、立法的必要性、有关上位法依据、通过立法需要解决的主要问题以及拟规范的主要内容，并注明建议人姓名及联系方式。立法项目建议请于10月31日前以电子邮件、传真或者信函等方式反馈至深圳市人民政府法制办公室：（一）电子邮箱：liujx@fzb.sz.gov.cn；（二）邮寄地址：深圳市福田区福中三路市民中心C区5079室，邮编：518035；（三）传真：88102930。社会各界提出的立法项目建议，将作为我办编制2019年度市政府立法工作计划草案的重要参考资料，我办将在认真分析研究并报请市政府研究后，将相关情况向立法项目建议提出人予以反馈。”①

又如，保定市人大常委会法制工作委员会和保定市人民政府法制办公室，于2018年10月25日向社会公开征集2019年地方性法规立法计划建议项目和政府规章立法建议项目，“为增强保定市2019年度地方立法计划和市政府规章制定计划编制工作的科学性、民主性，保障公民的立法参与权，根据《立法法》《河北省地方立法条例》和《河北省地方政府立法规定》的规定，特向社会各界公开征集保定市2019年地方立法计划建议项目和政府规章立法建议项目。现将有关事项公告如下：一、本市各级国家机关、政党、人民团体、社会组织和公民均可提出立法建议项目。二、立法建议项目应当符合地方立法权限，限于城乡建设与管理、环境保护、历史文化保护等方面的内容。三、立法建议项目应当有明确的项目名称，阐明立法的必要性、可行性、立法依据、拟规范的主要内容等，有条件的可以提供法规、规章草案建议文本或者有关资料。四、立法建议项目可以采用直接送达、信函、传真、电子邮件等方式提出，并注明建议人姓名（名称）及联系方式。五、地方性法规立法计划建议项目请寄送：市人大常委会法制工作委员会。邮寄地址：保定市东风西路3号保定市人大常委会法制工作委员会（邮编：071051），联系电话：3089515（传真），电子邮箱：fzw3089515@sina.com。

① 《关于公开征集2019年度政府立法工作计划项目建议的通告》，http://sf.sz.gov.cn/ztzl/zflf/bslfxx/201904/t20190419_16928309.htm，2018年。

政府规章立法建议项目请寄送：市人民政府法制办公室。邮寄地址：保定市东风西路1号市政府法制办公室（邮编：071051），联系电话：3088235（传真），电子邮箱：bdfzbfgc@126.com。六、征集立法建议项目的截止时间：2018年11月30日。”①

从各地征集建议的结果来看，社会各界人士、团体、机构等众多主体对地方人大常委会公开征集立法项目建议的热情非常高涨，提出的立法建议内容覆盖面广，总体数量也比较多，更有一部分高质量的立法建议。如长春市十三届人大常委会在编制五年（2008—2012）地方立法规划中，共收到86件立法建议项目，涉及全市政治、经济、文化和社会生活的各个方面，覆盖面非常广泛。其中，26件是关于城市规划建设管理的、15件是关于经济发展和能源节约的、14件是关于教育科技文化卫生体育的、12件是关于民生和社会管理的、8件是关于民主政治建设的、7件是关于公共安全管理的、4件是关于预防突发事件和自然灾害的。从这些立法建议项目中我们可以清楚地看到广大市民和社会各界从自己最关心、最需要的事项入手，在充分调查研究的基础上提出立法建议项目，体现了他们对加强社会主义法制建设、保障经济发展和社会稳定的关注与期待。② 又如安徽省政府向社会公开征集2007年立法项目建议时，就收到了来自全国各地各个主体提交的总计169件立法项目建议，在这些项目建议中有84件是来自公众个人的。并且安徽省政府已确定将其中的58件项目建议列入2008年立法计划。这些建议涉及农村合作医疗、社会救助、司法救助、社会治安管理、食品医药安全、农产品质量、农民养老、敬老院建设服务以及有关城市中介机构、行业协会、小区物业管理、企业科技投入、社会保障等众多领域。此次立法项目建议还有一个突出的亮点，那就是公众针对“看病贵、看病难”这一百姓普遍关注的社会问题提出立法项目建议。众多网民提出的保证用药安全的立法建议被采纳列入当年立法计划。在众多提交者中，辽宁省新民市统计局工作人员石宁成为提交立法项目建议最多的一位热心公众。从网上看到安徽省政府公开征集2007年立法项目建议公告后，这位已向沈阳市人大常委会提交多项立法建议、有3项被列入立法计划的立法热心公众，自费走访相关部门调查研究，4个月内共向安徽省政府法制办提交29件立法项目建议，涉及投资者

---

① 《关于公开征集2019年地方性法规立法计划建议项目和政府规章立法建议项目的公告》，http://www.hebei.gov.cn/hebei/11937442/10756595/10756632/14448848/index.html，2018年。

② 刘君、乔大勇：《拓宽立法参与渠道　推进地方立法民主》，《吉林人大》2008年第8期。

权益保护、进城务工人员权益保护、人民代表大会旁听制度、农民土地经营权转让和公务车管理、特种车管理、客运管理、保安管理、宠物管理、二手房买卖管理、医疗管理、学历管理、废品收购管理、殡葬管理等众多经济社会事务，其中有多项立法项目建议已被列入安徽省政府 2007 年立法计划。他和安徽省一位网民提出的规范药品流通管理、保证医疗安全等建议引起安徽省政府重视，安徽省食品药品监督管理局已提交《安徽省药品和医疗器械使用监督管理办法（草案）》，被列入当年立法计划。[①] 又如，四川省人大常委会曾首次在 2002 年向全社会公开征集立法项目的意见，经过征集，共有 90 件立法建议被公民和法人提出，最后，10 件建议被省人大法工委从中选出，并列入了立法建议计划当中。特别的是，两名在省电力公司工作的员工提出的要求制定《四川省触电事故处理条例》的建议被转交给省人大财经委办理，省人大财经委在与省有关部门商议之后，做出了领头组织拟定这个条例草案的决定。[②]

（二）公开征集地方立法项目建议存在的问题

从各省级、市级地方政府和人大公开征集立法项目建议的公告来看，面向社会公开征集立法项目建议的这项工作还处于初期阶段，有的地方的意见征集工作还是存在一定的随意性，在提高规范化、制度化、科学化程度上还有很大的进步空间，提高公民在提出立法项目建议方面的能力和水平也很重要。在实践操作中，主要存在以下几个问题：

（1）公民参与立法项目建议的整体水平和态势还不太令人满意，地区之间的差异比较大。首先，据网络上的初步数据统计和资料显示，各省市人大和政府公开征集立法项目建议所收到的建议数占人口总数比例偏低。以山东省淄博市为例，截至 2016 年年底，淄博市人口总数量超过了 460 万余人，但是以 2012 年以来的调查统计数据来看，参与地方立法的人数，每年仅为 20 多万人，占人口总数的比例仅为 4.35%，以此数据来看，参与立法的人数比例是相当低的。[③] 从立法建议的绝对数字和立法者的角度来看，几百、上千的立法建议数量还是不错的。但从一个省几千万、一个市几百万的庞大人口基数来看，几百上千条的立法建议只能算作零星的声音，这表明绝大多

① 《安徽省政府首次向社会公开征集立法项目建议》，https://internal.dbw.cn/system/2007/01/02/050659040.shtml，2007 年。

② 艾志鸿：《关于地方人大公开征集立法项目建议的几点思考》，《海南人大》2004 年第 8 期。

③ 马健：《地方立法社会参与机制研究》，山东大学硕士学位论文，2017 年。

数老百姓并未加入事关自己的立法建议中来。而提交的几十、上百份建议能否真正代表民意、反映民情，也是一个值得思考的问题。那些沉默的绝大多数人，是没有看到这些立法建议呢，还是虽然看见了但依然延续了中国老百姓事不关己高高挂起的心理呢？另外，公布在网络上、报刊上的地方立法项目公开征集建议，其人群覆盖率如何？老百姓能否意识到可以通过这种途径表达自己的意志？这也是一个值得思考的问题。

其次，公民提出的立法建议有的不成熟，有的缺乏可操作性，有的甚至不属立法范畴。比如，2004 年 10 月 14 日，辽宁省人大法制委员会主任委员崔立文就公开征集立法项目建议答记者问时，就提到了相关问题。①

关于对征集立法项目建议有哪些具体要求，崔主任回答，一是，提出的立法项目建议应当符合省人大及其常委会的立法权限。根据《立法法》相关规定，省人大及其常委会可以就下列事项制定地方性法规：一是为执行法律、行政法规的规定，需要根据地方的实际情况做出具体规定的事项；二是属于地方性事务需要制定地方性法规的事项；三是在全国人大及其常委会专属立法权之外，中央尚未立法的事项。对于涉及国家专属立法权的国家主权，各级人民代表大会、人民政府、人民法院和人民检察院的产生、组织和职权，民族区域自治制度、特别行政区制度、基层群众自治制度，犯罪和刑罚，对公民政治权利的剥夺、限制人身自由的强制措施和处罚，对非国有财产的征收，民事基本制度，基本经济制度以及财政、税收、海关、金融和外贸的基本制度，诉讼和仲裁制度等事项，不属于征集范围。另外，立法建议应当写明该项法规名称、立法目的、条文规范的主要内容及相关立法依据，并且应该尽量全面地提供有关材料，欢迎附加法规草案稿。

对于什么人可以提出立法项目建议，崔主任回答，面向社会各界公开征集立法项目建议，是为了使立法能够充分地了解民情，反映民意，集中民智。由于社会各界和广大公民可以直接就他们关心的热点、难点问题陈述意见，提出立法建议，省人大常委会就能更加广泛地了解人民群众的意愿，更好地了解辽宁省政治、经济、社会发展中急需解决的立法问题。这将有利于增强立法计划的民主性、科学性，对地方立法代表和维护人民群众的根本利益也将起到积极的推动作用。在征集活动中，省内各级国家机关、各政党、各社会团体、企事业组织以及公民个人都可提出立法项目建议。

对于如何处理征集上来的立法项目建议，崔主任的答复是，对征集上来

① 朱峰、田春玲：《人大立啥法百姓可“支招”》，http://news.sina.com.cn/c/2004-10-15/09163929400s.shtml，2004 年。

的立法项目建议，先由省人大法制委员会进行登记、整理、分类。然后，法制委员会将组织有关部门、专家学者对征集上来的立法建议项目逐项进行论证、筛选，对属于省人大常委会立法权限，符合辽宁省实际需要又具备立法条件的，经常委会主任会议决定，可考虑列入省人大常委会当年度立法计划；对有一定针对性，又是实际需要但立法条件不够成熟的，可作为论证项目；对其他有价值的立法建议项目，可作为储备项目保存。征集立法项目建议活动结束后，向社会各界公布结果。

（2）征集时间短，一般只有一个月左右时间，最长不超过两个月。从网络上公布的立法建议公告统计来看，无论省（包括自治区、直辖市）、市人大或政府，从发布公告到截止收稿，一般只有一个月左右的时间，最长的不超过两个月。但是，公开征集立法项目建议的要求又普遍比较严格。如苏州市 2018 年 7 月 25 日颁布《关于征集苏州市人大常委会、苏州市人民政府 2019 年立法计划建议项目的公告》中，截止日期为 9 月 15 日。要求“公民、法人和其他组织提出立法建议时，请尽量写明立法依据、必要性、可行性以及需要通过地方立法才能解决的问题，有条件的可以提供法规、规章或者规范性文件初稿”①。又如汉中市人大常委会法制工作委员会于 2018 年 11 月 10 日颁布《关于公开征集 2019 年地方立法建议项目的公告》，征集的截止日期为 2018 年 12 月 10 日。要求“对于立法建议项目应当写明立法项目的名称，立法的必要性、可行性，立法需要解决的主要问题或拟规范的主要内容，有条件的可附文本草稿或相关资料”②。这些要求对于一个普通公民来讲，可能还是比较高了。因为即便普通公民看见了征集立法建议的公告，也有提出建议的热情，但落实到实际操作上，可能会打退堂鼓。而且，由于现阶段常见的是年度征集或征集今后五年的立法建议，公民要在短短的一个月或一个多月的时间里，认真调研，理清思路，写出有理有据的立法建议，是很困难的。

（3）缺乏公开征集立法项目建议的反馈和奖励机制。通过查看目前地方人大常委会在公开征集立法项目方面的实际情况可以发现，各地对于征集公民立法建议期间的工作都安排得周密细致、紧张有序。比如大部分的地方人大常委会征求意见时要求对每一份公民建议都要及时登记、分类、研究，并

① 《关于征集苏州市人大常委会、苏州市人民政府 2019 年立法计划建议项目的公告》，http://www.suzhou.gov.cn/news/szxw/201807/t20180730_995403.shtml，2018 年。

② 《关于公开征集 2019 年地方立法建议项目的公告》，http://www.hanzhong.gov.cn/xwzx/gsgg/201811/t20181114_549549.html，2018 年。

提出处理意见，同时编辑快报，及时向人大常委会领导和相关工作机构报送。在征求意见结束后，人大常委会一般会向新闻媒体报告征集结果，并利用新闻媒体向社会各界和广大公民对本地地方立法工作的支持表示感谢。但征集立法项目的后续工作仍存在部分缺陷。比如个别地方人大常委会只重视征集公民立法建议，而忽略了向提出立法建议的公民进行及时反馈；有些地方人大常委会在征集工作结束后，虽然对社会各界有所反馈，但对公民的建议仍没有做到一一回复；有些地方人大常委会通过召开常委会会议正式审议立法规划、计划草案时，并没有将公民立法项目建议的采纳情况说明清楚；只有少部分地方人大常委会在公开征集立法项目建议的决定中有明确的规定：经人大常委会研究决定立法的项目，对项目提出者给予奖励，而大部分征集立法项目建议的地方人大常委会并没有把对公民立法建议的奖励措施规定明确。① 既然政府实行公开征集建议，就必须做到耐心地倾听，真诚地回应，建立并完善良好的意见处理反馈机制，这样，“开门立法”才能取得相当成效。否则，只能适得其反。“立法者还应当建立回应机制，使公民对自己提出的意见建议得到明确的答复，无论采纳还是不采纳都应说明理由。”解志勇说，“只有这样做才能处理好公众意见，才能在公众对立法机构方面形成监督和制约机制。”② 当然，对于“重征集，轻处理”“说了白说”的说法也要理性地、客观地看待。有的专家认为，法律平衡各方利益，立法必须要从公众的利益去比量和权衡，如果要让法律全盘接受所有的个人意见是非常不现实的。“公民参与的过程，也是提高公民民主意识的过程。”陈端洪认为，“并不是公民提了相关的建议，政府就必须照着公民的意见去办。否则，政府就不是大家的政府，而成了私人的办事员。”③

（4）公开征集立法项目建议的手段和方法有待提高。首先，征集一般是通过网络、报纸等新闻媒体进行，意见的反馈一般是通过信件、传真、电子邮件等方式。网络与报纸的覆盖面如何？覆盖的群体是否具有普遍性和代表性？能否还有更民主更普及的方式，如街道或小区公告栏、商业形式的广告？意见回馈能否还有更便捷的方式，如短信、电话、微信等？

其次，关于征集的对象范围，有的省市征集的主体主要限定在本省、市

① 艾志鸿：《关于地方人大公开征集立法项目建议的几点思考》，《海南人大》2004 年第 8 期。

② 王明浩：《政府立什么法你我有权说》，http://politics.people.com.cn/GB/14562/6637272.html，2007 年。

③ 王明浩：《政府立什么法你我有权说》，http://politics.people.com.cn/GB/14562/6637272.html，2007 年。

的范围内，而有些省市则无此限制。汉中市人大常委会法制工作委员会《关于公开征集2019年地方立法建议项目的公告》中，征集对象为“全市各级国家机关、人民团体、社会组织、企事业单位以及公民个人”[①]。而广东省中山市征集2018年地方立法计划建议项目的第一条，就明确“公民、法人、社会团体、企业事业单位均可以提出立法建议项目”[②]，并无对本市的限制。又如福建省人大公开征集2008—2012年立法规划项目，宣布“任何单位和个人均可提出立法规划项目建议（包括项目名称、立法的必要性和可行性等）。欢迎社会各界积极参与”[③]。在部分拥有立法权的省份或城市，由于广大群众对当地的情况非常了解，对当地的经济发展也非常关心，出台一部地方性法规对当地人民的切身利益和生活影响重大，因此，在对地方立法建议进行征集时，将征集的对象范围限定为本省市公民、法人、其他组织，是能够理解的，但不应该排除非本省市人员的献言献策，特别是一些从本地出去的专业人才的智力支持和关心。

再次，关于征集地方立法建议的公告文本的严谨性有待加强。在地方人大常委会对立法项目建议进行公开征集的实践中，只有少部分地方人大常委会对公民应在地方人大立法权限范围内提出立法建议设立了明确要求。例如南京市人大常委会2018年对公民提出立法项目建议设立了要求，此项要求强调了以下两个问题：一是向公民说明，立法建议的范围限于城乡建设与管理、环境保护、历史文化保护等方面的事项。因此公民提出立法建议时应注意不要与上述规定相冲突，公民所提的立法建议应在前述的权限范围内。二是要求公民在提出立法项目建议时，具体明确，并说明立法名称、必要性、依据和需要解决的主要问题等，有条件的还可以提供法规文本初稿。而大部分地方人大常委会并没有对公民立法项目建议需要满足的要求和条件做出严格规定。这样，地方人大常委会收到的公民立法项目建议中有相当一部分超越了地方立法权限、属于全国人大常委会立法权限范围，另有一部分是对改进政府和司法工作的建议及意见。

---

① 《关于公开征集2019年地方立法建议项目的公告》，http://www.hanzhong.gov.cn/xwzx/gsgg/201811/t20181114_549549.html，2018年。

② 《关于征集2018年地方立法计划建议项目的公告》，http://www.zsrd.gov.cn/Article/view/cateid/204/id/7743.html，2017年。

③ 李白蕾：《福建省人大常委会已向社会公开征集立法规划项目》，http://news.fznews.com.cn/dsxw/2008-2-29/2008229pj-wj-pDgf195741.shtml，2008年。

（三）公开征集地方立法项目建议的完善措施

（1）增强公民法治意识，鼓励民众参与地方立法项目征集活动。要想全面提高公民参与立法的整体水平，必须通过继续完善社会主义市场经济的方式，在公民参与立法活动方面创造出稳定的外在社会经济条件。美国学者亨廷顿曾经提出：高水平的政治参与总是与更高水平的发展相伴随，而且经济更发达的社会，也趋向于赋予政治参与更高的价值。[①] 许多事实也表明，经济最为发达的地区的公民参与立法往往最积极也最有效，因为市场经济孕育了自由、民主、法治的思想，又为公民参与立法奠定了物质基础。另外，还需要进一步加大宣传的力度，提高公民的法治意识。如果说公民参与立法的条件由经济的发展程度直接决定，那么公民参与立法的层次和水平则由法律文化的发展程度直接决定。因此在全社会广泛宣传宪法和法律，增强公民的法治意识，培育和发展参与型的法律文化就非常必要。由于公民的工作与生活环境存在差异，社会上的各类群体都有着自己相对固定的活动范围和生活习惯，知识水平、价值取向、关心重点都不相同。在地方立法中，要充分利用各类新闻媒体，它们具有及时性、广泛性、公开性特征，并根据各地群众接受信息方式的特点，加大宣传力度，通过多种媒体滚动宣传方式，一方面向公民宣传宪法和法律知识，另一方面又为公民发表言论和意见提供便捷的途径，既培养了公民守法的意识，又能着力培养公民的立法参与意识。只有这样，才能激发人民群众的参与热情，逐步形成参与型的法律文化氛围，进一步扩大立法中的公民参与。

（2）建立日常信息收集渠道，长期性地征集地方立法建议。省市政府和省市人大的立法建议公告，一般只有一个月左右的时间，最长不超过两个月，要在这个时间段内拟定具有科学性、针对性、可操作性，具有地方特色，具有创制性，且重点突出、说理充分的立法建议文本，这对一般具有政治参与积极性的普通老百姓来讲，是有一定难度的。但对于省市政府和省市人大而言，如果给出过长的征集时间，意见收集之后还有一系列的立法活动，就会导致工作冗长拖沓。而且，对于省市人大和省市政府的法制办公室而言，进行地方立法也只是繁多的法制工作中的一项。如果过于延长征集时间，反而不利于工作的开展。解决的办法是建立日常信息收集渠道，长期性地征集地方立法建议。这样，有利于将一件时效性强、任务重的事情，转化

① ［美］塞缪尔·亨廷顿、琼·纳尔逊：《难以抉择——发展中国家的政治参与》，汪晓寿、吴志华、项继权译，华夏出版社，1988 年，第 174 页。

为一项日常性工作。老百姓也容易培养出积极参与政治生活和立法工作的良好意识。老百姓只要在生活或工作中发现了一些重大的、需要通过立法来解决的问题，都会形成提交立法予以解决的基本思路和习惯。此外，还应当增加渠道，定期听取法院、检察院、社会团体等对立法提出的要求。法院工作人员和检察院工作人员在司法工作中发现地方性法规中有不完善的规定时，可由专门委员会根据其意见提出修改法规的议案。

（3）积极建立公开征集立法项目建议的反馈与奖励机制。在公众提出立法建议之后，相关部门要有反馈，可利用媒体，如通过在报纸、网络上登载的方式，对处理结果给予反馈。在对立法项目建议进行梳理、汇总和研究时，可以考虑设立专门办公室或聘请专人进行意见反馈；如果遇到立法建议比较多的情况，还可以临时抽调或聘请具有一定法律知识的实习人员进行意见回复。不仅仅要对那些建议提得好、意见已经被采纳的人进行及时反馈，也要对建议没有被采纳的人予以回复。若立法机关对公众提出的意见不能认真鉴别和吸收或作出适当的必要的反馈，一方面会影响公众之后的参与热情，不利于提高他们的积极性，另一方面会使广大人民群众失去对立法民主的信任。因此，对利用各种方式征求得到的广大群众对法规草案的建议和意见，立法机关应当认真研究，进行分别处理，给予适当的反馈。有关部门还应当把对各种意见的采纳与不予采纳情况及其理由，向社会全民进行公布。同时，有关委员会发布法规草案的审议报告时，也应当对公众参与情况及公众建议有所反馈。对于那些有较高的参与积极性的公众，可以通过邀请他们参加立法座谈会、论证会、听证会以及人大常委会会议的方式，使他们更加了解立法工作的进程，从而进一步发表意见和建议。

关于公开征集立法项目的奖励机制，个别地方的立法机关也开始意识到了这个问题。比如，安徽省人大常委会在其 2012 年 9 月 20 日发布的《安徽省人大常委会公开征集立法意见的评审和奖励办法》中明确表示："奖励实行物质奖励与精神奖励相结合。立法意见奖励分设一等奖、二等奖和三等奖，由评委会颁发证书及奖金。对于在公开征集立法意见中作出突出贡献的单位和个人，应当给予重奖，新闻媒体予以专题报道。对有一定价值但未获奖的立法意见，颁发优秀建议证书。获奖人员名单在中安在线、《江淮法治》、省人大网站等新闻媒体公告。"但大多数省市人大和政府并未建立起奖励机制。公众在参与地方立法时，需要付出一定的精力和物力，而立法行为与公民个人利益的关联一般不比具体行政行为强，此种立法特性决定了人民群众参与立法项目建议的付出一般是无法得到回报的，但是参与立法又是一种有利于实现公共利益的行为，对推进民主立法有着不可替代的作用。对于立法机关而言，引导公众参与立法建议应当坚持“不让参与者为了公共利益而使个人利益受损”的原则，应给予参与地方立法的个人一定的物质补贴，例如一定的交通费、食宿费、资料费等。在物质补贴之外，还可在精神方面给予参与人褒奖，例如把个人参与地方立法活动的相关情况记录到本人资料上等。而相关部门还可以与那些对地方立法工作颇有见解的公民建立起经常性的联系，便于在今后的立法工作中主动征求他们的意见、建议。同时要以机关的名义对他们的积极参与表示书面形式的感谢，鼓励他们继续关心和支持地方立法工作，以便提高参与人的参与荣誉感，增强他们参与的积极性。

（4）丰富公开征集立法项目建议的手段和方法。除了网络、报纸等新闻媒体，还应该积极运用先进的网络平台比如微博、微信等进行征集。2012年，上海市进行立法项目初步筛选时，上海市法治研究会引入“微博筛选”的方式，仅仅在5天之内，网友参与发表评论高达6万余次，转发高达8万余次。法治研究会从所有的建议项目中筛选出了10个与民生关系密切的话题，结果网友发表了近7000条相关微博表达他们的意见。[①] 由此可以看出网络技术在立法项目征集与论证工作方面发挥着非常重要的作用。

征集的对象范围不应仅仅局限于本省、本市的公民、法人、社会团体，只要是对地方经济发展和社会发展有利的意见和建议，无论是谁提出的，都可以采纳和接受，这样才能广开言路。

关于征集方式，可以参考通过发布科研项目或研究课题的方式，吸引一些法学的专家和相关专业人员提出高质量的立法建议。我国部分机关在这方面有比较成熟的经验，比如最高人民检察院、最高人民法院每年都利用一定的经费通过申报课题的方式吸引全国的法学工作者从事最高人民检察院检察理论研究或人民法院在审判中亟须解决的难点问题研究。通过科研项目或研究课题的方式吸引较高层次的人才提出立法建议项目，以此来提高专业人员参与本部门工作的积极性，从而获得高质量的立法建议项目。因此，各级地方人大都应该借鉴这些较为成功的做法，征集既全面又具体，既具有理论依据也具有实际可操作性的较高质量的立法项目。[②]

另外，建议在启动公开征集立法项目建议活动的前后，应由地方人大常委会有关机构编写一些相关的培训资料，并请相关负责的工作人员举办一系

① 翟珺：《市人大听取“第三方”立法项目建议初筛报告“开门纳谏”编制五年立法规划》，《上海法治报》2013年7月5日。

② 周伟：《论地方立法项目征集制度的完善》，《江汉大学学报（社会科学版）》2016年第1期。

列面向全社会的专题讲座，有条件的地方人大常委会还可以将往年的立法计划、规划和地方性法规单行本或目录进行重新编印，向感兴趣的市民免费提供。通过在当地主要报刊开辟专栏、在一些网站上长期设立专题网页、在电台和电视台开办专题节目等方式，系统地为广大群众介绍地方人大常委会的立法权限，展示现有法律法规的一览表，教授公民提出立法项目建议的操作程序和注意事项等常识，从技术的角度向公民传授提出立法建议的实际操作知识，让公民了解到提出立法建议需要满足一定的条件和要求，以此引导公民为地方发展献计献策，增强公民参与立法的技能。①

三、公布法律草案

（一）公布法律草案实例

2008 年 5 月，在全国人大常委会委员长会议上通过一个决定，即今后全国人大常委会审议的法律草案，一般都将予以公开，向社会广大群众广泛征求意见和建议。主要通过以下两种方式公布法律草案：一是提请全国人大常委会审议的法律草案，经常委会初次审议后，一般都在中国人大网站上予以公布；二是对关系改革发展稳定大局，关系人民群众切身利益、社会普遍关注的重要法律草案，经委员长会议决定，同时在中央主要新闻媒体和中国人大网站上公布。全国人大常委会委员长会议通过的这个决定，意味着将常委会公布法律草案、公开征求意见工作变成“常态化”，这对于人民群众充分反映自己的意见，对于在立法工作上达到集思广益、凝聚共识的目标，对于法律常识的宣传普及、全社会法律意识的提高，对于在国家行政机关、审判机关、检察机关层面更好地贯彻法律，均产生了重大的影响。

立法公开包括公开立法项目，公开立法机关的会议，公开法案文件、资料和审议讨论情况，还包括允许公众旁听立法机关审议讨论法案的会议，允许新闻媒体采访报道相关立法活动等。在这些公开事项当中，最为重要的是法律草案的公开。因为法律草案浓缩了立法过程中方方面面的信息，是公众参与立法、发表意见最直接的对象。在国外，法案公开已经成为一项重要制度，例如在加拿大就有规定：政府制定法规（或授权立法或从属立法）时，法规草案必须在加拿大政府的官方刊物上公布，以便为利益相关团体和个人以及所有公众提供最后一个机会，使他们能够对拟议的法规进行审议和评

① 艾志鸿：《关于地方人大公开征集立法项目建议的几点思考》，《海南人大》2004 年第 8 期。

论。只有经过公开评论后，法规才能签署生效。[①]

法案公开是解决公众参与立法不平衡问题的有效方法。因经济社会发展的不平衡现象，不同的利益群体所掌握的社会资源存在差异。有的群体虽然人数较少，但有可能拥有更多的社会资源，因此能够向立法机关较为充分地表达自己的意见和要求。有些群体人数很多，但因其掌握的社会资源有限或者缺少表达的意识，在立法过程中发声较少，出现了“声音大的不一定人多，声音小的不一定人少”的现象。因而将法案公开可以避免一些群体对立法信息享有某种优势。同时，法案的公开也为公众提供了一种廉价的参与形式，公众可以通过互联网、电话、信函等多种形式，就法案的部分内容迅速便捷地表达自己的观点。这对人民群众尤其是弱势群体来说，是一种表达自己利益诉求的有效机制和途径。法案以公开为原则，不公开为例外。但原则上的公开，并不等于完全公开。对于涉及保密、敏感事项等类型的法案，在正式通过前可以不公开。对于部分法律草案或者法律草案中的某些内容在立法程序中的某个阶段不宜公开等例外情形，应当从国家利益、社会稳定及保障公众知情权等方面综合考虑，以决定其是否公开或在何种程度上公开。

公布法律草案是一项程序性制度，《中共中央关于全面推进依法治国若干重大问题的决定》指出：“深入推进科学立法、民主立法。拓宽公民有序参与立法途径，健全法律法规规章草案公开征求意见和公众意见采纳情况反馈机制，广泛凝聚社会共识。”在 2000 年颁布、2015 年修订的《立法法》中，公布法律草案也被予以确认，《立法法》第三十七条规定：“列入常务委员会会议议程的法律案，应当在常务委员会会议后将法律草案及其起草、修改的说明等向社会公布，征求意见，但是经委员长会议决定不公布的除外。向社会公布征求意见的时间一般不少于三十日。征求意见的情况应当向社会通报。”从“闭门造车”到“开门立法”，保障了立法可以充分吸纳民意和表达民意，同时也能起到遏制行政机关扩权，防止“部门利益化，利益法律化”的作用。法律作为一种“公共产品”，具有广泛的民主性和公意代表性。若法律不能够充分吸纳民意则很有可能变为服务于少数利益集团的“私人产品”。立法的民主和透明，是实现公众参与立法、提高立法质量的必然要求。

立法的过程，实质上就是将各种不同利益进行整合、协调、平衡的过程。让各方利益主体充分参与立法过程，将其利益诉求充分表达，然后加以整合、协调和平衡，是实现利益平衡的最好方法。通过这种方法制定的法律才能够正确反映和兼顾各个利益群体的不同要求，才能够使法律的实施更加

① 许安标：《法案公开与公众参与立法》，《中国人大》2008 年第 10 期。

有效，从而形成“良法之治”。立法的程序越是民主和透明，立法的公众参与越是便利和现实，利益的表达越是充分，我们的社会才会越和谐。[①]

许多省市的人大和政府建立了法规草案公示制度。对重要的法规草案，通过新闻媒体向社会公示，听取人民群众的意见。与此同时，还充分发挥互联网的作用，将许多法规草案公示在当地市人大常委会网站上，并设立公众留言信箱等互动版块，便于听取群众意见。从网络上简单搜索，即可看到很多省市政府和人大都将地方立法的草案公布在了网络上。如山东省人大常委会法制工作委员会于 2018 年 11 月 30 日在人大网站上公开征求《山东省种子条例（草案）》意见：“《山东省种子条例（草案）》已经省第十三届人大常委会第七次会议初次审议。根据《山东省地方立法条例》规定，现将《山东省种子条例（草案）》全文公布，公开征求社会各界的意见和建议。社会各界人士可以直接将意见和建议发送至 fagongwei@126. com，也可以寄送山东省人大常委会法制工作委员会（济南市历下区院前街 1 号，邮编：250011），并在信封上注明《山东省种子条例（草案）》征求意见。公开征求意见截止日期为 2018 年 12 月 30 日。”[②] 在山东省人大网站上还可以查看到，《〈山东省新旧动能转换促进条例（草案）〉公开征求意见公告》《〈山东省精神卫生条例（草案）〉公开征求意见公告》《〈山东省长岛海洋生态保护条例（草案）〉公开征求意见公告》。又如，四川省人大常委会办公厅于 2019 年 4 月 3 日公布《关于公开征求〈中国（四川）自由贸易试验区条例（草案）〉修改意见的公告》：“《中国（四川）自由贸易试验区条例（草案）》已经省十三届人大常委会第十次会议第二次审议。为坚持科学立法、民主立法，扩大公民对立法工作的有序参与，提高立法质量，现将《中国（四川）自由贸易试验区条例（草案）》和关于《中国（四川）自由贸易试验区条例（草案）》修改情况和主要问题的报告全文公布，征求社会各界意见，以便进一步研究、修改后提请省人大常委会继续审议。现将有关事项公告如下：有关单位和个人可以通过以下三种方式于 2019 年 5 月 10 日前提出意见：（一）直接通过四川人大网在线提交。（二）通过信函方式将意见寄至：成都市中南大街 1 号四川省人大常委会法工委经济法规处（邮政编码：610041），并请在信封上注明‘《中国（四川）自由贸易试验区条例（草案）》征求意见’字样。（三）

---

① 胡健：《中国立法评述（十四）：公布法律草案：期待之后的等待》，http://www.pkulaw. cn/fulltext _ form. aspx?Gid=335575816，2005 年。

② 《〈山东省种子条例（草案）〉公开征求意见》：http://www. sdrd. gov. cn/articles/ch00023/201812/cc7a9450－7de8－474d－8745－bdbde782d09f. shtml，2018 年。

通过电子邮件方式将意见发至：83507485@qq. com。”[①] 公告中同时链接了“在线提交意见和建议”“《中国（四川）自由贸易试验区条例（草案）》（二次审议稿）”“四川省《人大法制委员会关于〈中国（四川）自由贸易试验区条例（草案）〉修改情况和主要问题的报告》”。通过浏览各省市人大常委会网站，基本都可以看到，向公众公开地方立法草案并征求意见，成了一种工作常态。

（二）公布法律草案中存在的问题

省市地方政府和人大在公布法律草案的过程中，依然存在不少问题：

（1）并非所有的省市政府和人大都做到了对所有法律草案的公布。湖南省在 2008 年年底明确宣布，从 2009 年起，所有的法规规章草案都要通过省政府门户网站和省法制办向社会公布，同时选择红网等媒体向社会公开征求意见，重要法规规章草案要召开立法听证会。群众可以登录网站，在相应的留言簿发表意见和评论，法制部门将进行处理和反馈。[②] 其他省市目前还没有做到将每一部法律草案都予以公布。很多省市人大在制定法规时会有选择地公布法规草案，即公布的法规草案不是全部即将制定的法规的草案，而是经过选择，被认为与公众关系较密切、受关注程度高的法规的草案。但是，这种选择性行为，是由部分专家或立法部门的领导决定，没有规范性标准可遵循，人为因素较大，受行政部门影响较大。实践中，各地公开立法文件的内容也不尽相同，有的地方公开草案主要内容，有的地方公开草案全文，有的地方公开草案全文和立法背景以及立法目的的说明，还有少部分地方会公开公众意见的采纳结果，并说明不采纳理由。另外，全面的立法信息公开制度，应当从立法规划、立项、起草到审议、通过、发布等各个环节都主动公开，公布立法信息资料，如立法规划、立法背景、制定目的及可能产生的影响、制定的时间、部门、主要内容、可行性报告等，使社会公众能够充分参与评议、发表意见。但在实践中很少有公众参与立法规划编制，相关部门一般也不会向公众公布相关信息。公布草案原文是征求公众意见的通常选择，但是涉及草案的法律依据、起草机构和文本说明等相关重要内容往往较少公

---

① 《自贡市人大常委会法制工作委员会关于征求〈中国（四川）自由贸易试验区条例（草案）〉修改意见建议的公告》，http://www. zgsrdcwh. gov. cn/Mobile/InAtion－View－109－5391. html，2019 年。

② 洪克非：《湖南：行政权力“作茧自缚”》，http://zqb. cyol. com/content/2010－10/27/content _ 3433586. htm，2010 年。

布。总体而言，公布的立法信息并不完备。[①]

（2）公布法律草案的实效性有待增强。尽管省市的政府和人大公布了部分法律草案，但法规草案征求意见的渠道尚未得到充分利用，公民和组织的意见体现得还不够充分。比如，青岛市人大常委会要求每一部法规草案都要在其网站上公布，征求公众的意见和建议。但从实际效果看并不理想，公众的参与度不高，一部法规草案通过网站征集到的意见只有几条，个别情况下还没有意见，没有达到立法机关预期的目的。究其原因，一是法律草案公布的网站点击率低，大多数市民并不了解，需要进一步加大宣传力度。二是公众的立法参与意识需要进一步提高。三是征求意见的方式需要改进。目前的做法是对整个草案一揽子通过网站向社会征求意见，公众没有一定的专业知识和时间很难参与。将来可以考虑针对草案中的重点、难点问题和与人民群众密切相关的事项征求意见。[②]

（3）保障公众参与立法的经费支持，还没有引起有关部门的重视。地方立法是一项意义重大、程序烦琐的工作，需要消耗大量的人力、物力和财力。在公布法律草案环节也同样需要不少的资金，如在报刊、电台、电视台上刊登、公布法律草案，需要经费；制作问卷进行调查，需要印制、发放、回收、归纳整理方面的耗材和人力成本等。纵观各地几十年来的地方立法工作，其立法经费都经历了一个从无到有、从打报告申请到列入财政预算的过程，从最初每年的几千元到近几年的几十万元，虽有较大提高，但仍远远不能满足地方立法的实际需要。因而，在各地的立法实际工作中，立法项目的调研论证、法规的起草修订、法规的审议和报批等环节所需的经费，基本依赖于政府及其部门的支持。因此，当政府及其部门在地方性法规中对地方利益和部门利益提出要求时，人大及其常委会就有可能做出让步使地方立法的价值取向发生偏差。[③]

（4）公众参与法律草案讨论途径单一。目前公众参与立法主要是参与立法草案的讨论环节，但立法的民主和透明应当体现在立法活动的各个方面和环节：在制定立法规划环节，应当公布规划草案，听取广大人民群众的意见和建议；在立法起草阶段，应当允许公民、团体、利害关系人等通过适当方式表达意见，阐述社会各界对法律草案的看法，更加广泛地汇集民意；在立

① 贾田田：《法案公开征求意见程序研究》，山东大学硕士学位论文，2013年。

② 《地方立法促进和谐社会建设的实践与思考——以青岛市地方立法为例》，http://www.doc88.com/p-840684839075.html。

③ 尹忠东：《试论地方立法的价值取向》，http://www.csrd.gov.cn/info.aspx?ModelId=12425，2009年。

法提案阶段，应当考虑适当扩大提出法律草案的主体范围；在立法审议阶段，应当充分发挥新媒体的作用，通过各种公民能够接触和使用的形式，让公民了解立法情况，并相应增设交流互动平台，更广泛地征求公众意见，同时还应当经常举行立法的公开听证会，允许公民自由旁听立法讨论；在法案表决阶段，应当允许公民旁听和转播立法全过程；在法律公布阶段，除法律文本外，还要公开立法会议的议事纪录，包括每个代表的全部发言记录。只有普遍、真实、全面地公开立法过程，才能有效保障公民参与立法活动，实现人民在立法时当家作主。

（三）公布法律草案的完善措施

（1）公布法规草案征求意见常态化。有必要防止公布法律草案的随意性和任意性。通过确立明确的制度，规定除涉及国家秘密、商业秘密、社会稳定的法律，一般应予以公开公布法律草案。特别是涉及部门利益的法律，最晚也应当在二审前向社会公布，广泛征求意见。目前许多地方公布的法律草案一般都倾向于新闻价值大、社会涉及面广的法律，例如2008年11月，成都市颁布《成都市养犬管理条例（草案修改建议稿）》[①]，由于成都市民养犬风气浓厚，颁发此草案引起的社会讨论比较热烈，新闻价值较高，因此多家地方报纸、电台、电视台和网站都进行了报道或讨论。但2008年全年成都市相继完成了《成都市节约用水管理条例》《成都市烟花爆竹燃放安全管理规定》《成都市旅游业促进条例》3件法规的制定工作，完成了《成都市古树名木保护管理规定》《成都市罚没财产管理规定》2件法规的修订工作，协助完成了《成都市养犬管理条例（草案）》《成都市市容和环境卫生管理条例（草案）》《成都市法制宣传教育条例（草案）》《成都市城乡规划条例（草案）》4件法规的审议工作，除《成都市烟花爆竹燃放安全管理规定（草案）》和《成都市养犬管理条例（草案）》由市法制办策划并组织报纸、电视台、电台、网络等多种媒体，对法规草案主要规范内容采取群众喜闻乐见的形式，开展市民讨论和意见征集活动外，其余法规由于自身的专业性、严肃性，缺乏应有的新闻热点效应，因此并未颁布草案公开征求意见。为保证公民参与地方立法的权利，有必要进行明确立法，规定地方立法公开法律草案的范围，形成一种制度常态，这既能充分保障公民知情权，同时也符合代议制民主的本质要求。

① 《〈成都市养犬管理条例（草案修改建议稿）〉昨公布，公开征集意见》，http://www.tcbaby.cn/pet/dog/news/200811/847.html，2008年。

（2）注重公布法律草案的实际效果，推行草案注释制度。公布法律草案只是一个形式或者一个步骤，其实质性目的是使草案能够最大限度地汇集民意，全面展示公民诉求。由于法律本身的专业性较强，而且是以抽象、规范的条文面目出现，条文中出现的专业概念和术语可能和老百姓平常所用词汇有所差异。同时我国现阶段普通老百姓的政治参与热情和基本法律素养还有待提高，如果对枯燥的法律条文不感兴趣也看不明白的话，老百姓是没有参与热情的，更不要说提出具有一定见地的法律意见。因此，地方政府和人大在公布法规草案征求意见的同时，还应就一些与人民群众利益密切相关的法规公布草案注释稿，以便公众知晓、理解法条的主要内容、立法意图和立法依据，为公众提出意见和建议提供便利。关于草案注释制度，早已有一些省市在这方面进行了积极的探索，取得了良好的效果。如广东省 2006 年制定的《广东省法规草案指引若干规定（试行）》要求起草部门在起草法规时，应对法规中涉及行政处罚、行政许可、行政强制措施、收费等与人民群众切身利益相关的条文进行重点说明，讲清理由，并列出上位法的依据。还严格要求起草单位，增强法规起草透明度，使常委会组成人员可以更直观地了解法规草案的核心内容和所要解决的主要问题。广州从 2001 年开始，由政府起草的法规草案，在报送人大时必须提供注释稿，注释稿须说明该法条的依据，包括上位法依据、征集的意见等内容；人大常委会修改后的，也要加注释；送省人大审批稿，要附上全面的注释稿。深圳市规定，提案人在提出法规案（包括修正、修订案）时，应当同时提交法规草案的注释稿及相关资料作为立法背景资料。注释稿应当采取文字说明和条文注释相结合的方式，从立法目的、依据、主要内容、与上位法关系等方面对法规草案进行注释。相关资料包括但不限于直接上位法文本、相关上位法条款、相关同位法条款、调研论证报告、征求意见书面材料。[①] 问题的关键是，这些草案注释稿不仅仅要向立法机关报送，更重要的是应向社会公众予以公开。

（3）在经费上保障公众的立法参与。应该在经费的具体分配和预算时，关注公布法律草案和收集公众意见所需要耗费的人、财、物。现在地方政府也意识到了立法经费的问题，随着地方财政的增收，各地对立法活动也加大了经费投入。比如湖北省鄂州市在《鄂州市人大立法工作经费 2017 年度绩效自评报告》中，明确报告“2017 年立法工作经费预算为 20 万元，财政拨付 20 万元”，并写明：“市人大立法工作经费财政拨款 20 万元，拨付及时，

① 陈勇、李春华、秦蓁、向平锋：《关于广东、海南地方立法情况的调研报告》，http://www.npc.gov.cn/npc/zt/qt/dfrd30year/2009－04/14/content_1497663.htm，2009年。

无滞留、闲置等现象；至 2017 年底市人大立法工作经费支出 10.36 万元，主要用于召开立法座谈会、立法调研、立法征求意见及立法宣传等。”①

（4）拓宽公众参与法律草案讨论的途径。从上文中所列实例来看，法案公布以后，地方政府或人大一般要求公众通过电子邮件、传真、信函等形式，将意见反馈回来。这会出现两种不良情况，一是形成了政府相关部门消极被动的局面，以为法律草案一旦公布就万事大吉，只等公众将他们的意见或建议发回即可；另一方面，公众并非没有意见或看法，但认为写信件、发邮件、发传真比较费时而且费钱，最后口头嘀咕一下就结束。而且，对于很多人而言，邮件和传真是比较麻烦而现代的方式，公众不熟悉。这些意见反馈和收集途径反而成为阻碍意见表达的绊脚石。因此，有必要拓宽公众参与法律草案讨论的途径，拓宽收集公众意见的途径。比如，能否考虑发挥新闻媒体的舆论宣传和收集意见的作用；能否考虑通过社区或街道办事处进行意见收集；增加打电话的方式，地方政府和人大则做好电话录音和电话记录并留下意见人的详细个人情况和联系方式。

四、书面征求意见

（一）书面征求意见的实例

书面征求意见是指立法机关将法律草案发送有关机关、组织和专家征求意见，将意见整理后，立法机关再对法律草案加以修改。一般而言，书面征求意见的对象主要是有关部门以及法律院校和科研机构等组织的专家，这些被征求意见的对象中，法律院校和科研机构的专家是公众的代表，妇联、消协等组织也可以代表公众的利益，这样就可以实现公众参与立法。② 2007 年 9 月修订的《甘肃省人民代表大会及其常务委员会立法程序规则》第六条明确规定：“起草法规草案，应当听取各方面意见，听取意见可以采取座谈会、论证会、听证会、书面征询等形式。”

相对于其他公开公告的方式而言，书面征求意见的方式有其自身的特点：

（1）书面征求意见对象的特定性。书面征求意见，也是一种征求群众意见的方式，但是这种征求意见的方式与公布法律草案中的征求意见方式有所

① 《鄂州市人大立法工作经费 2017 年度绩效自评报告》，http://ezrd.zhou.gov.cn/info/2018/c062922094.htm，2018 年。

② 严海燕：《公众参与与立法研究》，华中师范大学硕士学位论文，2008 年。

不同：前述的征求意见的对象是不确定的，是面向不特定的公众进行意见征集；而书面征求意见则是将法律草案印发和寄送各有关方面的专家和特定的机关、组织，有针对性地征求意见。一般而言，地方立法机关进行书面意见征询时，印发和寄送的对象主要包括三类：一是人大代表，人大代表的一项基本职责就是参与立法和监督法律的实施，人大常委会作为一个常设性的机构，将地方立法草案发送人大代表进行意见征求，是其应尽的职责；二是有关方面的专家学者，以法律专家和学者为多；三是职能部门，包括有关机关、团体、企业事业单位，也包括一些代表公众利益的社团组织，如妇联、消费者权益保护协会等。

(2) 书面征求意见阶段的特定性。书面征求意见这种公众参与立法的方式，是在法律草案公布之后实施的，是在已经有了比较成形的地方立法草案后，才将草案和有关立法说明资料送交人大代表和有关机关、团体、企业事业单位及专家学者，征求他们的意见。这与公开征集立法项目阶段的收集书面意见处于不同的立法阶段。

(3) 书面征求意见的针对性。虽然书面征求意见的对象具有特定性，但并非每一项地方立法都会将草案寄送这三类对象进行意见收集。而是根据不同法律草案的特点，有选择性地书面征求意见。如果某一项地方立法涉及的是某一个或某几个部门的利益，立法机关选择的书面征求意见者则必定包含相应的职能部门；如果另一项立法是涉及消费者权益保护的，则消协就有可能成为书面意见的征求者。

（二）书面征求意见存在的问题

地方立法在进行书面意见征询时，存在的问题主要体现在两个方面：

(1) 书面征求意见并非一种常态的地方立法公众参与形式。相对于征集地方立法项目和公布法律草案已经常规化并形成比较系统化的做法，书面征询意见的方式并未常态化。在什么样的地方立法中应该征询书面意见，是否每一件立法草案都会向人大代表、专家学者或者相关职能部门寄送征求意见稿？书面征求意见的面有多宽？是否向每一位人大代表寄送？这些问题都没有形成稳定的制度化的规定。由于资料所限，笔者没有收集到关于立法部门如何寄送书面征求意见稿、如何选择寄送对象、意见回收情况如何、怎样对意见进行整理分类采用等方面的信息。但正是这些方面信息公开的不充分，显示了书面征询意见的方式基本上呈现出由立法机关主导、相关立法活动由立法机关内部掌握、没有制度化和常态化的空白状态。书面征求意见的相对人只能消极等待立法机关的召令，无法主动积极地参与到立法活动中来。

（2）在书面征求意见时只重视广泛性、普遍性，对专业性、代表性考虑较少，没有充分发挥社会团体、高等院校和法律工作部门在立法中的作用。特别是一些专业性和部门性较强的立法，比如《浙江省松材线虫病防治条例（草案）》《浙江省促进散装水泥发展和应用条例（草案）》《四川省专利保护条例》等地方立法，其专业性和部门性都很强，如果不针对相关职能部门和法学专家进行意见征集，只是向社会公众征集意见，那么可能出现的情况是收集不到具有价值的意见。

（三）书面征求意见的完善措施

1. 确立书面征求意见做法的常态化和规范化

首先，明确实施书面征询意见的地方立法草案的范围。并非所有的法律草案都要寄送人大代表、专家学者或者相关职能部门征集意见，但哪一种类型或者哪些地方立法必须进行书面意见征询，应该有一个标准或者范围。比如涉及本地区基本民生问题的立法，是否应该征询人大代表的意见？涉及某个部门利益的立法，是否应该征询职能部门的意见？如果立法涉及专业化程度较高的技术问题、法律问题，是否应该向相关领域的专家或法学专家进行意见征询？其次，明确实施书面征求意见的对象的范围。虽然人大代表、专家学者、职能部门都可能是书面征求意见的对象，但并非每一次的书面征集，都要一一送到。而且是否每一位人大代表都会成为征集意见的对象，有无范围的限制？如何来进行这些对象的选择？都应该有一个比较明确的限定。最后，应确立规范的书面征询意见的操作程序。比如，应明确寄送法律草案的时间、回收意见的期限、所收集意见的处理程序、意见反馈机制等。

2. 设立地方立法专家库

为了将地方立法征询书面意见的做法常态化和规范化，设立专家库是一个重要举措。建立地方立法专家库，切实发挥好专家在地方立法中的作用，是坚持和完善“公众参与、专家咨询与立法机关决策相结合”的立法工作机制，提高立法决策的科学化、民主化水平，提高地方立法质量的内在要求。浙江省、北京市等省市在此方面做了很好的尝试。北京市在2003年筹建了立法咨询专家库，充分发挥首都人才资源的优势。北京市人大常委会聘请19位法律专家作为法制建设顾问，建立了由170多位专家组成的立法咨询专家库，经常就立法中的难点热点问题以及专业化程度较高的问题咨询顾问和专家。[①]

而浙江省专家参与立法工作的历史，最早可以追溯到浙江省第八届人大常委会。当时，法制委员会聘请了若干专家担任咨询委员，列席法制委员会会议，有了专家意见，立法工作获得了极大的智力支持。在浙江省之后的第九届人大常委会期间，专家有更多的机会、形式参与到立法活动中，专家论证会、委托课题论证、委托法规草案起草等方式逐渐出现和被采用。到了浙江省第十届人大常委会之时，专家参与立法的制度得到了更大程度的发展。2005 年 2 月，《关于专家参与立法工作的若干规定》应运而生，浙江省法制工作委员会在省内挑选了一批优秀的各行业专家，组建了一支 64 人的立法专家库，为立法提供智力保障。以此为时间节点，浙江省的专家参与立法活动开始呈现出经常化、制度化、规范化的特点。第一，浙江省专家参与立法的主要方式是参与法规的起草审议。第二，在法规的集中清理、立法计划的编制等项工作中，浙江省也都通过委托专题论证或者召开专家论证会等方式，邀请专家库成员参与。第三，对专家库成员提出的意见建议或研究成果，浙江省人大常委会法制工作委员会都进行了认真的研究和应用。他们对所有的意见建议都逐条整理，汇总到《法制工作简报》，印发给常委会会议参阅；对其中许多有价值的意见建议，都在法规修改过程予以吸收或采纳。

通过浙江省第十届人大常委会的实践来看，立法专家库的建立，带来了极大的积极意义。首先，这种做法打通了专业人士与立法之间的隔阂，畅通了专家进入立法程序的通道，法律虽然有一定的垄断性，但那应该是在法律运行方面，而立法则与人民群众的生活息息相关，专业的法学家在一些领域是无法与相关行业的专家相比的，科学的立法需要这些专家们的智力支持。其次，专家库的建立，打破了以往封闭的立法方式，更多的民智被吸收到立法中，无疑也推动着立法向民主化的方向发展。特别是来自各个方面的专家，由于具有在其专业领域研究深入、论证严密、思路开阔等方面的优势，所提的意见建议和研究成果对于拓宽立法者的视野，提高立法决策的科学化水平，保证地方立法的质量，起到了重要的积极作用。[②]

---

① 李正斌：《扩大市民对人大立法的公共参与》，http://www.bjqx.org.cn/qxweb/n19085c91.aspx，2009 年。

② 《浙江省建立地方立法专家库的实践和思考》，http://www.locallaw.gov.cn/dflfw/Desktop.aspx?PATH=dflfw/sy/xxll&Gid=086791de-6cd6-4182-8276-d0b8fd352ce2&Tid=Cms_Info，2009 年。

第四章　地方立法调研

调研已成为地方立法的必经程序，但立法调研最初并不是公众参与的方式之一，它以追求立法科学为己任，是“依法立法的客观要求”和“科学立法的现实需要”[①]。随着立法调研实践的深入和人们认知水平的提高，人们发现立法调研具有公众参与的功能，对促进立法民主具有一定的效用。作为公众参与机制之一的地方立法调研与仅追求立法科学化的立法调研应当有所不同，因此，加强地方立法调研的制度建设，促进和保障公众参与，具有重大意义。

一、地方立法调研的内涵与价值

（一）地方立法调研的概念

虽然对“调研”人们已“耳熟”，但对于何谓“调研”则并不必然“能详”。有的学者将“调查”与“研究”分别解释，认为：“调查是为了了解情况而进行考察，通过调查，调查者了解、掌握客观世界的各种实际情况和材料；研究是探求事物的真相、性质、规律等，用马克思主义的立场、观点和方法把调查得来的材料进行实事求是的分析。”[②] 有的学者则将“调查研究”作为整体解释，认为“调查研究是指运用各种方式方法收集资料，再通过对资料的整理、分析，得到对事物本质和规律性认知的专业技术方法”，并且认为“随着社会科学理论的发展以及社会治理科学化水平的不断提升，调查研究已经成为公共治理过程中最重要、最基本的工作方法”[③]。而更多学者则回避对立法调研的定义。但没有对立法调研的准确界定，就不可能充分发挥立法调研应有的功能。

---

① 孟令国：《立法权下放与地方立法调研》，《党政论坛》2015 年第 7 期，第 31 页。

② 周旺生、张建华：《立法技术手册》，中国法制出版社，1999 年，第 131 页。

③ 孟令国：《立法权下放与地方立法调研》，《党政论坛》2015 年第 7 期，第 32 页。

要界定“立法调研”，就要回归到“调查研究”的本意。我国《现代汉语词典》将“调查”界定为“为了了解情况进行考察”，[①] 将“研究”界定为“探求事物的真相、性质、规律等”。[②] 调查的主要目的是了解客观世界或事物的情况、搜集材料等，而研究则是探求事物或客观世界的本质、真理等。显然，研究必须在充分了解客观世界或事物的情况并掌握了充分的材料基础上，通过分析，发现事物的性质、规律、真理等。因此，调查是基础，研究是目的，调查的目的在于寻找事物的性质、规律、真理，从而为解决问题寻找路径。基于二者的关系，人们习惯将“调查”与“研究”结合起来使用，称之为“调查研究”，简称“调研”。

按照上述逻辑，地方立法调研应当是地方立法机关了解、搜集与地方立法事项相关的社会、利益相关者的利益诉求等情况、材料，并通过分析、研究这些情况和材料，探求有关地方立法的必要性、可行性，以及如何立法（具体的制度设计）的活动。这样的定义并没有突出公众参与性。当把地方立法调研作为地方立法公众参与的一种方式时，有必要对地方立法调研定义进行适当的修正。由此，我们将地方立法调研的定义修正为：地方立法机关通过向公众、社会组织、国家机关等了解、搜集与特定地方立法相关的情况、材料，并通过分析、研究这些情况和材料，探求有关地方立法的必要性、可行性，以及如何立法（具体的制度设计）的活动。

表面来看，仅仅是强调了地方立法调研的对象，尤其是强调地方立法调研的公众参与，而本质上，这一修正的重大意义在于，地方立法调研必须通过公众参与来进行，由此：一是约束立法机关不能偏离调研对象——公众；二是调研方法要适应公众，即调研方法与公众的接受程度、公众的表达习惯相适应等。如果没有公众参与地方立法调研，其民主性、科学性就必然受到质疑，地方立法的“政治合法性”也将受到挑战。[③]

从法律效力来说，地方立法调研“只有有权机关才能行使，其他的组织与个人不得染指。换言之，其他组织与个人即使行使，也不是法律意义上的立法调研，因而不具有法律约束力”[④]。从调研的方法来说，有广义与狭义

---

① 中国社会科学院语言研究所词典编辑室：《现代汉语词典》，商务印书馆，2012 年，第 300 页。

② 中国社会科学院语言研究所词典编辑室：《现代汉语词典》，商务印书馆，2012 年，第 1497 页。

③ 张建军、胡朋：《从地方立法听证看政治合法性的现代转型》，《人大研究》2009 年第 8 期，第 37 页。

④ 于兆波：《立法决策论》，北京大学出版社，2005 年，第 174 页。

之分，本书所言之地方立法调研是指除了座谈会、听证会、征求意见、旁听、列席等以外的其他立法调研活动。

（二）地方立法调研的特征

从上述对于地方立法调研的界定可以看出，地方立法调研作为公众参与的方式之一，与座谈会、听证会、征求意见等公众参与方式相比较，具有下列特征：

第一，公众参与的被动性。地方立法调研由有权机关发起，调研机关确定需要调研的对象、调研的内容。作为调研对象的公众是应调研机关“邀请”参加，发表自己的利益诉求、意见等，并非如听证中公众主动申请加入，征求意见中主动表达观点，而表现为被动式参与。

第二，表达方式受限。由于调研机关主导调研，不仅确定调研对象，而且确定调研方法。公众受制于调研方法，因而表达意见、利益诉求的方法也随之受到制约。比如，问卷调查中，接受调查的公众常常只能根据调研机关设计的问题表达意见或诉求，而调研机关的问题并不总能准确反映公众真实的或全部的关注点。

第三，公开性较弱。立法调研常常限定于调研机关与调研参加人之间，只能影响参与调研的公众，而对于其他公众影响甚微。如果调研机关选择的调研对象不具有充分的代表性，那么，立法调研对其他公众几乎没有影响。这在我国实践中已体现出来，如一些地方立法调研活动几乎没有公众知晓，一旦有关立法草案公布，便立即受到公众的质疑。由此形成奇怪的现象：通过了立法调研，形成法律草案，草案公布即受到质疑。难道是公众出尔反尔吗？当然不是，是立法调研的相对隐秘性使得公众在立法调研阶段并没有充分地表达自己的意见和利益诉求。

第四，说服力较差。立法调研的说服力即立法调研揭示事物真理性的程度、水平，并且为公众所认同的程度和水平。调研主要揭示客观存在之事实，回答“是什么”的问题。但公众在接受调研时，不一定会理性思考，而且调研机关的学识、经验与公众并不总是一致，不一定能准确理解公众的意思表达。而其他的如座谈会、听证会常常是经过理性思考，进行理性的交流，不仅回答“是什么”，而且回答“为什么”。相对而言，立法调研的理性不如其他方式，因此，立法调研的说服力较差。

第五，灵活性和互补性较强。立法调研有多种方法，可以根据调研内容灵活运用多种方法，从而形成不同方法之间的互补。而其他的如座谈会、公开征求意见、听证会等方法较为单一。

上述特征是宏观上立法调研相对于座谈会、公开征求意见、听证会等公众参与方式表现出的绝对差异性。而在微观层面，差异性可大可小。应当充分利用立法调研的灵活性和互补性，有效提升立法调研的公开性、说服力，减少公众参与的被动性和公众表达的受限性。

（三）地方立法调研的价值

地方立法调研的价值是指立法调研满足地方立法特定需要的关系。而学者和实务界关于地方立法调研的价值，主要有以下几种观点：第一种观点是“促进立法科学化说”。如，有学者认为立法调研可以克服立法工作中的教条主义、形而上学和经验主义，确保立法工作从实际出发，[①] 保障立法的科学性和有效性。[②] 第二种观点是“提高立法质量说”。如，有学者认为，立法调研是立法质量高低的基础性乃至决定性影响因素[③]，“可以提升地方立法质量”[④]。这种观点与第一种观点的区别在于，它并没有阐明立法调研是否因为调研而科学，从而提高了立法质量。因此，不能简单地将其并入第一种观点中。第三种观点是“立法民主说”，认为“立法调研的意义在于体现立法的人民性，重在发扬民主，广泛听取意见”[⑤]。第四种观点是“促进立法民主化、科学化说”。该观点认为立法调研不仅是科学立法的基础和保障，也是民主立法的重要方式，[⑥] “是实现党的群众路线与立法民主、立法科学结合的需要”[⑦]。但并没有明确阐明立法民主化是否包含了公众参与，毕竟立法民主与公众参与并不完全等同，公众选举代表参与立法、立法机关以外的其他国家机关参与立法都是民主立法，而公众参与立法是指公众直接参与立法，仅是民主立法的众多内容之一。

理论上的争论尚且如此，我国立法实践上差异就很多：一种是将调研作为科学立法的一种方式，与民主立法方式分离。如《浙江省地方立法条例》第一条，制定本条例的宗旨是“为了规范地方立法活动，完善地方立法程

---

① 周旺生、张建华：《立法技术手册》，中国法制出版社，1999 年，第 130～131 页。

② 孟令国：《立法权下放与地方立法调研》，《党政论坛》2015 年第 7 期，第 31 页。

③ 王秋林：《关于地方立法的调研和创新》，《中国人大》2002 年第 14 期，第 17 页。

④ 徐亚文、邹鑫：《比较法视野下的跨区域地方立法调研探析》，《时代法学》2019 年第 2 期，第 17 页。

⑤ 李明璞：《地方立法的过程与方法》，湖北人民出版社，2013 年，第 111 页。

⑥ 董长海、张楠：《地方立法调研规范化建设探析》，《人大建设》2017 年第 8 期，第 50 页。

⑦ 陈焱光、张耀方：《地方立法调研规范化研究》，《江汉大学学报（社科版）》2016 年第 5 期，第 17 页。

序，提高地方立法质量”。第十四条规定“起草地方性法规草案，应当深入调查研究，广泛听取意见，科学论证评估，符合立法技术规范，提高地方性法规草案质量”。另一种则认为调研是民主立法和科学立法的一种方式，所以在许多法律法规中，将调研与其他典型的民主立法方式一并规范，如《上海市制定地方性法规条例》第四条第二款规定“制定地方性法规应当体现人民的意志，发扬社会主义民主，坚持立法公开，健全代表全程参与立法机制，建立基层立法联系点，保障人民通过多种途径参与立法活动”。第二十一条规定“有关的专门委员会对主任会议交付审议的地方性法规案，应当就制定该法规的必要性、合法性、可行性等问题组织调查研究”。这些规定显然将调查研究与听取意见相提并论，体现出调研功能的民主性和科学性。那么，调查研究究竟是体现民主立法还是科学立法，或者二者融为一体？

其实，“进行立法调研，系由立法决策的民主和科学之价值取向使然。了解民意、反映民意、整合民意是现代民主决策的重要内容”，而立法调研是沟通立法与公众及相关社会组织的重要方式，“通过立法调研可以听取社会上专家学者、有关单位、政府部门等方面的意见，汇集、掌握社会上对立法的看法、建议等”，这可有效帮助立法机关进行民主决策；“在立法决策的科学价值取向方面，决策离不开充分而真实的信息资料，因此需要通过立法调研及其他的人力、物力、财力等方式进行信息的收集和归纳，这有利于以客观的、实事求是的态度作立法决策，从而增强立法的可行性。”[①] 换言之，立法调研既有民主立法的价值，又有立法科学化的价值，但上述论证并没有厘清立法调研的民主立法价值与立法科学化价值之间的关系。

实质上，调查研究是社会科学的一种研究方法，其与自然科学的实验方法相对应。人类社会一产生，即进行着两方面的认识与改造活动，一方面是对自然界的认识与改造，另一方面是对人自身的认识与改造。作为客体的自然界与同样作为客体的人类社会有巨大差异。自然界的事物和现象有其本质、特点和规律，这些规律诚如德国学者 H. 李凯尔特所认为的那样，具有普遍性，在甲地存在发挥这样的作用，在乙地同样存在并发挥同样的作用，因此，自然界具有客观性，而欠缺情、义，即使是今天环境伦理所提倡的生态中心主义伦理观，不仅不能改变自然的普遍性和客观性，反而更证明了自然的客观性，因为它所强调的对自然的尊重正说明了自然规律的不可改变性。而人类社会是由有生命、情感，有强烈的心理活动的个体人所构成，不同的人、不同的群体、不同的阶层、不同的民族、不同地域的人都可能表现

① 于兆波：《立法决策论》，北京大学出版社，2005 年，第 174 页。

出不同的心理特征、价值观念、行为模式等。人类社会表现出个别性、特殊性和主观性。因此，人类社会与自然界的差异决定了对自然和人类社会认知方法的不同。

由于自然界的普遍性和客观性，认识自然界可以采取实验的方法。通过实验来达到对自然界的真理性认识，对认识结果可以通过实验进行验证。而人类社会的个别性和主观性决定了不能通过实验来认识人类社会的真理和验证结论，人类作为主体认识人类自身，不可能把自己作为实验对象，因而认识人类社会具有很大的论证性质，必须富有科学的预见。深入的社会调研和充分的科学论证应成为正确认识社会的前提，而不像技术发明那样，可以通过反复的实验。[①] 社会科学“不想缝制一套对保罗和彼得都同样适合的标准服装，也就是说，它们想从现实的个别方面去说明现实，这种现实绝不是普遍的，而始终是个别的”[②]。因此，只能通过调查研究，以广大社会公众为认识客体。

如果说民主体现为“善”的话，那么科学就体现为“真”。通过实验对自然界的认识体现为真，而很难通过民主来体现善，对自然界的真理性认识不是依靠多数人决策的。换言之，民主并不决定科学。因此，对自然界真理性认识的善就只能以一种逻辑的方式来推论：真的即善的。而对人类社会的真理性认识必须是对多数人的认识，是多数人参与的结果，“多数”既体现了民主，又决定了科学，没有多数，就不可能有科学。换言之，有民主才有科学，有善才有真，善决定真。因此，立法调研具有立法民主和科学统一的价值，道德上的善与真统一的价值，具有道德的正当性。

我国曾有一些学者主张超前立法，超前立法可能导致法在现实社会中得不到遵守，有法不依造成的恶果如学者梁治平所言“有法不依甚于无法”。因为无法时出现混乱，人们才对法律有期望，认为法律产生即可以规制而制止混乱。如果有法不依，则造成人们对法律的完全否定性评价，对法律产生绝望。因此，立法应当反映社会现实需要，学者称之为“回应性立法”。一方面，回应性立法回应的时机要适当。立法时机的成熟标准有：(1) 有关社会问题客观存在，对这一社会问题的认识已基本清楚；(2) 这一社会问题应当通过立法途径加以解决，对造成这一问题的责任人可追究法律责任；(3) 找到了通过建立法律制度解决这一社会问题的办法；(4) 有顺利实施法律的

---

① 王文博：《创意思维与设计》，中国纺织出版社，1998 年，第 285 页。

② ［德］H. 李凯尔特：《文化科学和自然科学》，商务印书馆，2000 年，第 50 页。

社会基础，不会引发社会问题。[①] 而这四个标准无不需要通过调研去把握。另一方面，回应性立法应当恰当回应社会的需要。立法的目的是实现良法之治。法律要实现，那一定应当是社会需要立法解决某一问题，而立法恰好满足了社会的这种需要，那么立法就能得到遵守。这就需要通过调研了解社会对立法是否需要，需要的程度，如此才能做出恰当的回应。因此，立法调研从立法时机、立法内容两方面更准确回应社会的需要，具有满足现实需要的正当性，以及提高立法质量，确保法律实现的价值。

二、立法调研的制度化现状与实践

（一）立法调研的制度化现状

从立法者而言，调研是将公众作为对象而进行的立法活动。而从公众而言，则是一种参与立法的方式。由于调研具有道德上的善、真，对立法的科学化有重要意义，因此，立法调研的制度化势在必行。

在我国，“法学视域中的公众参与，更多关注的是社会公众参与管理国家事务和社会公共事务的权利”[②]。因此，立法调研作为公众参与立法的方式之一，其法律依据在于我国《宪法》第二条第一款规定了“中华人民共和国一切权力属于人民”，本条第二款规定了人民选举自己的代表来行使权力。与此同时，本条第三款规定人民还可以通过法律规定的其他方式来间接或直接行使权力，包括直接参与立法。此外，《宪法》第二十七条明确规定：一切国家机关和国家工作人员必须倾听人民的意见和建议，接受人民的监督。第四十一条规定了公民对国家机关和国家工作人员的批评和建议权。这些规定并不排斥公众直接参与地方立法，反而从不同侧面规定了公众的直接参与权。《立法法》第五条更明确规定：“立法应当体现人民的意志，发扬社会主义民主，坚持立法公开，保障人民通过多种途径参与立法活动。”但这些规定是所有公众参与机制的法律依据，并非立法调研的特定依据。而我国有关地方立法调研的具体规定，主要散见于有关法律法规中，如国务院《行政法规制定程序条例》第十三条规定“起草行政法规，起草部门应当深入调查研究，总结实践经验，广泛听取有关机关、组织和公民的意见”。第二十一条规定“国务院法制机构应当就行政法规送审稿涉及的主要问题，深入基层进

① 周旺生、张建华：《立法技术手册》，中国法制出版社，1999 年，第 65～70 页。

② 戴激涛：《公众参与：作为美德和制度的存在——探寻地方立法的和谐之道》，《时代法学》2005 年第 6 期，第 34 页。

行实地调查研究，听取基层有关机关、组织和公民的意见”。地方法规中，《重庆市地方立法条例》第五条规定“地方立法应当发扬社会主义民主，坚持立法公开，保障公民通过多种途径参与立法活动”。第十三条规定“起草法规草案，应当深入调查研究，广泛听取各方面意见，对法规草案规范的主要问题进行论证”。《浙江省地方立法条例》第十四条，《广西壮族自治区行政规范性文件制定程序规定》第七条、第十条、第十一条等都有关于立法调研的类似规定。

从上述规定可看出，我国立法调研的制度化程度相对于立法听证、公开征求意见等方式而言，还有诸多需要进一步完善之处，表现为：第一，立法调研适用阶段较少。我国有关立法规定的立法调研适用阶段，主要有三种立法例：一种是规定适用于立法规划阶段，如《重庆市人民代表大会及其常务委员会地方立法程序规定》第五条第二款规定“编制立法规划，由市人民代表大会各专门委员会在调查研究、征求市人民政府有关部门和有关组织意见的基础上，提出立法规划建议项目”。第二种是规定适用于起草阶段，如国务院《规章制定程序条例》第十五条、《重庆市地方立法条例》第十三条、《广西壮族自治区行政规范性文件制定程序规定》第七条、《浙江省地方立法条例》第十四条。第三种是审议阶段，又有两种例，一是审议机关的法制机构预先审查时，即进行调研，主要适用于地方政府规章的制定，如国务院《规章制定程序条例》第二十二条的规定“法制机构应当就规章送审稿涉及的主要问题，深入基层进行实地调查研究，听取基层有关机关、组织和公民的意见”。二是由审议机关组织调研，主要适用于地方人大制定地方性法规时，如《上海市制定地方性法规条例》第二十一条规定“有关的专门委员会对主任会议交付审议的地方性法规案，应当就制定该法规的必要性、合法性、可行性等问题组织调查研究”。上述三种适用规定并不总是分别独立存在于某一部法规中，而常常是其中的一种或者两种、三种一并出现在同一法规中，而且主要将立法调研规定适用于地方立法起草、审议阶段。对于立法规划阶段是否适用立法调研，笔者查证到有《安徽省人民代表大会及其常务委员会立法条例》第七十一条的规定①；原《重庆市人民代表大会及其常务委员会地方立法程序规定》第五条有相应规定，但 2017 年的《重庆市地方立法条例》修改了这一规定。因此，立法规划阶段较少适用立法调研。

① 《安徽省人民代表大会及其常务委员会立法条例》第七十一条：“有关专门委员会或者工作委员会可以对编制立法规划、年度立法计划进行调查研究，提出列入立法规划草案、年度立法计划草案的立法项目。”

第二，调研主体的制度供给不平衡。法律意义上的调研主体包括调研机关（即有关国家机关，是哲学意义上的认识主体）和调研相对人（即被调研人，主要是公众，是哲学意义上的认识客体）。我国地方立法调研机关在有关法律法规中有具体规定。如国务院《规章制定程序条例》第十五条规定是“规章起草机关”；第二十二条规定“规章审查机关——法制机构，为调研机关”。而《上海市制定地方性法规条例》第二十一条规定有关的“专门委员会”为调研机关。《重庆市地方立法条例》第十三条规定“法规草案起草人”是调研机关。《浙江省地方立法条例》第十四条也规定地方性法规案的“起草单位”是调研机关。显然，不同立法阶段的调研机关是不同的，一般来说，在立法规划阶段，调研机关是地方人大各专门委员会、地方政府编制立法规划的有关机关；在起草阶段，是起草单位；在审议阶段则是审查机关、各专门委员会等；在立法评价阶段，一般由立法机关进行调研。与地方立法关于调研机关的制度供给较为充足相对立的是，规范调研相对人的制度供给严重短缺。

第三，除适用阶段、调研主体以外的其他方面，仅原则性规定应当加强调研，需要有调研资料等，尚需明确立法调研的适用范围、调研原则、调研方式方法、调研程序、调研报告等具体的制度设计。

第四，对地方立法调研立法的位阶，较为直接的有国务院行政法规即《规章制定程序条例》《行政法规制定程序条例》。更多的地方法规或地方政府规章，“无论是基于地方立法工作的具体需要，还是为了细化《立法法》关于立法调研的极端概括化的规定”，“都直接或间接、或多或少地对立法调研进行了规定”①。除前文已述及的重庆、上海、浙江等省市以外，还有《湖北省人民代表大会及其常务委员会立法条例》第十三条②、《厦门市人民代表大会及其常务委员会立法条例》第十一条③、《安徽省人民代表大会及

① 陈焱光、张耀方：《地方立法调研规范化研究》，《江汉大学学报（社科版）》2016 年第 5 期，第 19 页。

② 《湖北省人民代表大会及其常务委员会立法条例》第十三条：“起草法规草案，应当深入调查研究，广泛征求意见。涉及行政管理的法规草案，应当征求利益相关方的意见；涉及多个行政管理部门的，应当征求相关部门的意见。法规草案的起草单位应当主动向有关专门委员会和常务委员会工作机构报告起草工作情况。”

③ 《厦门市人民代表大会及其常务委员会立法条例》第十一条：“法规起草应当深入调查研究，总结实践经验，广泛听取有关机关、组织和公民的意见。”

其常务委员会立法条例》第三十五条、第四十条、第七十一条[①]等。

（二）地方立法调研的实践

中国共产党历来重视调查研究，毛泽东同志很早就指出："要了解情况，唯一的方法是向社会做调查，并把调查得来的情况加以分析和研究。"[②] 这种作风体现在我国立法活动中也非常重视立法调研。1954 年《宪法》制定前进行了大量的立法调研。20 世纪 80 年代主持全国人大常委会立法工作的彭真同志也特别重视立法调研，他曾言：实际是母亲，实际产生法律。并举例说明如何进行立法调研，他说："比如搞破产法，要听经济界的意见，还必须认真地听一听工人的意见。破产法总是要搞的，搞破产法工人有什么问题？有问题要事前商议。在我们国家，像铁路、鞍钢、首钢、宝钢等这样的大企业是不可能破产的，有破产的是一些中小企业。这个问题，很多人大常委会委员和副委员长作了调查研究，各省、自治区、直辖市人大常委会和全国人大常委会再去摸一下，摸一些中小企业的典型，如果破产可能有什么重大问题，事先把问题调查清楚，尽可能把问题解决在立法之前。"[③] 到 20 世纪 90 年代，立法调研已然成为约定俗成的立法阶段，尽管没有法律制度的强制，但调研机关从政治的高度强化立法调研的自觉性。在《立法法》施行前，立法调研主要是在全国人大立法活动中适用，地方立法中较少适用。《立法法》在制度上确立了立法调研的法律依据，全国人大立法调研成为常态，如：2019 年 3 月 26 日，全国人大张春贤副委员长带领社会建设委员会调研组到民政部，调研社会建设领域尤其是民政领域立法的相关情况[④]；2018 年 11 月 28 日至 12 月 1 日，全国人大常委会委员长栗战书率全国人大调研组到云南省昆明、德宏、保山等地，就制定《基本医疗卫生与健康促进

① 《安徽省人民代表大会及其常务委员会立法条例》第三十五条："省人民代表大会常务委员会审议法规案，或者依照本条例第十条规定审议法规案，应当通过召开座谈会，发送法规草案，邀请参加立法调研、论证和起草等多种形式，广泛听取省人民代表大会代表的意见和建议，并将有关情况予以反馈。常务委员会会议审议法规案，应当邀请有关的省人民代表大会代表列席会议。专门委员会和工作委员会进行立法调研，可以邀请有关的省人民代表大会代表参加。"第四十条第三款："对拟设定行政处罚、行政许可、行政强制，且社会普遍关注的法规草案，有关专门委员会或者工作委员会应当进行论证咨询，深入基层调查研究，广泛听取基层和群体代表、行政管理相对人、有关部门、人民团体、专家和社会有关方面的意见。"

② 《毛泽东选集》第三卷，人民出版社，1991 年，第 789 页。

③ 彭真：《论新时期的社会主义民主与法制建设》，中央文献出版社，1989 年，第 338 页。

④ 孙梦爽、王晓琳：《人大调研：走进民政部　共话社会建设领域立法》，《中国人大》2019 年第 7 期，第 25 页。

法》开展立法调研①；2017 年 7 月 6 日至 7 日，调研组在全国人大常委会副委员长张平带领下，赴广东调研标准化法修订②。

《立法法》之后，各地方立法中也纷纷为立法调研确定了法律依据，地方立法调研活动日渐成为常态。目前，地方立法调研实践呈现下列特点：

第一，地方立法调研适用范围广泛。目前的地方立法调研活动蓬勃发展，无论是什么样的立法，一般都会进行立法调研，如 2018 年的《江苏省长江渡口渡船安全管理规定》《安徽省发展新型墙体材料条例（修订草案）》，2017 年的《上海市消防条例》《云南省国家档案馆管理办法（草案）》《〈浙江省钱塘江管理条例〉修改草案》，2016 年的《青岛市新型职业农民培育管理办法》，2015 年的《海南省河道采砂管理规定（草案）》《山西省无线电管理条例》，2007 年的《广西壮族自治区蚕种管理办法》以及水资源管理、高等院校学生实习立法问题等都进行了立法调研。现在立法调研不仅适用于立法起草、审议阶段，而且适用于立法规划阶段，如：广东省人大常委会 2013 年 4 月中旬至 5 月中旬，在全省范围内开展立法大调研，共收集基层干部群众提出的具体立法建议 137 个，从而“从源头上探索民主立法、保证立法公正性”③。

第二，地方立法调研地域广泛。目前的地方立法调研不仅调研本地，而且跨省，甚至出国调研，如：2006 年 6 月 12 至 19 日，广西壮族自治区法制办与自治区农业厅到四川省及其桑蚕重点市南充市和浙江省进行《广西蚕种管理办法》立法调研；2018 年《安徽省发展新型墙体材料条例（修订）》立法调研深入甘肃省④。但地方立法跨域调研也存在调研地点选择不当等不足。⑤

第三，地方立法调研方式方法不断创新。早期地方立法调研采取的方式方法趋同较强，主要表现为考察、座谈、研讨会，而较少运用功能主义、结构主义、定量分析、概率统计等社会学方法。但近年来，地方立法调研方式

① 李小健：《栗战书委员长率全国人大调研组到云南开展立法调研》，《中国人大》2018 年第 23 期，第 10 页。

② 《全国人大常委会调研组赴广东开展标准化法立法调研》，《中国标准化》2017 年第 15 期，第 30 页。

③ 筱臻、李冰冰、雷斌：《广东首次“地毯式”立法大调研》，《人民之声》2013 年第 6 期，第 16 页。

④ 张宗龙：《安徽省人大立法调研组赴甘肃调研墙材革新工作》，《墙材革新与建筑节能》2019 年第 3 期，第 74～75 页。

⑤ 徐亚文、邹鑫：《比较法视野下的跨区域地方立法调研探析》，《时代法学》2019 年第 2 期，第 21 页。

方法不断创新，如《江苏省长江渡口渡船安全管理规定》的立法调研将调查问卷与召开座谈会、实地走访调研相结合①；《青岛市新型职业农民培育管理办法》立法调研将文献调查、调查问卷与实地考察、访谈相结合②。有的人还提出可以“搭建包含报纸电视、门户网站、手机 APP、微信、微博等全媒体的立法调研信息平台”，“既要注重应用文献调查、实地考察、座谈讨论、论证听证等传统方法，又要注重抽样调查、问卷调查、网络调查等定量研究方法”③。但在地方立法跨域调研方面仍然存在调研形式单一、调研提纲内容模糊等不足。④

第四，调研对象的代表性、广泛性尚需扩大。许多地方立法将调研对象限于行政机关、大型企业、事业单位、专家，而较少将普通公众作为调研对象。杨雪冬先生就认为：“在进行立法调查研究中，侧重于听取执法部门的意见，不能全面听取被涉及对象的意见”，“这样就造成了有关专门委员会或工作机构多依赖职能部门的意见，主要考虑现行管理体制是否理顺，不能认真研究要调整的社会关系会受到什么影响以及如何解决现有的和未来的矛盾”⑤，从而制约了公众的参与。比如，2008 年 11 月 5 至 7 日，《湖南省烟草专卖管理办法》立法调研座谈会的参与人是省烟草专卖局法规处、衡阳市人民政府有关部门以及衡阳市烟草专卖局代表⑥，没有普通公众代表参加。长江渡口渡船安全管理与一般公众也有利害关系，但 2018 年的起草《江苏省长江渡口渡船安全管理规定》立法调研对象仅限于渡口单位经营层、管理层和一线船员⑦，没有一般公众的参与。

第五，立法调研程序尚需完善。我国地方立法调研活动的程序，有时是由有关调研机关“议事以制”，即针对特定的立法调研制订调研方案，在方案中设计相应的程序；有的则并没有明确的调研程序性方案。

---

① 王飞、刘铸：《关于起草〈江苏省长江渡口渡船安全管理规定〉的立法调研》，《中外船舶科技》2018 年第 4 期，第 1 页。

② 赵立波、王荣祯、焦修伟、鹿淑梅：《〈青岛市新型职业农民培育管理办法〉立法调研报告》，《安徽农业科学》2016 年第 16 期，第 145 页。

③ 董长海、张楠：《地方立法调研规范化建设探析》，《人大建设》2017 年第 8 期，第 51 页。

④ 徐亚文、邹鑫：《比较法视野下的跨区域地方立法调研探析》，《时代法学》2019 年第 2 期，第 21 页 。

⑤ 洪丰、灿勇：《地方立法听证中的参与困境》，《公民导刊》2005 年第 2 期，第 28 页。

⑥ 罗壮志、刘春明：《〈湖南省烟草专卖管理办法〉立法调研座谈会在郴州、衡阳召开》，《湖南烟草》2008 年第 5 期，第 8 页。

⑦ 王飞、刘铸：《关于起草〈江苏省长江渡口渡船安全管理规定〉的立法调研》，《中外船舶科技》2018 年第 4 期，第 1 页。

第六，立法调研公开性较弱，公众参与度较小。许多地方立法调研时间、内容、对象、方式方法等都由调研机关确定，有关参与者基本上都是体制内的人员和机构，普通公众不仅参与度不够，而且对有关立法调研事务知之甚少。一些地方公开了立法调研报告，但并没有形成制度，因此，许多公众并不知道通过何种途径可以知道立法调研情况。

（三）地方立法调研的制度与实践的关系

学界在理论上对制度与实践的关系有很深刻的探讨，因此，我们无意对此再做重复，而主要从实证的角度来介绍我国有关地方立法调研制度与地方立法调研实践的关系。

1. 立法调研制度是立法调研实践的产物

我国立法调研最初作为一种工作方法，很早就在立法工作中得到运用。到20世纪80年代初，全国人大审议法律案仅是一审，常委会组成人员感到时间仓促，来不及对法律草案进行很好的研究，很难表决通过。于是1983年3月，彭真在委员长会议上提出，今后全国人大常委会审议法律草案一般至少要进行两次审议方能交付表决。这一制度在1987年写入《全国人大常委会议事规则》。[①] 无论是一审制还是两审制，实质上都包含着立法调研，但在全国人大的工作规程中，并没有明确将立法调研作为制度确立下来。随着立法步伐的不断加快，提交全国人大常委会审议的法律案逐年增多，1998年九届全国人大常委会组成后，在“两审制”的基础上，进一步提出了“三审制”。即审议法律草案，一般需经常委会会议三次审议后方能交付表决。三审的分工是：一审，听取提案人对法律草案的说明，进行初步审议；二审，在经过充分调查研究基础上，围绕法律草案的重点、难点和分歧，进行深入审议；三审，在听取审议结果报告的基础上，对法律草案修改稿再作审议，如各方意见趋于一致即可交付表决。[②] 在三审制中，明确将立法调研制度化，但此时仅是作为全国人大的工作规则。2000年《立法法》才明确将立法调研作为法律制度确定下来。

而在地方立法中，早在1993年12月15日四川省人民代表大会常务委员会通过的《四川省人民代表大会常务委员会关于制定地方性法规程序的规定》第十二条就规定“草拟地方性法规草案，应当充分调查研究，广泛听取基层单位和有关方面的意见”。但从全国来说，将立法调研作为法律制度确

① 陈丽平：《民主科学立法的生动实践》，《法制日报》2008年6月29日。

② 陈丽平：《民主科学立法的生动实践》，《法制日报》2008年6月29日。

立起来，应当是在《立法法》之后，各地广泛开展地方立法，而且在地方立法中广泛运用立法调研，进而通过制定地方法规或政府规章，将立法调研制度化。显然，实践催生了立法调研的制度化。

2. 立法调研制度影响地方立法调研实践

制度经济学的理论为我们提供了分析立法调研制度对立法调研实践影响的方法。“按照制度经济学的观点，一个社会的经济运行，总是在制度变迁的框架内进行的；而制度变迁的基本规律就是从制度短缺到制度供给，再到制度需求与制度供给之间的平衡”，并建立了制度供给均衡的分析模型①。根据这一模型，我国地方立法调研“有部分潜在收益无法在现存制度框架下实现，有新的制度需求”。表现为现存的立法调研法律制度源于《立法法》和各地方立法，而相关立法是原则性规定，具体实践实质已走在了制度前面，立法调研制度显示出滞后性。

因为立法的原则性规定影响了地方立法调研实践的健康发展，使得立法调研实践出现调研方式方法欠缺科学性，调研对象选择缺乏民主性、代表性，调研程序带有任意性，立法调研活动带有相对隐蔽性等弊病。现存的立法调研制度尚不能满足立法调研实践的需要，不加认真调查的立法不但不能行之有效地调整社会关系，而且“会造成立法资源的浪费和法律威信的缺失，只有为公众参与提供广泛的空间，在充分调查民意的基础上，进行不同观点的沟通和博弈，才能建立行之有效的法律制度”②。因而，应当加大立法调研制度的供给。

而从技术层面来说，调研作为一种认识社会、公众参与的一般方法，如“水无常形，人无常态”，调研具有适时性、多变性和灵活性。调研的适时性是指在不同时期，调研的方式方法会发生变化。多变性即人类社会在不断发生变动，因时因人而可能采取不同方法。因此，调研也有灵活性。立法调研的方法非常多，而方法的选择必须根据具体需要调研的事实、对象等来做决定，因而很难将调研方法制度化。但是立法调研不仅涉及调研方法的问题，而且涉及调研主体、调研决策、调研方法的选择、调研方案、调研对象、调研的进行、调研的效果等诸多问题。调研也是决策活动，通过法律的技术手段，可以将这些内容形式化为法律制度，以确保调研成为公众参与、实现立法的善与真的制度性保障，而防止立法机关将调研决策表面化、空心化。

---

① 胡光志：《中国虚拟经济制度供给模式之转变》，《西南民族大学学报（人社版）》2006年第9期。

② 魏文玉：《论我国的公众立法参与机制》，西南政法大学硕士学位论文，2008年。

在我国实践中，2008年12月湖北省人大常委会法规工作室制定了《湖北省人大常委会法规工作室立法调研工作规程》，对调研应坚持的原则、工作重点、具体程序及要求等做了全面、细致的规定，使立法调研工作逐渐制度化、规范化。① 2009年4月17日徐州市十四届人大常委会第十八次主任会议，讨论通过《徐州市人大常委会立法调研会商工作制度》，该工作制度主要规定：市人大常委会相关工委或者法制工委在初次组织立法调研前，应当先行组织会商，就调研事项共同讨论、交换意见；会商的内容主要是立法调研方案，方案的内容应当包括需要立法调研的事项、调研方式、参加调研单位和时间安排等。② 2016年12月28日山东省临沂市第十八届人民代表大会常务委员会第四十一次会议通过《临沂市人大常委会立法调研工作制度》，规定了立法调研适用范围、适用原则、调研方案的内容、调研方式、参加人等。尽管这些工作规程、工作制度并没有全面规定立法调研制度，而且也仅是地方人大常委会的工作制度，并不是严格意义上的法律法规，但是其重大意义在于它是推动立法调研制度化所迈出的重要一步。因此，无论是理论还是实践都证明了地方立法调研法律制度化在技术上是可行的。

三、地方立法调研制度的完善对策

如何完善地方立法调研制度？从法律制度化建设来说，立法调研制度的完善应当包括立法调研的适用、调研主体、调研方式的选择、调研程序、调研的立法效力等。

（一）地方立法调研的公开原则

有学者认为，地方立法调研应当以立法机关主导、直接调研与委托调研相结合、点与面相结合为基本原则。③ 这些原则多具有方法论意义，而从公众参与的价值意义来说，要让立法调研制度能充分地实现公众参与，确保立法调研公正、科学，需要确立立法调研信息公开原则。

立法调研公开即立法调研的有关信息，包括立法调研机关、调研对象、调研事项、调研地域、调研时间地点、调研方式以及调研报告等，应当在一

---

① 《开拓创新　改进立法工作——2008年湖北省地方立法工作回眸》，http://www.hppc.gov.cn/2008/1229/5825.html，2008年。

② 肖昌琦、任文：《市人大出台立法调研会商制度》，《徐州晚报》，2009年6月2日第3版。

③ 陈焱光、张耀方：《地方立法调研规范化研究》，《江汉大学学报（社科版）》2016年第5期，第21～22页。

定媒体上公开发布。如果说报刊、广播以及电视等公开地方立法调研的信息，公众并不一定能有效地接收到，那么，以互联网技术为基础的新媒体，如微博、微信公众号、互联网平台等，就使得地方立法调研的公开更能为公众所获得。因此，地方立法调研的公开应当强调新媒体与传统媒体的深度融合。通过立法调研信息公开，减少立法调研的隐蔽性，为公众主动参与提供方便，也便于公众监督，从而提升立法的民主性和科学性。

（二）地方立法调研的适用范围

1. 适用立法阶段

“立法调研是立法决策程序的第一步，意味着决策的正式启动。”① 这似乎意味着立法调研应当适用于立法规划。从立法的过程来说，虽然法律将其分为提案、起草、审议、公布四个阶段，但随着社会的进步和立法科学化的日益加强，提案前的立法规划、立法计划逐渐成为实践的必要环节，上至全国人大的立法，下至设区的市地方政府规章的制定，都预先纳入立法规划、立法计划。今天之中国，立法规划、立法计划几乎已成为提案前的必经阶段。首先，这个阶段要解决的是立法时机是否成熟的问题。而立法时机是否成熟需要通过立法调研去确认。其次，立法规划具有政治性和交涉性。地方立法规划的政治性是指“地方立法计划的制定受政治因素的影响，集中体现一定时期内居于主导地位社会力量对权力、权利、义务、责任进行配置、调整的愿望和要求”②。地方立法规划的交涉性是指“地方立法计划的制定过程中，若干不同利益主体为了达成共识，调整相互冲突的目标。交涉具有妥协性和互惠性，有利于减少冲突，寻求平衡”③。这就需要立法调研了解公众的要求。再次，如果没有经过充分的立法调研而仓促或凭某些人的主观意志将一些立法编入立法规划，然后进行相应的立法起草、公开征求意见、座谈会、听证会，最终被否定，不仅浪费了大量的立法资源，包括起草法案甚至立法调研支付的时间、人力、物力、财力，以及公众参与的时间、人力、物力、财力等，而且支付了道德成本，即从产出的角度来说，法案因为公众的反对而撤销了此项立法动议，人民当家作主得到体现，树立了立法机关执政为民的良好形象，但立法机关同时在道德上也会受到责难：浪费了纳税人的钱却没有办好事情，立法机关做事太草率，缺乏责任心。显然立法机关应

① 于兆波：《立法决策论》，北京大学出版社，2005 年，第 174 页。

② 胡雪清：《论我国地方立法计划》，湘潭大学硕士学位论文，2004 年。

③ 胡雪清：《论我国地方立法计划》，湘潭大学硕士学位论文，2004 年。

当加强立法规划阶段的调研。在实践中，一些地方立法机关已经认识到立法规划调研的重要性，如四川、重庆、广东、山西等省、市在编制立法规划时通过向公众征求意见或其他方式方法进行立法规划调研：2007 年，重庆市人大委托重庆市律师协会进行《重庆市地方法规立法需求》的调研；2008 年，广东省人大立法规划编制首邀市民参与讨论；2013 年 4 月中旬至 5 月中旬，广东省人大常委会为编制五年立法规划而在全省范围内开展了立法大调研①；2016 年，广东省人大常委会在全省范围内开展立法需求社情民意调研，调研组根据调研情况建议进一步完善 2016 年立法工作计划②。因此，立法调研首先应当适用于立法规划阶段，是解决应当“立什么法”的问题。

而在起草阶段要解决如何立法，如何科学地在不同主体之间公平、合理地分配权利、义务的问题，理所当然适用调研。审议法案的实质是审查法案的合法性、合理性，合理性的标准是社会的现实状态，也应当进行立法调研。在立法实施后，需要对立法效果进行评估调研。因此，“立法调研必须从源头上抓起，并贯穿于立法全过程”③。广东省人大的全过程地方立法调研树立了典范，“在编制立法规划和立法计划阶段广泛开展综合性调研。……了解地方立法需求，收集立法建议项目”；“在法规起草阶段深入开展专题性调研。……既听取职能部门、事业单位和社会团体的意见，也听取人大代表、专家学者和社会公众的意见；既听取利益相关主体的意见，也听取利益中立方的意见”；“在法规审议阶段重点开展论证性调研”；“在立法后评估阶段开展检验式调研”④。广东省的实践也证明了立法调研适用于全过程的可行性与必要性。

2. 适用于哪些立法

调研作为一种立法方式，具有广泛适用性。但是，调研作为公众参与立法的一种方式，并不具有广泛适用性。因为有关立法可以分为三大类：第一类是公共权力内部组织、活动规程性的立法，是有关公共权力如何组织、运行、提高效率的规则；第二类是国内涉及公众权利、义务的立法，除民商法等私法外，还有有关行政法、经济法、社会法等；第三类是国际法，如我国

① 筱臻、李冰冰、雷斌：《广东首次“地毯式”立法大调研》，《人民之声》2013 年第 6 期，第 16 页。

② 任生：《省人大常委会公布 2016 年立法需求社情民意调研结果》，《人民之声》2016 年第 5 期，第 13 页。

③ 孙育玮等：《完善地方立法立项与起草机制研究》，法律出版社，2007 年，第 139 页。

④ 肖志恒、柳建启、陈上琦：《立法协商机制及其改革：基于广东经验的实证调研》，《地方立法研究》2017 年第 1 期，第 53～54 页。

与其他国家签订的有关引渡的条约、建立某种区域组织的公约，这些是体现国家主权性的立法。

三类立法中，第一类规则的建立是以组织原则、组织行为学为依据。而第三类国际法是以国家与国家之间按一定原则所制定的规则为依据，并不以国内的社会需要为依据。因此，对这两类立法并不适用作为公众参与方式的立法调研。第二类立法适用作为公众参与方式的调研，意味着：一是，除第一类、第三类外的立法，原则上都应当有公众参与调研。二是，适用公众参与方式的立法调研可以分为与公众利益直接相关和间接关联的立法调研。与公众利益直接相关的立法调研，如 2016 年辽宁省总工会开展的女职工劳动保护立法调研，就直接与女职工利益相关，其调研对象包括基层工会、女干部、女职工代表等。[①] 与公众利益没有直接关联但有间接关联的立法调研，比如 2008 年 11 月 5 日至 7 日的《湖南省烟草专卖管理办法》立法调研，应当与公众有间接利害关系；2018 年的《江苏省长江渡口渡船安全管理规定》立法调研，与公众的安全需要、渡口渡船设施周边居民的利益也有关系。因此，应当有公众参与。比较二者可以发现，对与公众利益直接相关的立法调研，公众参与的程度、对立法决策的影响力应当更大；而与公众利益间接相关的立法调研，公众参与程度、对立法决策的影响力应当较弱。

3. 调研的适用效力

为保障公众参与，强制性适用立法调研具有合理性和正当性，国务院《规章制定程序条例》《行政法规制定程序条例》和地方性法规、地方政府规章，都使用了“应当”一词，表明调研具有一定的强制适用性。但有学者认为“应当”是一种倡导性强制，而“必须”才是禁止性的强制。两相比较，后者的强制力大于前者。

而在适用调研时，是以“应当”强制还是“必须”强制为宜？首先，从我国法律的语言表达习惯来说，法律在赋予某主体作为的义务时，一般使用“应当”一词；在赋予其不作为的义务时，一般使用“不得”“禁止”。但实质上二者的强制性几乎相当。其次，与其争论使用“应当”强制还是“必须”强制，还不如强化调研的立法效力，即调研对立法的影响。如果调研资料、报告是论证立法必要性、可行性和科学性的必要材料、必要文件，那么，即使使用“应当”，其强制性也与“必须”等同。否则，即使“必须”适用也毫无实质意义，反而浪费成本。

① 高红：《辽宁省总工会开展女职工劳动保护立法调研》，《工会信息》2016 年第 28 期，第 40 页。

（三）地方立法调研的主体

立法调研法律关系的主体是调研机关和调研相对人。调研机关是指依法定条件、程序组织进行调研活动的国家有关机关。在不同阶段，有不同的调研机关，我国地方立法或立法机关的工作规则中已有明确规定。立法调研作为民主立法方式，被调研的人即调研相对人，包括除调研机关以外的其他国家机关、专家学者、有关组织、与法案有利害关系的人即公众参加人。

在我国目前各地方的立法调研活动中，调研机关更愿意将调研看成民主立法的方式，有关公共权力部门参与较多，“对公众参与重视不够”，“吸纳公众参与的动力不足”①，社会公众参与较少。也因为公众参与理念的欠缺，对于利害关系人的确定较为狭窄。实质上，“利害关系人”作为法律术语，在不同法律语境中有不同的理解。如行政法学理解“法律上利害关系”是公民、法人或其他组织的合法权益与行政行为之间存在的一种因果关系。有的法律则直接列举利害关系人，如原《最高人民法院关于贯彻执行〈民法通则〉若干问题的意见（试行）》第二十五条对申请宣告死亡的利害关系人即明确列举。显然，确定利害关系人确实较困难。我们认为引入经济学的“利益相关者”理论，也许更恰当。1984 年，弗里曼在其《战略管理：利益相关者管理的分析方法》一书中阐述了“利益相关者管理理论”，认为任何企业发展受到股东、雇员、供应商、债权人、消费者等交易伙伴，以及政府部门、本地居民、本地社区、媒体、环保主义等压力集团的多方利益相关者的影响，这些利益相关者的利益都有重要价值。因此，企业不能仅追求某些主体的利益，而应追求利益相关者的整体利益。② 借鉴此理论，立法调研的顺利进行依赖于与调研事项有直接或间接利益关系的人。这就需要在调研时分析利益相关者，诚如《蚕种管理办法》是政府对蚕种进行管理的立法，直接的利益相关者是管理者与相对人，而间接的利益相关者必然有蚕农。水能资源的立法调研，除调研水能资源的储藏量、开发量外，还必然涉及环境保护、农业用水、居民生活用水等方面状况，由此必然有流域居民作为利益相关者。凡利益相关者即应当是立法调研中的利害关系人，应当成为立法调研参加人。

① 王琳：《改进完善地方政府立法过程中公众参与机制探讨——基于北京市政府立法实践的调研》，《理论导刊》2015 年第 5 期，第 6 页。

② 乔法容、王丽阳：《论循环经济模式下的企业义利观》，《马克思主义研究》2008 年第 2 期，第 70 页。

但在立法调研制度建设中，不能用列举方式来明确利害关系人，而只能概括性的规定，由此调研机关如何确定利害关系人？除理论上运用利益相关者理论确定利害关系人，由调研机关通知其参加调研外，还应当建立自愿申请加入机制，即自认为是利益相关者，可以主动申请加入立法调研中来，形成调研机关通知参加与利害关系人主动申请参加相结合的机制；同时，公众要提高对地方立法的关注度，培养主动参与立法的意识[①]，才能有效地让利益相关者参加到立法调研中。而至于专家学者、有关组织、有关国家机关也可以采取上述两种方式，这就要求立法调研活动的信息应当公开，从而为自愿申请参加的利害关系人提供方便。主动申请参加可以有效地降低立法调研中公众参与的被动性，立法调研信息公开则可以提高立法调研的开放性。

（四）地方立法调研方式方法的决策制度

一些学者曾大量运用社会学方法进行法学研究，由此启示我们：立法调研可以采用社会学的研究方法。有的学者将地方人大的调研分为：一般调查，包括全面调查、专题调查、典型调查；组织对特定问题的调查；视察和检查；技术性方法的调查如问卷调查、抽样调查等。[②] 有学者将立法调研的方法分为三种：普遍调查、典型调查、抽样调查。[③] 有的学者将其分为文献调查、实地考察、座谈讨论会、论证听证会等传统方法和抽样调查、问卷调查、网络调查等定量研究方法等。[④] 这些方法运用特别形式，就形成了调研方式，而调研方式可以是书面问卷调查、网络问卷调查、访问、实地考察、调查会、讨论会等各种方式。

“普遍调查又称基本情况调查，是针对一定范围研究的对象的全部单位，在一定时间上进行全面、普遍、系统的调查，其特点是涉及面广、时间性强、工作量大。”[⑤] 一般来说，普遍调查公众参与面广、参与度较高，更能反映社会的真实情况，但历时较长、成本较高。所以除一些特别重大的全国性统计数据，如人口普查、经济普查外，立法调研较少运用。

典型调查是调查研究中一种普遍运用的方法，“该方法要求在初步了解

---

① 王琳：《改进完善地方政府立法过程中公众参与机制探讨——基于北京市政府立法实践的调研》，《理论导刊》2015 年第 5 期，第 7 页。

② 梁华：《地方人大调研工作浅议》，《楚天主人》1995 年第 4 期，第 12 页。

③ 周旺生、张建华：《立法技术手册》，中国法制出版社，1999 年，第 134 页。

④ 董长海、张楠：《地方立法调研规范化建设探析》，《人大建设》2017 年第 8 期，第 51 页。

⑤ 周旺生、张建华：《立法技术手册》，中国法制出版社，1999 年，第 134 页。

了调查对象的情况的基础上，根据调查的目的和要求，有计划、有针对性地选择若干具有代表性的典型，进行周密、系统的调查，从中找出具有普遍意义和规律性的东西，为立法工作提供客观依据"①。典型调查可以采取个别访问、调查会、研讨会等方式。比如我国地方立法中，对大型企业、事业单位、社会性团体、同业公会等的特别访谈、研讨会都是典型调查。典型调查分清了主次，将调研重点放在主要对象上，保障与立法有密切关系的人能够参与其中，但可能忽视了普遍公众的参与，对社会现实的真实性反映不全面。这种调查方法快捷、成本较低，所以在我国目前地方立法调研中经常运用。

"抽样调查是按照随机的原则，从全部调查对象中抽取一部分单位进行观察，并依据所获得的数据，对全部调查对象的特征作出具有一定可靠性程度的推断，以达到对全部调查对象的总体认识的一种调查方法"，可以采用简单随机、类型抽样、等距抽样、整群抽样、阶段抽样等具体方式。② 抽样调查常运用问卷调查、访谈、实地考察等方式。问卷调查有纸质问卷、网络问卷、电话问卷、电视问卷等不同载体。抽样调查的抽样是否科学，具有不确定性。相反，抽样是非常易于人为操纵的，因此，确保公众参与也是不确定的。抽样调查成本居于普遍调查与典型调查之间。

无论是普遍调查还是典型调查，或者抽样调查，都必须科学。科学要求首先划定被调查的总体。比如抽样调查的抽样，总是从一定的总体中抽取样本，因此，确定总体是抽样的基础。首先，在立法调研中确定的抽样总体必须与立法事项有利害关系，并且抽样的人的结构包括学历结构、年龄结构、性别结构、职业结构等要合理。其次，确定调查对象要科学，比如抽样调查时，一般来说，"保证普遍代表性的最好办法是从比较大的总体中随机抽取样本。用术语说，随机样本是指总体中的每个个体都有同等的机会被选中"，"概率定律确保在一定的误差范围内，一个足够大且真实的随机样本总是总体的代表，它将包括与总体大致相同比例的女性、少数民族、已婚者和老年人等"③。因此，科学的抽样应当是随机性抽样。又如典型调查，典型的标准是什么？哪些人是典型？再次，调查问题设计要科学，不能有暗示性的选择，或引导性的话语。调查态度要科学，即调研机关在进行抽样调查时，应

① 周旺生、张建华：《立法技术手册》，中国法制出版社，1999 年，第 134 页。

② 周旺生、张建华：《立法技术手册》，中国法制出版社，1999 年，第 134～135 页。

③ ［美］S. E. TaylorL. A. PeplauD. O. Sears：《社会心理学》，谢晓非等译，北京大学出版社，2005 年，第 17～18 页。

当以平等、谦逊之态度对待参加人，而不能以公共权力机关的强势态度影响参加人。调查的载体要科学，比如一些地方立法调研通过网络进行调研。网络具有方便、快捷的优点，但是网络调查的局限在于网民年龄大都集中于二三十岁，网络的不可控性导致可能出现一人多次参加调查，网络的隐蔽性让上网者常常不能认真、理性对待问题，网络的开放性让参加者未必都是利害关系人，因此，“网民不完全代表公民，左右立法的‘民意’应当是‘公民’的意愿表达而不能仅仅是‘网民’的呼吁呐喊，如果只有一个社会群体如网民来左右立法，那么最终的立法将是为某个群体立法而不是真正为全民立法。”①

科学的调查才能最大限度保障所有利益相关者都参与到立法调研中。显然，立法调研方法的选择关系到社会公众能否有效参与和参与的广度、深度，关系到立法在道德上的善与真，因此立法调研方法是公共事务，需要公共决策机制，立法调研方法的制度化成为必然选择。但立法调研方法制度化并不是通过法律制度要求立法调研必然采取上述所有的方法、方式，或只能采取上述某种方法、方式，因为调研的对象、各地情况有差异，不能采取强制的某种方法、方式。所以，立法调研方法制度化应当是对立法调研选择调查方式方法时应当如何决策的规定。

首先，立法调研方法、方式的选择应当遵循一定的基本原则。目前我国实践中立法调研采取的方法、方式较为随意，影响了立法调研中的公众参与、科学立法。加强立法调研的制度化，就是要以变革调研方法、方式的随意性为指导性原则。应当以确立公众参与、科学求真的价值准则或原则作为调研方法、方式选择的依据之一。换言之，选择某种调研方式方法是基于在特定的立法调研中，该方式方法可以实现公众参与和科学立法的统一。此外，还必须遵循科学原则，即选择立法调研方式方法必须科学。“民意左右立法的另一个前提就是民意必须充分、全面；只有某一个利益群体所表达的民意，可能是正确的，但却不是最合理的，而被单一的利益群体所左右的立法，则是悲哀的，也是值得警惕的”②。因此，要充分表达民意，调研方式方法的科学原则要求一项立法调研不能采取单一的调研方法方式，而应当采取多样化的调研方式方法，尤其是抽查调查与典型调查相结合，问卷调查与个别走访、研讨会、深度访谈相结合。充分发挥各种调研方式方法的比较优势，弥补单一调研方式方法的不足。调研方式方法的科学原则也要求选择的

① 胡健：《该让什么样的民意左右立法?》，《公民导刊》2005年第6期，第3页。

② 胡健：《该让什么样的民意左右立法?》，《公民导刊》2005年第6期，第3页。

调研方式方法应当适合立法调研事项。

其次，建立立法调研方法方式选择的决策机制。针对应当由谁作出决策、决策的科学性如何保障等问题，调研方法应当由调研机关依据基本原则，根据随着时代发展而发展的公众参与技术，在传统参与方法方式基础上，“适度引入新的调研方式”①，不断创新调研方法方式。进而，组织有关学者、专家从科学和保证公众参与的角度进行论证。经论证确定的立法调研方案不能擅自更改。

最后，建立调研方式方法的实施机制。立法调研的方式方法由调研机关来组织实施，诚如前文所言，无论是抽样调查，还是普遍调查、典型调查，实施方法不同，结果也可能不同。因此，在调研方式方法的实施中，应当建立相应的第三方参与机制，即有关调查问题的设计应当由专家、学者以中立之立场设计。调研方式方法确定后，应当根据公开原则予以公开，以便于公众参与和调研机关接受社会公众之监督。

此外，还应当建立立法调研方法的纠错机制。任何决策都需要经历实践的评价，如果在实施相应的立法调研方法中，发现最初确定的方法并不能达到相应的目的，那么，调研机关应当提请有关机构改变调研方法。

归根到底，让调研方法的选择成为一种保障公众参与的科学决策，需要遵守一定原则，并且以外部力量制约立法调研机关。

（五）立法调研的程序

立法调研的实施实质是立法调研活动进行的过程或程序，有的学者提出了“四步”进阶：即第一步，确定调研的具体问题；第二步，选择恰当的调研对象；第三步，实施调研计划；第四步，处理调研结果。② 为了指导和规范地方立法调研，一些学者提出应当“制定统一的地方立法调研规程”③。实质上，立法调研作为一项保障公众参与的制度和活动，其程序应当包括立法调研的决定、立法调研的准备、立法调研的实施以及立法调研报告的编写与公开。

---

① 陈猋光、张耀方：《地方立法调研规范化研究》，《江汉大学学报（社科版）》2016 年第 5 期，第 23 页。

② 徐亚文、邹鑫：《比较法视野下的跨区域地方立法调研探析》，《时代法学》2019 年第 2 期，第 22—23 页。

③ 陈猋光、张耀方：《地方立法调研规范化研究》，《江汉大学学报（社科版）》2016 年第 5 期，第 22 页。

1. 立法调研的决定

调研机关应当根据立法的目的、需要解决的问题来决定展开立法调研。一旦确定了立法调研，实质也就确定了立法调研的目的和任务。这是立法调研程序的第一步。

2. 立法调研的准备

调研的准备是开展和顺利完成立法调研的基础，主要包括参加人的确定、调研方法的确定以及拟定调研方案。诚如上文所言，确定参加人的范围要“坚持立法协商对象的广泛性”①，以利益相关者作为基本理念，尽可能宽泛地划定参加人的范围。至于专家学者，应当“邀请”其作为参加人。而对普通公众则在划定的总体中随机抽样，并通过公告等方式，鼓励普通公众主动参加调研。确保调研对象的全面，便于立法者“充分吸纳不同社会主体的意见，特别是利益相关人的诉求，使制定的地方性法规具有广泛的民意基础”②。

然后根据参加人与法案的利害关系度、对法案理解的差异，确定使用不同方法。一般来说，对利害关系较大的普通公众采取问卷调查与典型调查、个别访谈相结合的方法。而对利害关系不大的普通公众则采用问卷调查即可。对专家学者应当采取个别访谈、座谈、口头咨询等方式进行调研。

确立了调研参加人和调研方法后，还需要拟定调研方案，主要包括：具体的调查样本，对不同样本的调研方法；调研日程安排；调研具体问题设计，如问卷调查的具体调查问题、个别访谈的访谈提纲、如何评价调查的结论等。调研方案要力求科学，可操作性强。

3. 立法调研的实施

按照相应的方案进行调研，总是需要一定的程序。从世界各国来看，它们均根据具体的调研方式建立了相应的程序，如美国的非正式程序、混合程序，英国的调查程序，日本的提交意见书程序、咨询程序等。③ 由于调研方式多种多样，不可能为所有调研方式建立程序，但我们应当借鉴外国经验，建立一些较为典型的程序，比如典型调查、个别访谈、专家咨询程序。只有

---

① 肖志恒、柳建启、陈上琦：《立法协商机制及其改革：基于广东经验的实证调研》，《地方立法研究》2017 年第 1 期，第 57 页。

② 袁峻：《集中民智反映民意——谈谈立法调研》，《人民之声》2012 年第 11 期，第 20 页。

③ 李志翀、赵海晶：《国外公众参与地方立法的相关制度及其借鉴意义》，《湖北行政学院学报》2005 年第 5 期，第 30 页。

建立起规范的程序才能保障公众参与到立法调研中，表达自己的利益诉求。所以，即使“制定统一的地方立法调研规程”[①]，也只应当是典型的调研规程，而不应当是所有方式的统一的调研规程，否则，会扼杀地方立法调研方式方法、程序的创新。

4. 立法调研报告的编写与公开制度

立法调研报告是调查研究成果的集中体现，甚至有学者认为应当“以调研报告为中心建构立法调研规范化的规则体系”[②]，可见调研报告编写的重要性。“调研报告的写作过程，是对调查材料分析、研究的过程，是调查研究工作由感性认识到理性认识的飞跃”[③]。调研报告的内容应当包括：“（1）调研的原因和主要问题；（2）调查了解的主要事实；（3）问题存在的根本原因及对策；（4）需要向领导说明的其他问题。”[④] 从我国实践来看，许多立法调研报告确实如上述学者的观点，谈到了这些内容，但是这些立法调研报告的民主性、科学性却体现得不够充分。

诚然，立法调研报告是对立法调研的总结，而立法调研的目的是保障公众参与与立法科学性。因此，首先，调研报告就应当体现出公众的参与性和科学性。调研报告应当说明采取某种调研方式的原因以及采取的具体方式方法、实施情况。比如问卷调查的人数，收回有效问卷的数量，被调查者的职业、年龄、性别分布，个别访谈的对象等。这是社会调研报告必须要有的，是证明其内容的民主性和科学性的依据。其次，立法调研报告的其他内容应当是对调研情况的客观反映，“不仅要了解实际情况，更重要的是要提出意见、作出决策、解决问题”[⑤]，因此应当主要包括调研事项、对调研事项的意见或建议、调研中发现的问题和如何解决这些问题、调研报告去向等。

实践中一些立法调研报告并没有充分反映不同群体对调研事项的不同意见，而概括为某种单一的意见，似乎调研的结果实现了高度的一致。自然科学中高度一致的结论是可能的，也是应当的。而社会事务的调查结果如果高度一致，本身就说明了其非科学性，公众也感受不到科学性。因此，调研报

---

① 陈焱光、张耀方：《地方立法调研规范化研究》，《江汉大学学报（社科版）》2016 年第 5 期，第 22 页。

② 陈焱光、张耀方：《地方立法调研规范化研究》，《江汉大学学报（社科版）》2016 年第 5 期，第 22 页。

③ 周旺生、张建华：《立法技术手册》，中国法制出版社，1999 年，第 133 页。

④ 周旺生、张建华：《立法技术手册》，中国法制出版社，1999 年，第 133 页。

⑤ 袁峻：《集中民智反映民意——谈谈立法调研》，《人民之声》2012 年第 11 期，第 19 页。

告中必须明确对调研事项不同群体的不同意见，即使是个别访谈的个别人的意见，也需要特别写明。

根据立法调研公开原则，立法调研报告应当通过传统大众传播媒体和新媒体公开。立法调研报告公开的作用：（1）弥补立法调研相对于立法听证而表现出的隐蔽性，让公众感觉到立法的民主性和科学性；（2）监督立法调研机关；（3）一些人大代表或学者提出要“完善法规草案的公布以及公众对法规提出意见的反馈机制”①，“完善意见采纳运用反馈机制”②，而将立法调研报告公开就是将调研效果反馈给参与调研的公众，让参与公众感受到尊重，有利于参与者对立法的支持和对有关立法的遵守。因此，将立法调研报告编写并公开的制度作为立法调研程序的最后一环，就是要让立法调研的结果最终反馈给公众。否则，公众对立法调研会产生失望和抵触情绪。

（六）立法调研的效力

立法调研对立法有何影响？我国并没有说明立法调研是立法者的参考还是决定是否立法的必要依据。如国务院《规章制定程序条例》第十八条规定，“起草单位应当将规章送审稿及其说明、对规章送审稿主要问题的不同意见和其他有关材料按规定报送审查”，其中的“有关材料”就包括调研报告。第二十条的“审查”中并没有将无立法调研作为否定法案的条件之一。《广西壮族自治区行政规范性文件制定程序规定》第十九条规定“报请制定政府行政规范性文件，起草单位应当向政府办公厅（室）报送下列材料”，其中的材料包括征求意见及采纳情况，听证会、论证会相关材料。在第二十一条规定“材料”进行合法性审查时，标准之一是“制定程序是否违反本规定”，但没有明确不进行立法调研并提交立法调研报告是否属于“制定程序违反本规定”。

而立法调研作为立法民主和科学的一种方式，如果不能在立法决策中得到体现，或者说不能影响立法决策，那么，立法调研只能是浪费立法资源。但立法调研如何影响立法决策？一种是程序性效力，可以规定凡“应当”适用立法调研的地方立法，如果没有经过立法调研程序，即不能产生效力。另一种是实体性效力，可以在立法中对立法调研的结果做出取舍，但应当说明

① 《了解基层需求让地方立法更“接地气”——常委会会议审议立法调研报告》，《人民之声》2013年第6期，第23页。

② 肖志恒、柳建启、陈上琦：《立法协商机制及其改革：基于广东经验的实证调研》，《地方立法研究》2017年第1期，第58页。

取舍的理由并向公众公开，“公众对意见有没有被采纳是很关心的，如果能知道意见得到采纳或者不被采纳的原因，这样会进一步提高他们参与立法的积极性，也会提高公众参与的效果”①。

① 《了解基层需求让地方立法更“接地气”——常委会会议审议立法调研报告》，《人民之声》2013 年第 6 期，第 23 页。

第五章　地方立法座谈

一、地方立法座谈基本理论

立法座谈会是立法起草机关召集与法案有关的机关、团体、企事业单位、利害关系人或专家等对法律草案中的某个或几个问题进行征询和交流意见的会议。① 作为一种汲取社会公众意见的重要形式，立法座谈会在地方的立法过程中占据着不可或缺的地位，贯穿于立法活动的各个环节。

当立法过程中有实际需要时，起草、审议法案的相关单位或工作部门将举行座谈会，与法案的出台有直接联系的机关、社会团体、企事业单位以及相关方面的专家将被邀请参加，就法案中的相关内容进行论证，并各自发表意见及看法。座谈会的优点较为鲜明：第一，操作灵活，座谈会可根据立法工作的实际需求随时开展，参会人员既可来自社会中的不同人群，也可是某一具体领域内的人员，会议可根据实际情况就法案的全部内容或某一重点、难点问题展开讨论。第二，有利于问题的深入探讨。座谈会具有较强的针对性，特别是针对一些重点、难点问题，主持人可向所有参会者介绍各方对法案的意见和看法，使所有参会者都能充分理解法案中存在的问题和认清所基于的事实，同时会上的发言顺序、时间和次数等不会受到严格的限制，参会者既可单独发言，也可共同讨论，便于对特定问题专门讨论，并对法案的可行性进行深入研究。第三，便于吸纳不同意见，座谈会的召开将会收集不同群体对法案的看法，听取不同意见，从中找到隐藏在众多利益矛盾中的平衡点，以此解决法案中存在的问题。如果想要解决矛盾，就得先把全部矛盾展现出来，座谈会就是提供了这样一个展现矛盾的场合。立法机关及相关工作机构在组织座谈会时，总是会特别注意邀请与法案有利害关系的部门与人员参加，这样可以使各方面的意见得以反映，而且为了能使各种观点得到真实

① 严海燕：《公众参与与立法研究》，华中师范大学硕士学位论文，2008 年。

的表达，座谈会一般不公开举行，这样可以让与会者不必顾虑自己意见的表达。言无不尽、畅所欲言是座谈会一贯所要求的。[①] 另外，通常情况下参会者的组成结构较为精简，还可以针对不同的问题召开不同的座谈会。会议的内容明确，主要就法律草案中重点、难点且涉及面广、争议较大的事项进行研讨。而这个过程的目的在于征询各方意见，不形成决定和决议。

地方立法通常是针对本行政区域内相对重要的事项进行法律规制，有着适用范围广、影响面大、公众关注度高的特点，因此地方立法的公众参与程度应当满足覆盖面广、层次多，且具有一定代表性的要求。通常，一项地方性立法在二审前要召开不少于五次的座谈会，更有甚者达到十余次。同时，为了避免政府部门和相关公民、企业法人代表被邀参加同一个座谈会而导致后者会有所顾虑致使无法充分发表其意见的现象发生，通常情况下，会召开多个针对不同问题、由不同对象参与的座谈会。例如，《济南市养犬管理规定》在制定过程中除邀请了相关管理部门及相关方面的专家召开论证会外，还召开了七个不同层面的座谈会，人员范围涉及人大代表、政府相关部门、相关社会团体、基础组织等，重点听取各方对该法案的不同意见。《济南市城镇企业职工基本养老保险条例》在制定时也召开了多次针对不同层面的座谈会，甚至在此过程中还就同一法规征询同一社会群体两次意见，让其充分发表对法案的看法，提出相关建议。《济南市城市客运出租汽车管理条例》在制定时，出于解决出租车公司、驾驶员、乘客各方利益间的矛盾，分别召开了针对不同人群的座谈会，听取各方代表的心声和诉求。同时，针对出租车经营者和出租车司机两方间存在的不平等地位所造成的侵害司机劳动权益的行为，在该法规的第二次审议中，新增了对司机权益保护的内容。在此之后，再次召开了以出租车司机为参会对象的座谈会，主要针对保护司机合法权益的事项听取其意见和建议。

综上而言，立法座谈会最大限度地实现了公众参与与地方立法的有机结合，是目前公众参与立法最广泛、最普遍的一种方式，同时也是成本小、效率高的民主形式。多年的立法实践表明，座谈会能让各种意见得以表达，这种方法是行之有效的，是有中国特色的公众参与地方立法的好办法，值得在地方立法中推广和进一步完善。[②]

---

① 王彧：《论地方立法中的公众参与机制》，西南交通大学硕士学位论文，2007 年。

② 张霞：《公众参与地方立法研究》，山东大学硕士学位论文，2007 年。

二、地方立法座谈实例

2004年10月，上海市人大常委会在起草《上海市未成年人保护条例》时，针对该法规所涉及的人群特点，邀请到21名中小学生参与了该法案的立法座谈会。在座谈会上，一名受邀的高中生高健岭便提出：出于避免对成绩欠佳的学生造成心理伤害的考虑，学校公布考试成绩和名次的行为应当在立法上被禁止，而这一方面也是法律起草者未曾考虑到的问题。在经过立法机关的激烈讨论后，高健岭的建议最终以“学校不得张榜公布学生的考试成绩名次”的法律条文形式固定下来，上海市在地方立法史上首次采纳了未成年人的建议。①

2009年8月，四川省人大就《四川省邮政条例（草案）》开展立法调研。2009年8月12日至21日，四川省人大常委会法工委赵肖东副主任率调研组一行就《四川省邮政条例（草案）》在省内开展立法调研活动。四川省邮政管理局积极配合并参加了立法调研。调研组于8月12日组织召开了成都申通等8家快递企业代表参加的立法座谈会，13日在省邮政公司召开了邮政企业代表参加的座谈会，广泛听取邮政企业和快递公司的立法意见与建议。座谈会上讨论热烈，参会人员热情高涨，对邮政地方立法工作给予了积极的支持，对省人大亲自到企业听取基层意见表示欢迎，省邮政公司代表和快递企业代表都对《四川省邮政条例（草案）》（征求意见稿）的相关条款提出了修改建议。调研组一行于2009年8月18日至21日到四川南充、巴中市及革命老区通江县就普遍服务工作进行实地查看、调研，并召开座谈会，多方面听取对邮政地方立法的建议和意见。当地人大、政府领导积极支持并出席调研座谈会，邮政企业及地方乡镇代表等参加座谈会，并对《四川省邮政条例（草案）》（征求意见稿）提出了自己的意见和建议。调研组通过到基层开展立法调研活动，推动了邮政地方立法工作，收集到了很多好的建议和意见，尤其是对当前四川邮政业存在和亟待解决的困难、问题有了进一步的了解与认识，省人大依据《中华人民共和国邮政法》（以下简称《邮政法》）的规定和兄弟省市地方立法的特点，突出四川邮政业的实际，对征求到的意见和建议加以梳理和论证，具体细化到《四川省邮政条例（草案）》中，使《四川省邮政条例》的制定更具科学性和可操作性，进一步促进四川省邮政

① 季明：《中国法规首次体现未成年人“话语权”》，http://www.people.com.cn/GB/jiaoyu/1053/3013192.html，2004年。

业的健康发展。[①]

又比如，2019 年，《重庆市天然气管理条例（修订草案）》在重庆市人大常委会会议三审时，其中的价格问题成为一大争论焦点。4 月 18 日，重庆市人大法制委、常委会法制工委再次组织召开天然气立法调研座谈会，专门听取市发改委关于天然气价格有关问题的汇报。在当天的座谈会上，市发展改革委相关负责人分别从天然气政府定价范围、定价程序及价格形成机制、天然气价格调整机制、天然气价格成本构成情况、关于居民阶梯气价政策、关于居民采暖阶梯气价制度和天然气生产对定价的影响等七个方面，向与会人员详细介绍了相关情况。另据了解，市人大法制委、常委会法制工委还召开了相关立法调研座谈会，听取市经济信息委就全市城镇天然气行业管理情况的汇报。[②]

三、地方立法座谈存在的问题

作为一种公众参与立法的传统形式，地方立法座谈会也是为人民群众所周知和熟悉的一种与立法机关进行交流、表达诉求的交流方式。目前，立法机关在座谈会的召开方式、参会人选等方面掌握着绝对的主动权，且往往不以公开的方式进行，这样的随意性使得座谈会难免流于形式。但相较于听证会而言，座谈会更为简便，成本较低，也有利于群众参与。因此，若座谈会能够以公开的方式进行，并在法律层面予以规制，那将化解听证会的不足，成为其有利补充。

（一）地方立法座谈会的发起权有待明确

一般情况下，发起地方立法座谈会的主体是地方立法机关和行政机关，即地方人大常委会或地方政府，其中主要是地方立法的主导机构。在某些特定情况下，承担地方立法的相关部门也在主持立法座谈会，例如，上文介绍的北京市经济和信息化委员会，也在召集市中小企业地方立法座谈会。地方立法座谈会的发起主体应否有资格的限定？某些地方人大对某些地方立法予以授权委托立法，接受委托立法的机构有无召集权？如 2001 年 3 月，重庆市人大与重庆索通律师事务所签订委托立法协议，委托重庆索通律师事务所

---

① 《四川省人大就〈四川省邮政条例（草案）〉开展立法调研》，http://www.shanghai.youbian.com/news/info2274，2009 年。

② 《市人大常委会召开天然气条例立法座谈会》，http://www.ccpc.cq.cn/home/index/more/id/214996.html，2019 年。

起草《重庆市物业管理条例（草案）》。[①] 索通律师事务所是否因此拥有立法座谈会的发起权？这些问题在立法中都没有明确的规定。

此外，现今的地方立法座谈会的召开，都呈现出单方行为模式，即都是由立法机关主导，缺乏民众的自主参与或立法机构与民众的互动。座谈会由立法机构召集相关人员，民众既缺乏对相关座谈会的知情权，也没有主动申请参与的可能性。

（二）地方立法座谈会的人员范围有待明确

由于公民对参与地方立法座谈会缺乏主导性，也必然导致地方立法座谈会的参与人员范围具有随意性。立法座谈会虽然灵活、方便、易行，但“能够与会的人员往往是小范围的、经过挑选的、被邀请参加会议的，而不是面向社会的自由参加”[②]。座谈会人员基本上是由立法机关主导决定，既无每次立法座谈会必须参加的人员范围，也无针对特定立法的相关人员的范围要求。这可能出现的结果是，立法座谈会召开后，利益相关人员未到场，起不到应有的意见征求作用。或者没有相关专家到场，对法案中涉及的专业问题缺乏明确解释，座谈会上所议事项明显偏离主题。或者座谈会到会人员不具有代表性，座谈会上形不成观点的交流和碰撞，形成“立法赞扬会”或“立法歌功会”，起不到征求意见的作用。

（三）地方立法座谈会的议事范围和程序有待明确

一般的地方立法法案中都只简单规定，地方立法“应该召开立法座谈会”，具体如何召开，既无详细的程序性规定也无强制性要求。地方立法座谈会具有简便易行、方便随意的特点，这是它的优点，但也可能导致座谈会过于随意，缺乏明确议事范围和议事程序，使座谈会效率不高，成效欠佳。地方立法中是否每一件立法法案都应该召开座谈会？法案中的哪些内容是必须予以讨论或征求意见的？在法案的立项、起草、审议等不同的立法阶段哪些阶段有必要进行立法座谈？这些问题在立法中都没有明确的规定。

（四）地方立法座谈会缺乏反馈机制

由于地方立法座谈会会议方式比较随意，参加人员、发言方式及时间都

① 《重庆市人大委托律师事务所起草地方立法草案》，http://www.lawyers.org.cn/info/c7d83d7dc3b8434fb6e5d7f928c292f7，2001年。

② 唐仲清、苗连营：《试论进一步完善我国立法过程中的公众参与制度》，《广州广播电视大学学报》2003年第9期。

没有硬性规定；同时，座谈会以“谈话”为基础，目的在于征集和交换看法，不会在会上做出决定，也不会形成会议决议。因此，在实践中也没有对座谈会收集到的意见进行反馈的机制。这可能导致部分利益相关人员将立法座谈会当作发一通牢骚的地方，以发泄情绪为主要目的，而不是以发现问题、提出建议、力求解决问题为出发点。因此，立法座谈会除了规定明确的议事范围和程序外，还应建立积极的反馈机制。这也是立法机关取信于民的重要方式。否则，参会者会认为所提意见起不到作用。

四、地方立法座谈的立法对策

（一）明确地方立法座谈会的发起权，加强公民主动参与权

地方立法座谈会的发起人主要是相关法案的起草机关、审议机关或其下辖部门。是否受委托机构当然具有发起权，本书持否定的观点。由于召开立法座谈会也是立法机构立法权力的体现，而权力的行使应该具有法定的要求和规范，因此，受委托立法的机构不应该当然具有召集权。如果在立法过程中，需要召开立法座谈会，可以由接受委托立法的机构向立法机构申请，由立法机构予以主持并参与。

另外，必须加强公民主动参与座谈会的权利。立法机关不论在立项、起草、审议的哪一阶段需要召开立法座谈会，都应该公布，这样便于公民知情。公民应该有权利主动申请参加和自己利益相关的立法座谈，是否准许由立法机关予以审核。在立法座谈会人数有限制的情况下，还可以采取抽签决定的形式。

（二）加强地方立法座谈会人员的代表性和广泛性

应该加强地方立法座谈会人员的代表性和广泛性。以下几个方面的代表应该在座谈会中予以考虑：

一是人民群众。对于与人民群众生活或工作利益息息相关的法律草案，我们可以最大化利用街道和社区，将其作为联络点，将一些指令和需求告知街道人民代表大会，由街道人民代表大会告知各个社区，然后由社区告知社区居民，确保垂直方向上听取基层和弱势群体的声音、意见，维护人民群众的权益。

二是社团组织。在立法座谈会上，应该最大程度地利用工人联合会、妇女联合会、企业家协会、消费者权益保护协会等代表各个群体利益组织的能动性，尤其需要关注中介机构和行业组织的力量，让二者能够参与到立法工

作中，且产生重要的作用，保证其在征询意见时可以自由地发表所代表群体的观点和看法。中介组织和行业协会等非政府组织的出现，主要基于公共事务的参与有多个层面，而“草根阶层”的参与是最为缺乏的，社团等非政府组织便站出来充当“草根阶层”的代言人，用公民社会的力量影响政府的决策，矫正“政府失灵”“市场失灵”。立法决策、立法事务也是如此，当立法机关出现“决策失灵”，不能反映民意时，这时候需要由社团组织和社区代表公众力量来矫正。所以，在立法过程中要特别重视他们的声音，让他们有更多的机会表达利益群体和弱势群体的意见和建议，参与社会管理，促进社会自治的发展，并由此培植出现代公共精神。

三是行政机关。行政机关是地方性法规的执行和操作主体，在进行地方立法时，不仅需要顾及执行主体在执行过程中的可操作性，也需要顾及相对主体能否真正理解和接受。在立法座谈会期间准确切实地征询行政机关的建议，增强地方法规的实践性和操作性，是非常必要和重要的。

四是专家、律师、法律工作者。在座谈会中，应邀请相关专家、律师和法律工作者参与立法，发挥他们自身在某一方面比较精通的优势，增强征求立法建议的科学性。

五是人大代表。地方人大常委会在充分征求各行各业的人大代表及社区人大代表对立法草案意见的同时，还应注重发挥地方人大代表在参与立法过程中的独特且重要的功能，其提出的立法建议一般都经过了有针对性的实地考察，满足了地方立法的真正需求，要确保立法建议真实地、充分地、直接地反映群众呼声，以防产生利益部门化和部门利益合法化等现象。

（三）明确地方立法座谈会的议事范围和议事程序

应该明确地方立法座谈会的议事范围和议事程序。

首先，应对座谈会的议事范围有初步的界定。哪些类型的地方立法不用召开座谈会，哪些地方立法是必须召开座谈会的，应该有一个大致的划分。比如关于地方国家机关组织、内部管理、办事程序和手续，关于解释性法律、法规涉及的事项等可以不用召开地方立法座谈。而对于地方立法内容涉及社会普遍关注的热点事项的，法规内容对公民、法人或其他组织的权益有较重大影响的，法规案审议中有较大争议事项的，法规涉及不同利益群体有明显利益冲突的，需要进一步搜集信息、广泛了解民意的等法律草案，就应该召开立法座谈会。

其次，应明确立法座谈会的议事程序。立法座谈会正式召开前，至少应提前几日，以公告的形式向公众发布会议的相关事宜，包括参会人员、主题、时间、地点等，并明确参会人员的确定方式和范围。

（四）完善地方立法座谈反馈机制

对于在立法座谈会上征求的全部观点与意见，立法机关应当快速高效地将处理意见告知公众，以便实现其与公众之间有来有往的良性循环。在参与地方立法的过程中，公众普遍更加在意立法机关对其建议的取舍，希望自己的建议被重点关注并采用。倘若立法机关不谨慎对待收取的意见，而仅仅随意处理或做表面工作，没有合理的解释，除了会降低公众参与立法的积极性，还必然导致公众对国家倡导的民主立法丧失基本的信心与信任，对民主立法持怀疑态度。因此，在立法座谈会上，公众表达的对法律草案的意见和建议，应由立法机关按照不同类别进行整理与处理，逐一仔细分析，并依照各种公众参与的方式处理这些意见和建议，将结果向公众做出恰当的反馈，以在立法机关和公民之间产生较为理想的互动。换句话说，只要是公民表达的意见和建议，无论是否合理，也不管会不会采用，立法机关都必须做出适当的回复：表明已经收到建议，同时向其参与地方立法座谈会并提出宝贵建议的行为给予赞赏与感谢。在实际操作中，立法座谈会完成后，一般选择的反馈方式是通过报纸和人大网站进行发布，即将所征求的意见和建议整理后在这些平台上公布，并且做出统一回应，以此展现公众的建议对立法工作的重要性。

第六章　地方立法听证

地方立法听证是公众参与机制中最为公开、典型的制度，它具有鲜明的开放性、民主性色彩，因而受到特别重视，是众多公众参与机制中公共机构和公众最寄予厚望的一种方式。

一、地方立法听证的内涵与价值

（一）地方立法听证的概念

听证，系舶来语，英文为“hearing”。我国学界与法律法规对听证的理解可以分为三类：一是立法制度说，认为立法听证是指“立法机关为了收集或获得最新立法资料（信息），邀请政府官员、专家学者、当事人、与议案有关的关系人”到立法机关陈述意见，为立法机关立法提供依据或参考的一种立法制度[①]。二是程序或程序制度说，认为立法听证是指立法机关“在制定行政法规和规章的过程中，就有关事实问题和法律问题，以听证会或者其他方式，听取有关团体、组织和公民的意见，特别是听取与该法案有利害关系的当事人、专家学者的意见的一项程序性法律制度”[②]，或者是“权力行使过程中听取利害关系人和社会公众意见的程序”[③]。三是活动说，如《广西壮族自治区人民政府立法听证制度实施办法》第二条规定：“本办法所称立法听证，是指在政府立法工作过程中，由地方性法规、规章草案的起草部门或者审查部门以召开听证会的形式，公开听取与草案密切相关的管理相对人和其他利害关系人意见或者建议的活动。”《厦门市人民政府立法听证程序

---

① 吴大英、任允正、李林：《比较立法制度》，群众出版社，1992 年，第 507 页。

② 张宇坤：《行政立法听证制度比较研究》，《理论月刊》2011 年第 2 期，第 105 页。

③ 曾哲、肖进中：《我国立法听证制度的困境反思与进路完善》，《江汉学术》2015 年第 2 期，第 12 页。

试行办法》第二条有类似的规定。[①] 四是“程序、制度、活动（实践）统一说”，认为“作为一种程序民主，立法听证是指立法机构在制定或通过涉及公民个人、法人或其他组织权益的法律法规时，借助某种程序性的形式，赋予利益相关人表达自身利益的权利和机会，并将这种利益表达作为立法依据或参考的制度形式与实践”[②]。无论是理解为立法制度还是程序或程序制度、活动，或者“程序、制度、活动（实践）统一说”，都是对听证性质的不同理解，而其内核是相同的，即一般将立法听证理解为听取意见或建议。

诚然，“听证”一词源于英文 hearing，直接意思是听取意见，我国学者将其译为“听证”。有的学者对此评价说，将 hearing 译成“听证”，传神地体现了 hearing 的核心内容是“听”和“证”，而“从决策的角度来看，‘听’就是‘听取’、‘吸收’，‘证’就是‘证明’、‘证实’，即先是允许利害相关人就对方提供的证据加以沟通、质证、辩驳，而决策者的决定必须建立在利害相关人提供的证据基础之上”[③]。

我国一些学者将听证之“证”理解为证明。而另一些学者将立法听证表达为听取意见，即“证”是意见，则易误解立法听证为公众的纯粹意见表达。听证之“证”的两层含义与“意见”的关系是：“意见”是陈述人的主张，而“证”是陈述人证明自己主张的举证、理由；举证应当能够支持自己的主张，否则，意见即不成立。因此，听证的本质，从听证人的角度来说，是听取“举证”，即有关事实，而这些事实表现为证人证言、当事人陈述，而不仅仅是听取意见。如果仅仅是听取意见的话，只需要通过问卷调查、访谈等方式进行立法调研即可。从社会公众视角，听证的核心要素包括两大方面：“一是建立在知情权基础上的民众的陈述权、抗辩权与质证权，旨在必须被‘听’；二是民众有自己的意见被认真对待的权利，旨在可能被‘取’。”[④]

“制度”在《现代汉语词典》中的解释是“要求大家共同遵守的办事规程或行为准则”[⑤]。制度是行为规则，但我们从来不说“道德制度”而仅说

① 《厦门市人民政府立法听证程序试行办法》第二条：“本办法所称立法听证，是指在市政府立法工作过程中，采取听证会的形式，广泛听取与拟订的法规、规章密切相关的管理相对人和其他公众的意见或建议的程序活动。”

② 陈家刚：《程序民主的实践——中国地方立法听证规则的比较研究》，《南京社会科学》2004 年第 3 期，第 32 页。

③ 于兆波：《立法决策论》，北京大学出版社，2005 年，第 178 页。

④ 张冲：《完善我国立法听证的思考》，《前沿》2012 年第 8 期，第 65 页。

⑤ 中国社会科学院语言研究所词典编辑室：《现代汉语词典》，商务印书馆，2012 年，第 1678 页。

“道德规范”，这表明了制度与道德作为大家共同遵守的行为规范的共同性。但不同于道德规范，制度表现出明确性、具体性、平等性，即制度是明确、具体的规范，而道德更多表现出一种原则，具有模糊性；制度是所有人、所有事都一视同仁，而道德因事、因人而异。制度表现出较强的稳定性，而道德表现出较大的变动性。因此，制度应当是指人们共同遵守的明确、具体而稳定的行为规则系统，其常常包括了行为主体、行为方式、行为程序等。而“活动”是指“为某种目的而行动”“为达到某种目的而采取的行动”[①]。“程序”是指“事情进行的先后次序”[②]。“活动”的进行有从开始到结束的过程，也表明了“活动”是按一定程序进行的。因此，制度是大概念，强调一种系统性，而活动和程序必然联系在一起，是包含在制度概念之中的小概念。单纯以活动或程序来定义立法听证，难免有失偏颇，而制度则能更科学地概括立法听证的全部内涵。

因此，我们将地方立法听证定义为：地方立法机关在地方立法过程中，通过特定程序听取社会公众（即专家、学者、利害关系人）、法案有关部门对有关立法所涉及的国家、社会、个人利益的主张与举证（即事实、理由），作为是否立法、如何立法的依据的立法制度，是规范程序、活动的系统性规则。即陈述人要表明意见并阐述理由、事实，立法机关以陈述的意见与理由作为立法决策的证据。

（二）地方立法听证的特征

学者们对立法听证特征的认识有一些差异，比如有的学者认为立法听证“具有抗辩性质，更加公开、更加法律化”[③]。产生差异的原因是没有界定什么是“特征”和都从实然来分析立法听证的特征。我国《现代汉语词典》将“特征”解释为：可以作为人或事物特点的征象、标志，而“特点”是指“人或事物所具有的独特的地方”[④]。因此，特征即事物具有的独特之处的征象、标志。[⑤] 显然，特征总是与其他同类事物相比较而显现出的标志，如果

---

① 中国社会科学院语言研究所词典编辑室：《现代汉语词典》，商务印书馆，2012 年，第 587 页。

② 中国社会科学院语言研究所词典编辑室：《现代汉语词典》，商务印书馆，2012 年，第 170 页。

③ 廖策：《深化对立法听证制度的认识》，《沈阳干部学刊》2011 年第 1 期，第 38 页。

④ 中国社会科学院语言研究所词典编辑室：《现代汉语词典》，商务印书馆，2012 年，第 1274 页。

⑤ 中国社会科学院语言研究所词典编辑室：《现代汉语词典》，商务印书馆，2012 年，第 1275 页。

说自然界中的事物的特征是比较同类事物的实然体现，那么人类社会的活动特征则应当从应然和实然两方面比较同类活动而体现出来。因此，根据对地方立法听证的理解，并将作为公众参与方式的立法听证与公众参与的其他方式如立法调研、座谈会等相比较，从应然与实然两个角度，揭示出地方立法听证具有下列特征：

第一，听证的公开性。立法调研、座谈会、论证会是公众“应邀”参与到相应的立法活动中，是否被邀请、被谁邀请、何时何地参加邀请、在活动中发表的言论等都为公共机构所控制，“请谁不请谁是会议的组织者说了算，这就可能带有邀请者的随意或偏好，因而可能出现征求的意见有倾向性、片面性、不真实的问题”，“会议上合理的意见是否得到采纳缺乏公众监督”①。有关媒体至多报道举行了立法调研、座谈会的消息，而一般不报道谁参加、参加人的意见或言论等。而且座谈会涉及的参与者是专家，公众性较差。因此，立法调研、座谈会等具有一定的隐秘性。而立法听证则坚持公开原则，事前要公开立法听证的事项，公开征集陈述人，公开听证举行的时间、地点，以及参与听证需要注意的事项；事中要公开立法听证的举行情况，包括各陈述人的观点、争论焦点、分歧等；事后公开立法听证报告，并明确立法对听证意见的采纳与不采纳的理由。立法听证公开的目的一是保障公众能够有效参与，二是监督立法机关，三是不同意见者平等待之。

第二，公众参与的主动性。立法调研、立法座谈会、立法论证会中，公众参与都是在公共机关主导下的被动式（被邀请）参与，“没有给更广泛的公众提供主动、自愿参与的制度渠道，这样造成了整个立法过程在结构上的片面性”②。而立法听证公开是由公众主动申请加入相应的立法活动。因此，立法听证中“公民以主动、直接的方式和公开、平等的身份参与立法，享受言论自由、信息对称、话语对等的权利，不同利益关系、不同意见可以面对面交锋诘难，使立法机关能更加全面地了解真实情况”③。

第三，严格的程序性。任何实践活动都有从组织到实施再到评价的先后顺序或程序。但不同的实践活动对程序的要求不同，一般而言，活动越复杂、公开性越强，对程序的要求就越严格。由于立法听证活动所要解决的问题比立法调研、座谈会、论证会、列席和旁听更复杂，而且公开性也更强，

① 毛向阳：《论我国地方立法听证制度的构建》，吉林大学硕士学位论文，2004 年。

② 廖策：《深化对立法听证制度的认识》，《沈阳干部学刊》2011 年第 1 期，第 38 页。

③ 俞荣根、江材讯：《论立法听证的论辩性——以重庆市立法听证为例》，《法制与社会发展》2005 年第 5 期，第 123 页。

因此，立法听证对程序的要求更严格。实践中，立法调研、座谈会、论证会、列席和旁听等公众参与方式并没有严格的程序，即使在立法调研中需要设立一定程序，但从程序制度化程度来说，立法听证的程序制度化程度是最高的、最正式的。

第四，听证的论辩性。立法实质是在不同利益主体之间进行利益分配，而一个社会中必然有不同的利益主体和多元的利益诉求。“多元利益格局正是对立法听证制度等程序安排的社会需求和真正动力”①，立法听证建立了一种在多元利益格局中，解决不同利益主体利益分歧的程序和制度，这种程序和制度让不同利益主体充分表达自己的利益诉求及其理由，进而谋求妥协，找到利益平衡点。而不同利益诉求的充分表露和谋求妥协需要论辩，因为“有了这一论辩程序，就可以保障不同利益关系人通过面对面的诘问和答辩，充分表达不同意见”及其理由，“没有相对方的诘问和答辩，就难以充分暴露法案的缺陷，所谓通过利益的博弈以实现利益权衡也就成为一句空话”②。因此，只有经过充分的论辩，彼此明确和充分理解利益诉求及其理由、利益分歧，才能找到利益的平衡点，实现妥协。而立法调研、座谈会、列席、旁听等方式只需要公众表达自己的意见即可，一般不需要论辩。论辩确如一些学者所言，是“立法听证的核心和灵魂”。

第五，公信力较强。公信力主要来自公众的心理感受，是公众对认知客体的认同和接受的心理程度。因此，影响公信力产生和强弱的基础有两个：一是认识对象符合公众的心理需要，二是公众对认知对象的认知程度。从应然的角度而言，一方面，立法听证中陈述人通过举出证据证明自己的主张、观点，有理有据，并且了解不同观点、主张及其依据，而座谈会、立法调研中的参与人一般仅表达一种意见、观点，较少运用证据证明，即使有争议也仅看到争议，而不了解争议的理由、依据。相对而言，立法听证充满了理性，说理性较强。另一方面，通过立法听证的公开、严格而公平的程序以及论辩，让公众感受到理性。因此，立法听证应当获得较强的公信力。从实然来说，尽管我国立法听证的公信力尚未达到应达到的高度，但相对于座谈会、立法调研、论证会，公信力更强。

---

① 罗长青：《听证制度在我国地方立法中的本土化状况》，华东政法大学硕士学位论文，2003年。

② 俞荣根、江材讯：《论立法听证的论辩性——以重庆市立法听证为例》，《法制与社会发展》2005年第5期，第124页。

（三）地方立法听证的价值

地方立法听证的价值是指其满足某种需要的关系，由于需要的多样性，地方立法听证的价值可以从多方面来认识。德国学者 Rupert Schick 和 Wolfgang Zeh 认为听证的目的之一是“取得与法案有关的特定问题的专家信息和建议，以促进深入研究的进程”，另一目的是“引起媒体对法案的关注，使论题的重要性清晰并激发政治辩论”①。美国学者认为，立法听证“提供了一种‘发现事实’，‘听取多方面意见（利益派别的意见）’，教育公众关于法案的规定以及它们可能的结果，并且让立法者知悉‘人民的愿望’”。美国学者戴维·杜鲁门的阐释最为精辟，他认为立法听证：一是为公众提供了向立法者传播信息、立法者广泛收集信息的渠道；二是作为传播手段向公众灌输法案的内容；三是通过听证会这一安全阀为公众提供缓和冲突及解除困扰的手段。② 概括而言，立法听证具有获取信息、宣传法制以及缓和冲突及解除困扰的价值。但外国学者对立法听证的价值的认识并非当然地一致，而是不断有质疑之声。如罗思就从信息获取角度完全否认立法听证的信息获取价值。他认为“通过听证所得到的证言的价值与通过听证所获得的其他信息一样都是不确定的。而证言则更加危险，因为不正确的信息能够改正，但是对证言却没有办法检验”③。

我国学者对立法听证制度的价值充分肯定，有的学者认为，“地方人大立法听证制度是科学、民主决策的重要保证，具有利益表达与意见整合、信息搜集与科学立法、政治参与与民主训练等政治功能”④；有的学者认为，立法听证具有民主价值，包括民主政治和民主立法的价值⑤；有的学者认为，立法听证具有科学立法的价值⑥；有的学者认为，立法听证具有民主价

① 蔡定剑、杜钢建：《国外议会及其立法程序》，中国检察出版社，2002 年，第 375 页。

② 汪全胜：《美国的行政立法听证制度探讨》，《行政法学研究》，2001 年第 3 期，第 82 页。

③ William J. Keefe，Morris S. Ougl：The American Legislative rocess. Prentice－HallIns，1985 年，第 207 页。

④ 田玉麒：《地方人大立法听证制度：功能定位、实践经验与发展趋向——基于上海市人大立法听证实践的政治学分析》，《河北法学》2016 年第 7 期，第 138 页。

⑤ 杨蕾：《重构性法理视阈中立法听证的制度功能》，《西安政治学院学报》2009 年第 2 期，第 21 页。

⑥ 闫晓洁：《立法听证制度研究》，《重庆科技学院学报（社科版）》2017 年第 7 期，第 12 页。

值与科学价值[1]。从学者认知的发展过程来说，早期对地方立法听证分别有民主价值说、科学立法说，后来越来越认识到地方立法听证既有民主价值，也有科学立法价值。我国《立法法》第五条规定了民主立法原则，在相关条款中规定了立法听证。从逻辑和立法精神来说，强调立法听证是民主立法的一种方式。我国地方性法规中，有的强调立法听证的民主性、科学性，如《宁夏回族自治区人民代表大会常务委员会立法听证条例》《汕头市人民代表大会常务委员会立法听证条例》《广东省人民代表大会常务委员会立法听证规则》《甘肃省人民代表大会常务委员会立法听证规则》等地方性法规，都在第一条或对立法听证定义时规定了：开展立法听证活动是为了促进地方立法的民主化、科学化，提高地方性法规的质量。

诚然，地方立法听证与其他所有的地方立法参与机制一样，具有民主价值、科学立法价值。公众通过立法听证参与到地方立法中，体现了管理国家、社会事务的民主政治；通过公众参与，充分了解事实，并通过立法听证中公众的辩论，达成利益的平衡，实现立法的民主性和科学性。因此，民主是立法科学的前提。因为立法民主、科学，产生良法，也更易为公众所认同和接受，有利于立法得到实现。这是立法听证与其他公众参与机制的共性。但立法听证的民主性和科学性与其他公众参与机制相比较有其特殊性，可以从两个方面来评价：一是形式意义上的价值，二是实质意义上的价值。

1. 立法听证的形式价值：程序正义

地方立法听证作为众多听证中的一种，理所当然要强调程序的正当性，我国习惯将其表达为“程序正义”。

人们对于正义的评价一方面是来自行为或活动本身的正义性，另一方面是来自人们的心理感受。没有立法听证程序，甚至公众不直接参与立法，并不意味着立法的结果必然不正义，只是公众可能感受不到正义。立法听证不仅让公众直接参与，而且相对于其他公众参与方式来说，其严格而公正、合理的程序给予了相关主体充分的话语权，保证参与者按照同样的规则充分表达自己的意愿，与他方对抗。公开的立法听证可以引起其他公众对法案的关注，对不同观点、利益的争论与协调的感知，产生如戴维·杜鲁门所认为的宣传价值，进而促使公众乐意接受立法听证的结果。因此，立法听证程序这个“看得见的正义”，让公众看见了“民主”和“科学”，有利于实现民主政治，也有利于产生立法结果的公信力。相对于立法听证程序的“看得见的正

---

[1] 焦洪昌、杨敬之：《从立法听证看人大立法的民主化与科学化》，《北京联合大学学报（人社版）》2009 年第 1 期，第 18 页。

义”和“看得见的民主和科学”，其他公众参与机制虽然也体现了民主、科学，但除参与者外的其他社会公众并不能直观感受到立法的民主与科学，是其他公众“看不见的民主和科学”。

2. 立法听证的实质价值：合理性

地方立法听证实质意义上的价值主要有：一是揭示社会利益关系的多样性和价值差异性。学者所言的获取信息功能是站在立法者的角度，认为“立法从信息学的角度来讲，就是决策者在广泛收集信息的基础上进行决策的行为”，立法听证“无疑给立法者开通了一条广泛收集信息的渠道。在立法听证过程中，经由各方陈述意见、辩论和举证，可以使立法主体获得许多新的资料并了解一些具体事实，从而基于这些信息和事实作出正确的决策”①。但从中立立场来说，由于社会是抵御一切偶然变故、一切恶劣情况的团结一致的结合体，它就要实行互相援助，并把一切意愿、一切利益、一切才能和一切努力融合在一起。② 社会关系本质是一种利益关系。利益有物质利益、精神利益之分，而其中最根本的是物质利益关系，因为人最基本的属性是其自然性，人最根本的需要是物质需要。而利益主体多元化，必然导致利益的多元化。立法无非就是要在不同利益主体之间分配利益，或者说立法保护谁的利益而牺牲谁的利益。由此，立法前就必须了解不同利益主体的利益诉求，诚如卢梭所言：“正如建筑家在建立一座大厦之前，先要检查和勘测土壤，看它是否能担负建筑物的重量一样；明智的创制者并不从制定良好的法律本身着手，而是事先考察一下，他要为之而立法的那些人民是否适宜于接受那些法律”③。尽管如立法调研、座谈、征求意见等方式也可以为公众表达不同利益诉求提供渠道，但立法听证具有与它们不同的功效：它可以让不同利益主体的分歧更充分、更公开地表达出来，并且通过不同利益主体的对抗，对不同主体的利益作价值评价，从而为保护谁的利益、牺牲谁的利益提供依据。因此，立法听证不仅揭示了社会利益关系的真实性，更揭示了社会利益的多元性、利益关系的价值性和层次性，从而在立法听证中实现了不同利益主体的利益协调、平衡。以破产法立法听证为例，破产法应当优先保护工人的利益还是债权人的利益？立法听证时不仅需要工人表达自己的生存利益，也需要债权人表达自己的经营利益，通过对抗性辩论，可明确工人生存

① 汪全胜：《美国的行政立法听证制度探讨》，《行政法学研究》2001 年第 3 期，第 82 页。

② 泰・德萨米：《公有法典》，商务印书馆，2001 年，第 13 页。

③ 卢梭：《社会契约论》，商务印书馆，1980 年，第 59 页。

利益的价值比债权人经营利益的价值更为优先。可见，立法听证的民主性、科学性不仅体现为不同利益主体表达自己的利益诉求，而且体现为通过不同主体间的辩论，共同寻找利益的平衡点。显然这种民主和科学体现为公众参与到社会内在利益的实际分配上，而其他如立法调研、座谈会等公众参与时主要是表达利益分配愿望，实际分配是由立法机关自主完成。

二是价值和尊严被尊重的功能。戴维·杜鲁门认为，立法听证通过一种安全阀来减轻或者消除干扰。安全阀就是公众价值和尊严被尊重的感同身受，使得利益主体愿意通过平和的交涉方式解决利益分歧。人类内心都是渴望平等和尊重的，马斯洛的人的需求理论认为，人有生理需要、安全的需要、归属和爱的需要、尊重的需要和自我实现的需要。这五个层次的需要中生理需要、安全的需要实质是人的自然属性，而后三者体现人的社会性。马克思认为人的本质是由人的社会性决定的，由此，渴望平等、尊重是由人的本质属性决定的。在人类社会的历史长河中，充斥着被压迫者对压迫者、弱者对强者的反抗，这都可以从人性渴望平等、尊重的心理需求得到解释。立法听证中，社会公众参与进来充分地表达自己的意愿和利益诉求：一方面，立法者的倾听让公众感受到公共权力对公众人格、权益的尊重；另一方面，公众与其他利益相关方，甚至与同为陈述人的有关机关的沟通、辩论，能使其感受到自己与他人、国家有关机关的平等。而且主体间平等地交换信息，都让公众感受到价值和尊严被尊重，愿意通过平和的交涉方式而不是激烈的斗争方式追求各自利益。而在立法调研中，立法调研人是认知主体，公众是认知客体，公众的参与是被动的。在列席、旁听、公开征求意见等公众参与中，立法机构居于主导地位，公众难以充分表达自己的利益诉求和意见，也不能充分了解其他利益相关方的利益诉求，更不可能与其他利益相关方平等地沟通、辩论，信息的流动是单向地从公众流向立法机关，因而公众难以感受到平等和尊重。立法听证中公众价值和尊严被尊重，不仅被其他公众尊重，而且被公共权力尊重，能让公众感受到民主和立法科学的真实性、实效性。

立法听证与政治合法性是手段与目的的关系，立法听证为政治合法性准备了法律要件、民意要件①，因此，立法听证的形式价值即程序正义功能实现了立法的合法性，从立法决策学角度来说，“所谓‘合法性’即意味民众服从的可能性。……人民若深信政府制定的政策是合法的，即符合宪法之原

① 张建军、胡朋：《从地方立法听证看政治合法性的现代转型》，《人大研究》2009 年第 8 期，第 38～39 页。

则或法治精神，亦即由政府依据正当程序制定出来的，人民必然会加以顺从”①。因此，合法性产生了可接受性。而实质意义的价值产生了合理性，确保制定良法，“也可使所有利害关系人从中得到教育，在关注自身利益的同时也考虑他人利益，使立法决策的质量更高，得到支持的基础更加深厚”②。概言之，立法听证能够“增强法律的社会接受度，从而增强法律的实施效益”③。

二、地方立法听证制度的建设与实践

（一）地方立法听证制度建设的现状

作为公众参与的一种方式——立法听证的制度化水平反映在制度的约束力，公正、合理性，系统性，可操作性，以及能在多大程度上保障公众的参与等方面。以此标准来评价我国有关地方立法听证的制度化程度，可以看到目前有关地方立法听证的法律，主要有《立法法》第五条规定的“立法应当体现人民的意志，发扬社会主义民主，坚持立法公升，保障人民通过多种途径参与立法活动”。这是基本原则规定，没有明确立法听证方式。《立法法》第三十六条也做了概括性规定。④ 有关行政法规主要是国务院《规章制定程序条例》，其第十五条有原则性规定，第十六条对听证适用的条件、程序做了较为详细的规定。⑤ 相对而言，一些地方的立法听证规则制度化程度略高。在《立法法》施行后，各地纷纷制定了立法听证规则，这些地方立法听

① 于兆波：《立法决策论》，北京大学出版社，2005 年，第 54 页。

② 于兆波：《立法决策论》，北京大学出版社，2005 年，第 178 页。

③ 杨蕾：《重构性法理视阈中立法听证的制度功能》，《西安政治学院学报》2009 年第 2 期，第 21 页。

④ 《立法法》第十五条：“法律案有关问题存在重大意见分歧或者涉及利益关系重大调整，需要进行听证的，应当召开听证会，听取有关基层和群体代表、部门、人民团体、专家、全国人民代表大会代表和社会有关方面的意见。听证情况应当向常务委员会报告。”

⑤ 《规章制定程序条例》第十五条：“起草的规章直接涉及公民、法人或者其他组织切身利益，有关机关、组织或者公民对其有重大意见分歧的，应当向社会公布，征求社会各界的意见；起草单位也可以举行听证会。”第十六条第二款：“起草的规章涉及重大利益调整或者存在重大意见分歧，对公民、法人或者其他组织的权利义务有较大影响，人民群众普遍关注，需要进行听证的，起草单位应当举行听证会听取意见。听证会依照下列程序组织：（一）听证会公开举行，起草单位应当在举行听证会的 30 日前公布听证会的时间、地点和内容；（二）参加听证会的有关机关、组织和公民对起草的规章，有权提问和发表意见；（三）听证会应当制作笔录，如实记录发言人的主要观点和理由；（四）起草单位应当认真研究听证会反映的各种意见，起草的规章在报送审查时，应当说明对听证会意见的处理情况及其理由。”

证规则最初可分为两大类。一类属于地方性法规，是由行使立法权的地方人大常委会通过立法程序制定的，具有稳定的法律效力，如甘肃省、湖北省、山东省、深圳市、广州市、郑州市等省、市人大常委会听证规则。另一类是地方人大内部机构的程序规则。这一类规则又可具体分为两种情况：第一种是由地方人大常委会主任会议（主任办公会议）制定的适用于本级人大常委会立法听证活动的规则，如《上海市人大常委会立法听证规则（暂行）》《浙江省地方立法听证会规则》《江西省立法听证规则》《四川省地方立法听证会规则》等；第二种是由地方人大某一专门委员会或人大常委会某一工作委员会制定的仅适用于本委员会立法听证活动的规则，如《河南省人民代表大会法制委员会地方立法听证会规则》《安徽省人大常委会财经工作委员会经济立法听证规则》等。这类规则的制定主体是人大的内部机构，其性质仅是人大内部的工作程序而非法律规范，具有试验性和过渡性。[①] 因此，经过一定时间的运行后，它们逐渐为地方性法规所取代，如《上海市人大常委会立法听证规则（暂行）》为《上海市地方立法听证规则》所取代。整体而言，这些地方立法听证规则效力层次、约束力尚需进一步提高，主要涉及下列内容。

1. 适用范围

立法听证适用范围包括适用的阶段、适用的立法事项以及是否强制适用。法律上将立法程序分为提案、起草、审议、公布实施四个阶段。我国现行立法听证规则规定地方立法听证有两种适用阶段：一是地方人大的立法听证规则主要规定立法听证适用于审议阶段，二是地方政府的立法听证规则主要规定立法听证适用于起草阶段。

而立法听证适用的具体事项，则一般采取相对概括式列举或具体式列举方式予以规定。《规章制定程序条例》规定立法听证适用于：重大利益调整，存在重大意见分歧，以及对公民、法人或者其他组织的权利义务有较大影响，人民群众普遍关注的立法。《浙江省地方立法条例》规定适用听证的是：存在重大意见分歧、涉及利益关系重大调整的立法。《宁夏回族自治区人民代表大会常务委员会立法听证条例》规定立法听证适用于：对公民、法人、其他组织切身利益有重大影响的，涉及社会普遍关注的；意见分歧较大的事项；制定地方性法规所依据的事实情况比较复杂的事项；其他需要举行立法听证会的事项。《上海市立法听证规则》规定了七种情形。因此，虽然不同

---

① 李刚：《论地方立法中公众参与制度的建构》，中南民族大学硕士学位论文，2008 年，第 23 页。

地方的立法可能存在一些差异，但听证大体适用于重大利益调整，存在重大意见分歧，对公民、法人或者其他组织的权利义务有较大影响，以及人民群众较为关注的立法。

适用立法听证是否是强制性的？现实情况可以分为两类，一类是规定地方立法“可以”适用听证，而非“应当”或“必须”，如《上海市地方立法听证规则》《宁夏回族自治区人民代表大会常务委员会立法听证条例》等。因此，这些地方适用立法听证是选择性的，而非强制性的。另一类是规定地方立法“应当”适用立法听证，如《浙江省地方立法条例》第四十一条、《规章制定程序条例》第十六条、《厦门市政府立法听证程序试行办法》第三条规定，“应当”举行立法听证。

2. 公开原则

一些地方立法听证规则中明确规定了公开原则，如《广东省人民代表大会常务委员会立法听证规则》第七条规定“听证应当遵循公开、公正、平等、客观的原则”。有的规则不仅规定了公开原则，而且明确公开了具体要求和方法，如《广东省人民代表大会常务委员会立法听证规则》第八条还规定“听证会应当公开进行，并向媒体开放”。《宁夏回族自治区人民代表大会常务委员会立法听证条例》第三条规定了公开原则，第十条规定“立法听证会应当公开举行，并允许新闻媒体报道”。

3. 立法听证的主体

立法听证关系的主体是参与立法听证活动，并在其中享有权利、承担一定义务的人。我国目前的地方立法听证制度对立法听证主体有不同表述，如《广东省人民代表大会常务委员会立法听证规则》规定的主体有听证机构（即听证会的组织者）、听证人（即出席听证会的听证机构的组成人员）、听证陈述人（即经听证机构确定在听证会上发表意见的公民、法人或者其他组织的代表）。《宁夏回族自治区人民代表大会常务委员会立法听证条例》规定的主体也是听证机构、听证人、陈述人。《汕头市人民代表大会常务委员会立法听证条例》规定的主体增加了“主持人”，这是指听证机构中负责主持听证会议的人员。《甘肃省人民代表大会常务委员会立法听证规则》第四条规定的是听证机构、听证人、听证陈述人。《杭州市人民政府实施立法听证会制度的规定》规定的是听证人、听证主持人、解答人、听证参加人。其中听证人是指市政府法制工作机构负责人或应邀的市政府有关部门负责人；听证主持人由市政府法制工作机构指定，负责组织听证会；解答人为提出地方性法规、政府规章草案的政府有关部门；立法听证会的参加人为报名参加立法听证，代表与立法事项有利害关系的单位、个人。

4. 立法听证程序

现行地方立法听证规则建立了相应的听证程序并将听证程序作为重点。立法听证程序主要分为立法听证的决定、立法听证机构的确定、立法听证准备、立法听证公告、选择听证陈述人、通知听证陈述人、立法听证举行、立法听证记录和立法听证报告等步骤 。

第一步，立法听证的决定。对于法案是否举行立法听证，在地方人大，一般由人大常委会、专门委员会建议，由地方人大主任委员会决定。有的地方立法听证规则还规定立法听证建议权除有关立法机关拥有外，其他部门、社会公众也有提出建议的权利。而地方政府的行政立法由于是强制性举行听证，因此具体的实施权一般由法制工作机构或起草机关来实施。

第二步，立法听证机构的确定。立法听证机构是组织、实施立法听证的部门。在决定举行立法听证后，就应当依照立法听证规则确定听证机构。一般地方立法听证规则都做了明确的规定，如《宁夏回族自治区人民代表大会常务委员会立法听证条例》第八条规定“法制委员会举行立法听证会，具体组织工作由自治区人大常委会法制工作委员会负责；各工作委员会举行立法听证会，具体组织工作由各工作委员会负责”。

第三步，立法听证准备。立法听证准备主要是制定立法听证方案（包括立法听证事项、时间、地点、陈述人的选择方法等）、注意事项、听证纪律等。地方立法听证规则一般都对此做了相应的规定，只是有的比较简略，有的较详尽。

第四步，立法听证公告。“立法听证公告制度是立法听证程序不可或缺的一部分”①，因此，各地规则一般都规定了立法听证公告，但公告的时间、载体和内容有一些差异，主要分为三类。一类是 15 日公告期，如《宁夏回族自治区人民代表大会常务委员会立法听证条例》第十一条规定“听证机构应当在举行立法听证会 15 日前发布公告，公布立法听证会的时间、地点、听证内容及陈述人报名的条件、办法等”；“立法听证会公告应当在自治区级新闻媒体及网站上刊播”。此类还有《青海省人大常委会立法听证试行规则》等。二类是 20 日公告期，如《汕头市人民代表大会常务委员会立法听证条例》第十二条规定“听证机构应当在举行听证会 20 日前发布公告，公布下列听证有关事项：听证机构、听证人、主持人；听证会的时间、地点；听证

① 何骏：《立法听证准备中的公告制度研究》，《湖州师范学院学报》2014 年第 3 期，第 73 页。

会的目的、主要听证事项；陈述人、旁听人的报名条件和报名办法；其他有关事项”。要求“听证会公告应当在本市主要报纸、电台、电视台刊播，并在常委会网站上公布”。此类还有《长沙市人大常委会立法听证办法》《甘肃省人大常委会立法听证规则》等。三类是 30 日公告期，如《广东省人民代表大会常务委员会立法听证规则》第十四条规定听证机构应当在举行听证会 30 日前，通过新闻媒体或者网站等向社会公告听证会的时间、地点，地方性法规草案的基本情况及听证事项，听证陈述人以及旁听人员的人数、报名条件、报名期限、报名方式和产生方式以及其他有关事项。《规章制定程序条例》第十六条规定“起草单位应当在举行听证会的 30 日前公布听证会的时间、地点和内容”。除有明确公告期限的，有的规则则没有规定公告时间，如《杭州市人民政府实施立法听证会制度的规定》仅规定“举行立法听证会前，市政府法制工作机构应当采取登报或者其他方法公布举行立法听证会的通知”。有学者对此评价，“各地立法听证规则基本上是遵循着‘主体—内容—程序’的模式对立法听证公告制度进行规定的，因此也就体现出了千篇一律的风格特点。大致上主要涉及听证公告发布的主体，听证的时间、地点，听证事项，听证参加人的申请等方面”①。

第五步，选择听证陈述人。各地方立法听证规则一般都规定公众主动报名申请参加立法听证，并对如何申请以及如何选择陈述人做了规定，普通公众一般需要申请，而对有关专家、组织则可以适用邀请的方式。如《广东省人民代表大会常务委员会立法听证规则》第十五条规定公众需申请参加；《宁夏回族自治区人民代表大会常务委员会立法听证条例》第十二条规定公众需申请参加，第十三条规定可以直接邀请有关专家学者作为陈述人，并且明确“听证机构应当按照代表各种不同意见的陈述人人数比例大体相当的原则合理确定和邀请陈述人”；《甘肃省人民代表大会常务委员会立法听证规则》第十条规定选择陈述人的原则是广泛性和代表性、有利害关系和不同观点的各方人数基本对等、报名的先后顺序；而对法规案起草单位的代表、有利害关系的单位的代表或者有关专家、学者可以“邀请”作为听证陈述人。

第六步，通知听证陈述人。即立法听证人在举行立法听证前，将立法听证举行的时间、地点、注意事项等告知陈述人的行为。通知时间各有不同，有的规定为立法听证举行前 5 日，有的规定是提前 10 日。而《汕头市人民代表大会常务委员会立法听证条例》还规定了陈述人公示制度和异议制度，

① 何骏：《立法听证准备中的公告制度研究》，《湖州师范学院学报》2014 年第 3 期，第 74 页。

"听证机构应当在举行听证会十日前，将听证会的议程和陈述人名单在本市主要报纸上公布。有关组织和个人对确定的陈述人身份或者利害关系各方陈述人的人数有异议的，可以在举行听证会七日前向听证机构提出，由听证机构决定是否变更"。

第七步，立法听证举行。各地规则一般都规定了举行立法听证的大致程序：首先是听证开始的准备。一般是确定立法听证主体是否均已到场，宣布会场纪律，并由听证主持人介绍举行听证会的目的和听证问题以及听证人、陈述人等有关情况。其次是陈述阶段。有的由听证人来确定陈述的先后顺序，有的规则中直接规定了先后顺序。陈述人的陈述时间由立法听证人来确定，一般都规定了"陈述人应在规定的时限内完成陈述，但主持人根据情况可以决定适当延长其发言时间"。陈述人享有平等陈述的权利和义务，包括发言机会、时间，询问证人，回答其他陈述人的问题等。最后是辩论阶段。一般都有规定要进行辩论，但有的规定由主持人总结分歧问题，以此展开辩论，而有的仅仅是一般性规定。

第八步，立法听证记录。立法听证应当作成记录，记录一般要求主持人、记录人签名并存档备查。记录的方式有的强调书面形式，有的也可以是书面形式以外的其他形式，如《汕头市人民代表大会常务委员会立法听证条例》第三十二条规定"必要时也可以录音或者录像的方式进行"。《广东省人民代表大会常务委员会立法听证规则》第二十六条规定"听证记录由听证机构指定工作人员以书面形式或者录音、录像等形式制作"，其中"以书面形式制作的听证记录应当交听证陈述人核对并签名确认，听证陈述人认为记录有遗漏或者差错的，有权要求补正。听证陈述人的书面陈述意见，可以直接作为听证记录"。

第九步，立法听证报告。立法听证要形成立法听证报告，各地还对立法听证报告应当包含的内容也做了详细的规定，如《宁夏回族自治区人民代表大会常务委员会立法听证条例》第二十三条规定：听证报告包括的主要内容是立法听证会的基本情况，陈述人提出的主要意见、依据的事实和理由，听证机构对立法听证会所收集意见和信息的处理意见和建议。《广东省人民代表大会常务委员会立法听证规则》第二十七、二十八条规定在听证会结束后，听证机构应当研究听证记录并制作听证报告，包括听证会的基本情况、听证参加人发言的基本观点和分歧意见、听证机构的处理意见和建议。但一般没有规定向社会公众公开。

5. 立法听证的立法效力

许多学者都特别强调立法听证是立法的重要依据，并将其作为立法听证与其他公众参与方式相区别的特征。从我国有关立法听证的规则来看，立法听证对立法的约束力并不一致，有的是作为立法参考：如《杭州市人民政府实施立法听证会制度的规定》第十八条之规定；《广东省人民代表大会常务委员会立法听证规则》第二十九条规定，听证报告应当作为审议地方性法规草案的参考文件。但更多是强调作为立法的重要依据，如《宁夏回族自治区人民代表大会常务委员会立法听证条例》第二十五条之规定。

（二）立法听证的实践

我国地方立法听证实践源于行政听证。1996 年 3 月八届全国人大四次会议通过的《行政处罚法》，1997 年通过的《价格法》都确立了听证制度，行政听证实践逐渐发展起来。1999 年 9 月 9 日，广东省人大常委会举行《广东省建设工程招标投标管理条例修订草案》立法听证会，将听证制度引入地方立法中，开创了我国地方人大立法听证的先河。之后 1999 年 10 月 29 日武汉市人大常委会就《武汉市外商投资企业管理条例修改稿》举行立法听证。2000 年《立法法》施行后，地方立法听证更蓬勃发展。至今的地方立法听证实践呈现下列特点：

第一，举行地方立法听证的次数多、地域广。截至 2001 年 10 月底，武汉、沈阳等 6 个设区市的人大常委会、专门委员会等机构举行立法听证会 8 次；到 2014 年，当时有立法权的设区市以上的政府、人大都先后开展了地方立法听证。① 省级人大举行的立法听证最为典型，截至 2001 年 10 月，广东、上海等 10 个省级人大举行立法听证 12 次，到 2004 年年底，增加到全国 24 个省级人大对 39 件地方性法规草案举行了 38 次立法听证会②；到 2006 年 1 月，已有 31 个省级人大就 46 件地方性法规草案，相继举行了 45 场次立法听证会③。据不完全统计，自 1999 年到 2011 年 3 月底，全国有 31 个省级人大常委会共举行了 84 次立法听证会，地方政府举行的行政立法听证会更是不胜枚举。④

第二，地方立法听证涉及的领域广。截至 2001 年 10 月底，20 个省、

---

① 立法听证课题研究组：《地方立法听证调查报告》，《中国人大》2002 年第 1 期，第 21 页。

② 汪全胜：《立法听证研究》，北京大学出版社，2003 年，第 25 页。

③ 黄信瑜：《从程序正义的视角看我国立法听证制度的实践》，《法学杂志》2008 年第 4 期，第 68 页。

④ 何骏：《立法听证准备中的公告制度研究》，《湖州师范学院学报》2014 年第 3 期，第 75 页。

市举行的27次立法听证法案所调整的社会关系十分广泛，涉及经济管理与市场秩序、城市建设与管理、社会保障、教育与权益保护、行政监督等各个方面。[①] 至2004年，立法听证内容扩展到市场管理、消费者权益保护、环境资源保护、城市公用设施建设、道路交通安全、见义勇为等方面。[②] 据对上海市截至2015年的13次立法听证统计分析，听证法案涉及城市建设管理的有6项，涉及教育、文化、公民和企业权益保护的有4项，涉及公共环境与卫生保护的有3项，都与民生紧密相关。[③]

第三，各地立法听证开展程度不一。广东1999年9月9日即举行了全国第一次地方立法听证，而吉林省人大2009年6月才举行第一次立法听证，因此各地立法听证开展先后时间不一。不仅如此，有的地方较频繁地举行地方立法听证，而有的地方举行得较少，如截至2004年年底，全国24个省级人大举行的38次立法听证会中，上海举行了4次，广东、天津等省市各2次，湖北、安徽、四川等14个省区市各1次；从时间上看，1999年举行的听证会为1次，2000年为5次，2001年7次，2002年6次，2003年7次，2004年12次，呈现出逐年增多的趋势。[④] 上海市人大自2001年至2015年年底，共举行了13次立法听证会，而北京市2004年首次举行立法听证会后，截至2018年，在"北京市人大常委会"网站上公布的立法听证会仅有3次。[⑤] 从全国范围内来看，"不少地方人大在举行首次立法听证会后，其后的三四年内基本上未再举行。地方人大立法听证似乎陷入了某种'参与困境'"[⑥]。

第四，积累了有益的经验，也面临一些困境。各地在立法听证实践中不断总结成功的经验。一般认为，立法听证成功举行的经验主要有：听证法案的专业性较强或涉及公民切身利益，听证会的前期准备比较充分，基本上都贯彻了公开听证的原则。但地方立法听证实践也面临着一些困境，比如地方立法听证费用困境和公众对一些法案的听证参与度不高。北京市政府首次对

① 立法听证课题研究组：《地方立法听证调查报告》，《中国人大》2002年第1期，第21页。

② 汪全胜：《立法听证研究》，北京大学出版社，2003年，第25页。

③ 田玉麒：《地方人大立法听证制度：功能定位、实践经验与发展趋向——基于上海市人大立法听证实践的政治学分析》，《河北法学》2016年第7期，第143页。

④ 张建军、胡朋：《从地方立法听证看政治合法性的现代转型》，《人大研究》2009年第8期，第38页。

⑤ 陈文博、蒋沅嫄：《地方人大立法听证制度研究——以〈北京市大气污染防治条例〉立法听证会为例》，《人大研究》2018年第3期，第4页。

⑥ 冯卫：《地方立法听证研究》，北方工业大学硕士学位论文，2009年。

《北京市体育运动场所经营单位安全生产管理规定（草案）》《北京市餐饮经营单位安全生产管理规定（草案）》以及《北京市商场超市安全生产管理规定（草案）》等五部规章进行立法听证，但五部规章的听证陈述人与旁听人平均只有10名。[①] 原计划公开举行的《珠海市服务业环境管理条例（草案修改稿）》立法听证会因听证陈述人的报名人数不够，最终被迫宣布取消。

第五，地方立法听证的实践探索性不断增强。有人将立法听证称之为“一项正在探索、正在试行的制度”[②]。确实，各地虽然有立法听证的规则，但实践中各地的立法听证有共性，也有个性，尤其对一些原则、具体做法仍在不断地探索。比如北京市人大立法听证从2005年10月起实行网上直播；上海市人大2007年修改立法听证规则，明确“听证报告将通过常委会公报、上海市人大公众网等向社会公布”；2013年上海市进行了立法听证电视直播；2013年广州市人大常委会就《广州市社会医疗保险条例（草案）》探索全国首次网上立法听证[③]；2016年深圳市举行全国首例微信立法听证会[④]。

（三）地方立法听证制度与立法听证实践的关系

1. 立法听证制度促进了地方立法听证实践的发展

我国地方立法听证制度建设和立法听证实践交互式发展。前文中已述及，我国地方立法听证制度直接源于行政听证，虽然1999年广东省人大已举行了我国历史上第一次地方立法听证，但在此之前的1999年5月广西壮族自治区人民政府就制定了《广西壮族自治区人民政府立法听证制度实施办法》。广东省举行地方立法听证后的同年，深圳市制定了地方人大部门的听证规则——《深圳市人大计划预算委员会听证制度》。但我国地方立法听证实践的大发展还是在2000年《立法法》施行之后。随着《立法法》正式确立立法听证制度，各地制定了地方立法听证规则，并纷纷尝试开展地方立法听证活动。有的立法听证是在没有具体地方性规则的前提下举行的，有的是在有具体规则的情况举行的，但各地都“非常认真，高度重视，事先进行了

① 王琳：《改进完善地方政府立法过程中公众参与机制探讨——基于北京市政府立法实践的调研》，《理论导刊》2015年第5期，第6页。

② 任海深：《当前的立法听证制度是一项正在探索、正在试行的制度》，http://news.cri.cn/gb/27824/2009/03/09/107s2452890.htm，2009年。

③ 《广州：首次举行网上立法听证》，《浙江人大》2013年第1期，第50页。

④ 《微信立法听证：开门立法新样本》，《浙江人大》2016年第6期，第63页。

认真周密的准备工作”①。这种制度指导实践、实践总结催生制度的交互式发展局面一直持续到今天，除 2015 年《立法法》修改确立的新地方立法主体外，几乎所有的地方立法主体都制定有立法听证具体制度，立法听证实践也逐渐规范到制度中进行。

2. 现行立法听证规则尚需要进一步完善以适应立法听证实践

我国目前的地方立法听证实践比立法听证制度内涵更丰富，也更生动，地方立法听证规则显现出制度的滞后性，而不能给立法听证实践以足够的规范和引导，有学者总结为“公众参与地方立法听证规则化程度不高，部分程序缺失或不完善”；“参与者范围窄，政府主导的精英立法导致参与人不具有广泛的代表性”；“地方立法听证的公开度和透明度不高”；“公众缺乏有效的对话机制”；“地方立法听证主体的规则体系不健全，立法听证陈述人的确定机制、立法听证参与人的权利、参与制度等尚需完善”②。

而从制度本身来说，地方立法听证制度具有滞后性。

第一，表现为制度适用的原则性导致经立法听证所立法规很少。人大立法中是否适用立法听证的决定权在人大主任会议手中；而且立法听证适用的立法事项虽然做了列举式的规定，但用语较为概括、抽象，判断标准不具体。概括的、抽象的规定为决策机关自由决定是否举行地方立法听证扩张了更大的自由空间，公众难以提出异议。因此，通过地方立法听证的立法很少。

第二，立法听证公开性尚需进一步扩大。立法听证制度确立了公开原则，但如何公开？向谁公开？公开的时间、载体、公开度等都没有细化。因此，实践中的立法听证公开一般是在立法机关的网站上公开立法听证信息和立法听证报告，而普通公众不可能经常上立法机关的网站。有的地方规定立法听证信息公开是听证举行前 15 日、20 日，通知陈述人的时间是提前 5 日，这是否让公众有足够时间了解立法听证信息并做好陈述准备？

第三，主体角色不清，权利、义务混乱，影响公众的参与度。在立法听证制度中关于立法听证的主体存在不同的分类、不同的表述，内涵也不同，不同的角色享有不同权利、承担不同义务，而角色的混乱必然导致权利与义

① 立法听证课题研究组：《地方立法听证调查报告》，《中国人大》2002 年第 1 期，第 22 页。

② 张有林、庞云霞：《地方立法听证制度的实现路径》，《山西大同大学学报（社科版）》2017 年第 3 期，第 5 页。

务关系的混乱。

第四，程序不完善降低了公众参与的实效。在公众参与的所有方式中，立法听证程序是最为完备的，但我国立法听证程序“仍然存在着一些难点问题，包括召开时机、听证对象选择、听证功能定位及效果评估等”①。比如，听证公告的时间有的过于短促，不利于参与公众充分进行社会调查、搜集证据，因而在立法听证中常常仅发表观点而难以举证证明，说理性较差。又如，选择陈述人时，有时过于依赖公众的主动申请，而不主动邀请有关组织参加。立法听证制度中规定陈述人应当具有广泛的代表性，但目前判断陈述人是否具有代表性一般仅以其现有职业、社会角色来判断。实践中有的职业者、社会角色在陈述、辩论中背叛了自己的职业、社会角色的代表性。诸如此类的“程序性规则的缺失，都将使制度设置的功能无法有效发挥，并易引发公众参与的厌倦、失望以及对立法决策的不信任，同时消减了参与的意愿”②。

第五，听证结果对立法的影响力需要进一步提升。现行立法听证制度虽然规定了立法听证作为立法的重要依据，甚至对是否采纳立法听证的意见做出了说明。但立法听证实践中公众的意见被采纳的状况似乎并不能令公众满意。原因之一是听证人和陈述人都对听证之“证”的理解不深刻，在听证中陈述人举证力度较弱，更多是观点、主张或意见，而立法者掌握较充分的信息，在决定采纳与否时，自己掌握的信息显然更能影响自己的决策，因而会否决陈述人的意见。因此，要提高立法听证中公众意见对立法决策的影响力，还必须完善有关制度。

三、地方立法听证制度的完善对策

如何完善地方立法听证制度？仁者见仁，智者见智。我们认为完善地方立法听证制度应当从三个方面入手：第一，理念层面上，要让立法听证的所有主体包括社会公众，都充分认识到立法听证之本质是举证，而不是简单地表达意见、主张或观点。没有举证并说明理由，任何意见、主张或观点都会受到理性的质疑。听证是摆事实讲道理。当然，立法听证中的举证并不如诉讼中的举证要求那么严格，而更多表现为证言。第二，提高地方立法听证相

---

① 陈文博、蒋沅嫄：《地方人大立法听证制度研究——以〈北京市大气污染防治条例〉立法听证会为例》，《人大研究》2018 年第 3 期，第 4 页。

② 黄信瑜：《从程序正义的视角看我国立法听证制度的实践》，《法学杂志》2008 年第 4 期，第 68 页。

关立法的位阶。我国现行地方立法听证规则的立法位阶低，低位阶立法听证制度的约束力弱，而且立法机构违反了该规则，公众也没有救济途径。借鉴一些国家的经验，结合我国国情，地方立法听证制度化首先应当加强立法，提高立法位阶。提高立法位阶可以分两步走：第一步，各地方制定地方性法规，即要改变目前地方人大或地方政府内部工作规程的方式和地方政府规章的方式，而以地方性法规的方式完善和规范地方立法听证，这个阶段地方立法听证规则可能会产生一定差异。第二步，在取得较为充分的实践基础上，通过法律方式完善和规范地方立法听证，实现全国统一的地方立法听证制度，就立法听证的主要内容进行规定。目前我国已基本完成了第一步，而第二步尚需积极推进。第三，完善各种具体制度的设计。“中国立法听证制度是中国政治体制改革中的一项重要制度移植尝试”，它在中国的运行成功与否既“取决于我们能否为它提供适宜的运行环境，即良好的制度空间、雄厚的物质基础和现代的社会政治文化环境”，也取决于自身的制度建设。① 因此，针对近年地方立法听证实践中存在着诸多问题及其相关制度的不足，应当完善的具体制度包括地方立法听证制度的适用、主体及其各自的权利与义务、程序、立法听证对立法结果的效用及内在机制等等。

（一）地方立法听证制度的适用

1. 适用阶段

诚如在前文已述及，法律上将立法程序分为提案、起草、审议、公布实施四个阶段。除坚持现行地方立法听证规则规定的适用于起草或审议阶段外，还应当考虑到随着社会的进步，力求立法的科学性已成为立法决策的基本价值追求之一。立法的科学性不仅在于立法的合理性和可接受性，而且在于立法的时机，因此产生了立法规划、立法计划等。立法规划、立法计划即立法机关根据国家政策和国民经济、社会发展状况，在立法预测的基础上，就一定时间内需要完成的立法项目所做的有目的、有意识的预先部署和安排。② 在我国许多地立性法规中已对此做了规定，如《浙江省地方立法条例》第三章称之为“立法准备”，其中的第十、十一、十二条是关于立法规划、立法计划的规定；《深圳市制定法规条例》第二章直接以“立法规划和年度立法计划”命名。在这个阶段，实质要解决的是立法的必要性问题。而

① 徐琳：《试论完善中国立法听证制度的运行环境》，《学术论坛》2011 年第 5 期，第 88 页。

② 周旺生、张建华：《立法技术手册》，中国法制出版社，1999 年，第 85 页。

立法是否必要可以从社会现实是否需要以及需要的迫切程度、人们的关注度、现行法律制度的规范度、其他方式对社会现实的回应度等方面来把握，可采用调研、座谈等方式，但立法听证除可以发现社会利益关系的真实性外，还能发现社会利益的多元性和价值差异性。当一个社会不同利益主体的利益一致时，凭借市场自我机制内生秩序、道德手段常常即可调整社会矛盾，一般而言并不迫切需要通过立法调整。相反，当一个社会存在利益分歧时，用立法来进行调整便较为迫切。因此，当立法资源有限时，就需要通过听证的方式来进行立法规划决策。立法听证在立法规划阶段同样适用，但立法听证主要应当适用于起草和审议阶段。

2. 适用范围

地方立法听证的适用范围可以采取排除法，也可以采用列举法。我国地方立法听证的适用范围采取列举方式，因此，有的学者认为应当“制定行政立法听证目录”[①]。我们认为，立法听证适用范围的确定应当根据立法听证的价值以及听证成本决定。一般而言，社会影响较大的、涉及某群体或阶层利益的、分歧较大的、限制行政相对人权利的立法，应当举行听证。当然，为了公共利益也需要排除一些涉及国家机密、他人隐私等的事项。所以，立法模式应是在原则之上可有例外之规定。至于是采取概括性列举还是具体列举，其实都不重要，重要的是需要给予公众一定发动立法听证的权利。《广东省人民代表大会常务委员会立法听证规则》第十一条规定了公众的立法听证举行“建议权”[②]，虽然相对于“发动权”尚有距离，但表明了其在不断地进步。

3. 适用的效力

现行的一些地方立法听证规则中，对适用立法听证是“可以”而非“应当”。由此引起的争议是适用立法听证是否是公众的一项权利？而我们在本书理论部分和本章开篇实质上已回答了这个问题。在此，我们可以重复一下，听证是公众参与的方式之一，是公众直接参与立法的一种权利，但公众不过是分享立法机关的立法权、平衡公众与立法机关的权力。应当说，《汕头市人民代表大会常务委员会立法听证条例》《广东省人民代表大会常务委

---

① 岳喜栋、王田华：《完善行政立法听证制度的思考》，《价格与市场》2014 年第 1 期，第 5 页。

② 《广东省人民代表大会常务委员会立法听证规则》第十一条：“国家机关、社会团体、企业事业组织以及公民可以向省人大常委会书面提出听证建议，由省人大专门委员会或者常委会工作委员会研究，提出意见，报请主任会议决定。”

员会立法听证规则》等规定公众具有立法听证“建议权”是一种进步，但应当再进一步，就是规定凡一定数量的公众或者有充分代表性的公众提出要求举行听证的，立法机关应当举行听证。这实质是“程序价值引导下的国家主导权威向理性权威的过渡”①，是对立法机关听证权进行必要的约束，以免立法机关懈怠行使听证权。如果赋予公众以发动立法听证的权利，那么，对于立法听证适用范围是详尽列举还是概括列举，表述用语较为原则、弹性较大还是具体、清晰，事项范围互相交叉还是界线分明，都不重要了。重要的是公众必须关心自己的利益，充分行使立法听证建议权和参与权。

（二）地方立法听证的主体

地方立法听证的主体是指参与地方立法听证活动的人，根据其参与地方立法听证前的角色，可分为立法机关、主持人、专家学者、政府官员、个人、行业协会代表、企业事业代表、与法案有利害关系的人等。依据其在地方立法听证活动中的法律地位，各地的地方立法听证规则中将其分别界定为听证机构、听证人、主持人、陈述人、解答人、立法听证会的参加人等不同角色。主体关系的迷离不清必然造成实践中主体权利与义务的混乱。比如北京市人大常委会法制办的报告中就写道：“与法案内容有关的政府部门或其他国家机关的代表是否作为听证陈述人参与立法听证会，在实践中分歧较大。北京、天津、重庆等地所举行的立法听证会上没有与法案内容有关的政府部门或其他国家机关的代表作为听证陈述人”，而“上海、海南等地举行的一些立法听证会中，有政府相关部门的负责人作为听证陈述人参加。”②

立法听证作为一种法律制度，是调整立法机关与相对人在立法听证中的社会关系的行为规范。换言之，立法听证活动中一方是“听”，另一方是“证”，因此，立法听证的主体可以分为两大类，即听证人与陈述人。听证人指依法举行立法听证，以便了解有关立法信息的人。从法律规定来看，听证人只能是立法机关。而代表立法机关的机构，可能是地方人大常委会、法制委员会、其他工作委员会以及地方政府中的法制办等。《宁夏回族自治区人民代表大会常务委员会立法听证条例》将这些机构称为立法机构，代表这些机构组织、实施立法听证的工作人员称为听证人。如果将机构与代表机构的

① 曾哲、肖进中：《我国立法听证制度的困境反思与进路完善》，《江汉学术》2015 年第 2 期，第 12 页。

② 北京市人大常委会法制办公室课题组：《完善立法听证　拓宽公民有序政治参与》，《前线》2007 年第 10 期，第 30 页。

工作人员区别为不同主体，那么从法律的角度来说，代表这些机构出席立法听证的工作人员作为独立之主体，可以表达与听证机构不同的意见，进行不同的行为。而听证机构则根本不能表达意见或进行某种行为，因为机构只是一种社会组织体。实质上，听证机构作为一种社会组织，其意思表达是通过其代表机关及其工作人员来进行的。如果没有具体的工作人员，那么社会组织体就没有能力表达意思和进行行为。所以，从工作人员与组织体的法律关系来说，工作人员实质是受组织体的委托，代表组织体进行具体活动，而不是独立于组织体的主体。

陈述人就是参与到听证人召集的听证活动中，就有关法案或事项陈述事实、意见的人，是听证人的相对人。这些人大体可以归纳为以下三类：一是与立法听证事项有利害关系的公民、法人和其他组织。二是了解立法听证事项的专家。三是与法案内容有关的国家机关。①

首先，与法案内容有关的国家机关能否作为陈述人？有人认为政府部门代表应当出席听证会，但“不应以陈述人的身份出现，可在听证开始时增加一环节，由政府部门先就听证事项内容依据做说明。因为听证事项一般是政府报送的草案中规定的内容，对于为什么做出这样的规定，其依据何在，政府部门可以说明，公开决策初步依据，起到说明和释义的作用”；“如果政府部门代表以陈述人的身份出现，会产生与其他陈述人地位不平等的问题”②。在有关立法中，似乎也持相同的观点，如《杭州市实施立法听证会制度的规定》将有关政府部门规定为“解答人”。《宁夏回族自治区人民代表大会常务委员会立法听证条例》《汕头市人民代表大会常务委员会立法听证条例》《甘肃省人民代表大会常务委员会立法听证规则》等将“陈述人”界定为“是指由听证机构确定或者邀请参加立法听证会，并在立法听证会上陈述事实、提供信息、发表意见的有关公民、法人和其他组织的代表”。实质排除了国家有关部门作为陈述人，实践中的分歧也较大。但在立法听证法律关系中，只有听证人和陈述人，有关部门的角色只有在听证人和陈述人之间选择。实质上，与法案有关的部门，如果是听证会的召集者，那么它是听证人。如果听证部门是政府法制办或人大常委会、人大的工作委员会，那么，有关部门就应当作为陈述人参加。将有关部门作为陈述人，正是将其与其他陈述人置于

① 北京市人大常委会法制办公室课题组：《完善立法听证　拓宽公民有序政治参与》，《前线》2007年第10期，第30页。

② 北京市人大常委会法制办公室课题组：《完善立法听政　拓宽公民有序政治参与》，《前线》2007年第10期，第30页。

平等的地位。如果有关部门不是陈述人，由于其本身代表公共权力，必然与其他陈述人处于实质的不平等地位。只有当与法案有关的部门作为陈述人，参与立法听证才可能让公众感受到尊重，并抵制部门利益，也才能让有关部门在立法中尊重其他陈述人的意见，不能任意扩大或只顾部门利益。如果立法听证仅有公众中的反对者与赞同者的对抗，即使双方达成了妥协，类似于订立契约，那么根据契约的相对性原则，作为契约外的第三人的国家有关部门从法理而言，可以不受该契约的约束。没有作为管理者的国家有关部门作为陈述人参与公众的对等辩论，有关立法可能受到部门抵制。① 因此，国家有关部门应当作为陈述人，与社会公众作为陈述人居于平等地位，社会公众受到尊重，更有利于立法得到管理者与被管理者的遵守。

其次，与立法听证事项有利害关系的公民、法人和其他组织应当是必不可少的陈述人。公众一般指自然人，但私法人以及一些社会团体（西方法律谓之公法人，但与国家公共权力机构不同）如妇联、工会、行业协会等，实质是自然人的不同组成形式而已。听证作为参与立法的一种重要方式，公众当然不可缺少。这既体现民主，也更有利于真实表达民意，实现科学立法。因此，我们赞同“在立法听证会中，普通听证陈述人不可或缺，并且在人数上一般也占优势”，但“从各地实践看，公民以个人身份报名的较多，法人和其他组织报名的很少”②。2014 年 9 月 2 日上海市人大常委会举行《上海市消费者权益保护条例修正案（草案）》立法听证会的 18 位听证陈述人都是自愿、公开报名并经过遴选产生的③，但没有消费者协会等相关组织的代表。因此，对于有关组织应当更多采取“邀请”方式。

最后，专家是以其专业知识服务于立法的人，可以作为陈述人。专家由于对相关立法有较精深的研究和理性的见解，在立法听证中可以扮演的角色主要有：作为利害关系人的委托代理人，他们是利害关系人和立法者之间的桥梁；作为利害关系人的专家证人，他们可以使自然公正原则切实发挥作

---

① 比如一些立法草案规定使城市流动商贩合法化，受到了社会公众的赞同，有的认为这是关注民生，有的认为体现了以人为本等，而城管部门却对此表示反对，理由是活动商贩合法化不便于城市公共卫生等的管理。显然在这个立法听证中应当有城市管理部门作为陈述人，与社会公众通过举证、辩论，进而找到良好的解决方案。否则，流动商贩与城市管理部门将继续保持对抗，即使流动商贩合法化了，城市管理部门也会找到理由对其进行处罚，那么流动商贩合法化也就没有实质意义。

② 北京市人大常委会法制办公室课题组：《完善立法听政　拓宽公民有序政治参与》，《前线》2007 年第 10 期，第 30 页。

③ 朱琦：《“消保”立法听证：寻求修法的最大公约数》，《上海人大》2014 年第 10 期，第 19 页。

用；作为专家陈述人，他们可以弥补立法者立法知识和信息的不足，促进科学立法，可以提高公众对立法的认同，有利于法律的实施。[①] 此处所言的专家是指作为独立主体的第三种意义上的专家，其一般在立法听证中起到调和利益冲突的作用。换言之，当利害关系人之间就立法发生冲突时，专家能够理性调和冲突双方的利益，而且因为其理性和中立，冲突方一般能较好地接受专家的意见。因此，专家以公众身份参与地方立法听证也是立法产生效用的重要保障。专家可以主动申请加入，也可以由立法听证人邀请参加。

在上述三种陈述人中，第二、三种是公众，是必不可少的参与者，而第一种陈述人可根据听证法案的性质来决定是否参与，而且其参与一般可以主动申请，也可以由听证人邀请。

陈述人应当具有相应的权利和义务。借鉴一些国家的做法，结合我国实践，陈述人应当具有下列主要权利：听证建议权，申请参加立法听证的权利，获取有关资料权，平等的陈述权，提出证据权，质证权，辩论权，委托代理人或寻找立法协助权，核对、补正听证笔录的权利，获取听证报告的权利，获取立法决策原因解释的权利以及立法听证发言的豁免权等。而陈述人应当承担的主要义务有：举证义务、如实陈述的义务、按时出席听证会的义务、遵守听证纪律的义务、保守国家秘密和商业秘密的义务等。

（三）地方立法听证程序

立法听证程序是实现立法听证制度功能和价值目标的基本保障，也是公众能否真实参与立法的基本保障。只有程序正义才能实现实体正义，提高公信力，消除不平等感，提高效率。因此，应当重视立法听证程序的建设和完善。我国《规章制定程序条例》规定了听证的公告、确定和通知陈述人、听证笔录等程序。而有关地方立法听证的地方性法规、工作规程或地方政府规章规定的程序大致是：听证决定、公告、确定陈述人、听证的举行、听证笔录。根据我国国情，我国立法听证程序应当进一步从下列几个方面加以完善。

1. 立法信息公开

立法信息公开是指有关事项或法案的具体内容应当向全社会公开。我国目前采取的是对抗式的立法听证模式。对抗式即有利益冲突的陈述人同时参加立法听证，并在听证中提出证据、接受对方质证、进行辩论的模式。对抗

① 王惠玲：《专家在立法听证中的角色和作用》，《现代法学》2007 年第 10 期，第 17 页。

式更有利于深刻发现利益分歧，并有利于各方对他人利益的了解，从而达成妥协，这些功能是其他参与方式不可取代的。但对抗式增加了立法成本，可能浪费更多的时间，对陈述人的素质要求更高。同时，我国公众法治思维较为欠缺，团体化程度较低，并且一些社会性团体也没有产生代表公众或行业积极参与立法的意识，能力也有所欠缺。因此，应当强化听证信息的公开，让素质较低的公众有充分的时间了解有关信息，掌握有关资源，也让听证人有机会选择较高素质的公众参与立法听证。

立法听证信息的公开要求听证人在听证举行前的较长时间内，通过大众传播媒体公开需要进行听证的立法信息，让全社会公众都了解有关事项或法案。在立法信息公开中除应当明确告知公众需要充分了解事项或法案的内容外，还应当告知法案是否已决定举行听证。尚未决定举行听证的，应当告知公众可以通过了解立法信息后依法申请举行立法听证，并明确只有申请举行听证达到法定的人数等条件时，才举行听证。已决定举行听证的，则要求公众深刻了解法案内容，并注意立法听证公告。从这个角度而言，立法听证一般应当在立法调研、公开征求意见之后进行。

2. 听证决定

我国现行立法听证决定是职权主义，有学者认为立法听证的决定权不科学。[①] 而实质上，立法听证决定应当采取两种方式：一是职权主义，二是申请主义。职权主义即由人大主任委员会或其他有关部门依职权决定，现行听证制度中已有规定。而申请主义则由公众在充分了解法案信息后，向立法机关申请召开立法听证会。这需要建立相应的申请制度，包括申请人的资格和申请程序，申请达到发动立法听证程序效力的条件等。如果申请达到了法定的条件，那么就应当发动立法听证程序。当前社会公众认为经立法听证的立法太少，如果建立了申请制度而社会公众不主动运用这一制度，那就没有理由责怪立法机关，只能责怪社会公众懈怠自己的权利。

3. 听证公告

“立法听证会能否取得预期的效果通常取决于听证会的参加人对有关听证事项是否具备必要的知识以及是否掌握必要的资讯。资讯不公开极有可能导致公众对立法听证会的‘集体冷漠’，同时还可能由于资讯不对称导致公众不能基于数据、事实和理由进行理性辩论，而只能通过表达价值偏好和情

① 岳喜栋、王田华：《完善行政立法听证制度的思考》，《价格与市场》2014 年第 1 期，第 4 页。

感等诉求对听证人施加影响。因此，听证会成功召开的前提就是进行必要的资讯公开。”① 资讯公开的方式就是听证公告。听证公告主要是将有关立法听证的时间、地点、听证事项以及如何参与听证等适时向社会公布，其意在于接受公众监督和选择适合参与听证的公众。作为保证立法听证实现其功能的程序，听证公告涉及公告时间、公告载体、公告内容以及适宜陈述人的条件等。

首先，公告时间要合理。公告时间即以立法听证召开时间为基准，应当提前的时间。我国《规章制定程序条例》规定起草单位应当在举行听证会至少30日前公告，但有的地方立法听证规则却是提前到14日、15日或20日。② 显然，立法机关对公告时间的意义可能并不清楚，而更多考虑自己的工作进程。实质上，确定公告时间不能只考虑立法机构工作的进程安排，而应当确保公众能够充分了解听证事项或法案的基本情况，并能够好好参与听证的充分准备，包括调查、搜集证据和其他公众的意见或建议的时间。因此，这个时间应当“充分”。“充分”的标准应当有底线，可以以30日为基准，各地可以根据本地公众的素质、信息发达程度等确定具体的时间，但不得少于30日。

其次，公告载体要适当。公告载体关系到社会公众能否及时接受到听证公告信息，从而决定是否参与。目前地方立法听证规则规定的公告载体主要有报纸、电台、电视台、听证人的网站。公告的目的在于选择合适的公众参与听证，以及发挥听证的正当程序效用，产生一种宣传作用，因此，公告载体应当大众化，易为社会公众所接受。在被称为信息爆炸的时代，各种信息以各种载体进行传播，但相对而言，传统的大众传播媒体——报纸、广播电视电台以及现代传媒——互联网是人们接受信息的主要途径。不同的杂志由于其针对的读者群不同，加之出版周期较长，并不是社会公众接受大众信息的最佳方式。因此，选择报纸、广播电视以及互联网作为立法听证的载体较为恰当，尤其需要使用微博、微信公众号等新媒体方式。但需要注意到实践中有一种倾向，即主要利用互联网作为载体。相对于报纸、广播电视，互联网公告更方便、快捷，成本也低。但是由于互联网受众主要是年轻人，互联

① 杨福忠：《论我国公共信任期待下的立法听证制度》，《武汉理工大学学报（社科版）》2010年第4期，第527页。

② 参见《厦门市政府立法听证程序试行办法》第五条规定为14日前发布公告，《甘肃省人民代表大会常务委员会立法听证规则》第八条、《汕头市人民代表大会常务委员会立法听证条例》第十二条规定为20日前发布公告，《宁夏回族自治区人民代表大会常务委员会立法听证条例》第十一条规定为15日前发布公告。

网不能取代报纸、广播电视的功能。而利用报纸、广播电视也需要形成固定的模式，即在相对固定的报纸、广播电视相对固定的栏目和位置刊载立法听证公告。如此，逐渐形成让公众熟悉的信息载体，便于公众寻找。

最后，公告内容要全面。目前，立法听证制度规定的公告内容主要包括立法听证会召开的时间、地点、目的，听证的主要内容，参加听证会的条件、报告办法和其他事项。而公告内容决定了能否选择到合适的陈述人，也关系到立法听证能否取得实效。因此，立法听证公告内容除上述基本事项外，还应当包括：(1) 申请参加听证的公众应当做好调查、搜集证据的必要准备。这是为确保陈述人的代表性和陈述能有理、有据。(2) 申请参加听证的公众享有相应权利，如律师助理权、委托权等。这是确保陈述人能准确地表达自己的观点和理由。

4. 选择陈述人

“原则上，凡是受该立法影响的人都应该有表达意见的机会，组织者遴选的听证代表应涵盖各方面利害关系人”①，因此，公众陈述人应当具有相应的代表性和全面性。陈述人产生的方式可以分为两类。

第一类是申请而产生的，适用于普通公众。一般来说，由愿意参加听证的公众提出申请，申请时应当表明自己所持观点，听证人按照一定原则和条件进行选择。按照何种原则确定陈述人关系到听证的质量和公信力。我国现行制度一般规定陈述人应当具有代表性，但何为代表性？如何来判断公众是否具有代表性？实践中是以职业作为代表性的标识。首先，公众的职业只是代表性的外在标识之一。所谓代表性应当不是指申请参加听证的公众具有某种如有 50 人签名委托作为代表或某种协会的代表等法律意义上的代表身份，而是指其意见具有某利益群体或阶层的代表性。诚如一些国家要求凡申请参加听证的公众需要事先提交一份书面的陈述一样，我国也可以要求申请者提交一份书面的陈述，《甘肃省人民代表大会常务委员会立法听证规则》要求“报名参加听证陈述的人员应当表明对听证问题所持的观点”是很好的开端。通过对申请者的书面陈述或观点的形式审查，包括是否通过了调查、调查人数多少等来确定其能否代表某一阶层或利益群体，并具有某阶层或利益群体的职业特点等外在标识。一定要避免消费者为经营者说话、劳动者为用人单位说话的尴尬发生。其次，选择的陈述人具有广泛性和对等性，即各阶层或利益群体都应当有相应的代表，并且代表人数应当大致相当，使参加听证的

① 杨福忠：《论我国公共信任期待下的立法听证制度》，《武汉理工大学学报（社科版）》2010 年第 4 期，第 527 页。

人员结构合理[①]，从而使听证活动整体体现出不同阶层的代表性。再次，充分考查申请者的素质。听证人应当考察申请人的素质，以素质高低作为选择公众陈述人的基本标准。只有在相同条件下，报名先后才是确定随机选择陈述人的标准。[②]

第二类是“邀请”产生的陈述人。即应听证人邀请而作为陈述人参加到立法听证中，这种方式在我国有关立法中已明确规定适用于专家学者、有关部门、起草单位、有关组织等。但立法规定邀请是听证人的权利，而非义务。这种立法规定在实践中就导致了许多诸如行业协会、工会之类的社会性团体只能按照上述第一种方式申请参加立法听证，且很少被邀请参加。目前我国的同业公会不仅数量少，而且多是很松散的组织，缺乏代表同行业参与立法的应有能力，主动意识不强。同业公会、工会、妇联等社会性团体，一方面自身应当加强积极主动代表特定利益群体参加立法听证的意识和能力；另一方面它们也是地方立法听证不可缺少的陈述人，听证人“应当”邀请它们，这应当是听证人的义务。建议有关立法中明确规定，听证人“应当”邀请与听证事项有关的社会性团体参加听证。专家、有关部门既可以主动申请作为陈述人参加立法听证，也可以应听证人邀请参加听证。同样，听证人对有关部门是“应当”邀请，而不是“可以”。

第一类陈述人应当比第二类陈述人更多，因为第二类陈述人掌握更多信息资源，且是公共权力部门或专家、社会团体，相对于自然人个体而言，多了一种威势。如果威势陈述人人数众多，公众会有一种压迫感而不能很好地陈述自己的意见与理由。

听证人在确定了陈述人后，应当借鉴《汕头市人民代表大会常务委员会立法听证条例》的规定，创设公告和异议制度，即将陈述人的信息在媒体上公布，包括陈述人姓名、职业等，社会公众可以在规定的时间内提出异议。听证人在确定陈述人后，还应当及时通知陈述人，并将相关资料、陈述人在听证中的权利与义务告知陈述人，要求陈述人做好充分的准备。

5. 听证前的准备

主要是听证前确定是否有旁听人，通知有关参与听证的具体人员、陈述人，确立主持人，制定听证工作方案，明确注意事项、会场纪律等。通知陈述人等应当采用书面形式，并在通知中说明陈述人发言的时间限定、注意事

---

① 岳喜栋、王田华：《完善行政立法听证制度的思考》，《价格与市场》2014 年第 1 期，第 4 页。

② 许多地方立法听证规则中规定以报名先后作为选择陈述人的原则。

项和会场纪律。

6. 听证的举行

各地立法听证规范都对立法听证举行中的程序做了规定，即首先是主持人核对出席人员，宣布会场纪律，介绍听证会的目的、听证问题以及听证人、陈述人的情况和听证进行程序等，其次是陈述阶段，最后是辩论阶段。

在陈述阶段，一般的地方立法听证规则并没有规定谁先发言，谁后发言，而实践中是事先由主持人在听证方案中确定发言人的先后。由于听证实质是对有关法案的现行方案提出质疑，所以一般应当先由法案的起草方、提案方、支持者作为陈述人陈述自己的观点和理由。然后反对者对对象进行攻击。最后是专家学者从中立立场协调、平衡赞同者与反对者的利益。

各地立法听证规范一般都规定了陈述人陈述的时间，有的是5分钟，有的是10分钟，在规定时间没有陈述完毕的，主持人可以考虑适当延长其陈述时间。为提高效率，实践中应当在通知陈述人时即告知其发言的时间限定，一般不考虑延长陈述时间，尤其对于国家有关部门陈述人不要轻易延长陈述时间。即使延长时间也应当给予每个陈述人同等机会，否则公众将会产生一种强烈的不公平感。

法规虽然规定了陈述人可经允许就其他陈述人的陈述提出询问，但显然这一环节并没有得到重视。其实，在一方陈述时，另一方应当可以提出质证。加强质证有利于立法听证更加理性，因为证言的真假评价对最后辩论非常重要。

辩论阶段由主持人总结分歧点，并指导陈述人展开辩论。

7. 听证记录

听证记录是对听证活动内容的记载，应当包括陈述人的陈述、质证以及辩论等内容和情况，目前由记录人、主持人签字后备查。建议增加陈述人核对笔录并签名确认，目的是保证陈述人对自己的陈述负责任，也可以监督听证人，以确保听证内容的真实性、客观性。

8. 听证报告制度

听证报告是以听证记录为基础和依据而形成的对听证活动的总结。完善听证报告制度主要包括：(1) 听证报告的内容，一般要求包括听证会的基本情况，陈述人提出的基本观点和争论的主要问题，听证机构对听证会意见的处理建议等。在陈述人观点中，建议特别增加专家作为中立方的观点。在具体的内容表述中应当更充分地说明理由，而不能重在表述陈述人的观点。听证人对听证意见做出处理决定时，也应当适当说明理由，而不能只说明采纳或不采纳的结论。始终应当牢记，立法听证是理性的活动，立法听证报告是理性活动的反映。(2) 听证报告的公开。立法听证报告是否应当公开，各地规范并没有规定，而实践中许多地方已将立法听证报告公开。立法听证报告应当公开，并且应当将立法听证报告在当地影响较大的报纸、广播电视、网站及微信公众号等新媒体上公开。只有公开才能让公众看到立法听证的效果，确保其公信力，确保制定良法。

我们将立法听证报告公开作为听证程序的重要步骤是因为实践中“有些听证会结束后，并没有对听证意见进行归纳与概括，听证意见没有得到应有的尊重和考虑，对法规草案的修改不能起到实质性影响。有些地方甚至立法听证会结束后，听证程序就戛然而止，听证陈述人再也无从得知听证的效力发挥得如何”①。因此，我们建议将立法听证报告公开作为立法听证程序的结束，让公众能够知道立法听证的结果。

（四）地方立法听证的立法效力

“所谓立法听证的效力，是指听证参与人关于听证法案的意见对立法决策的影响力、作用力”②。学理上，主要有两种效力：一种观点认为立法机关应当以立法听证获取的信息、事实为依据，否则，立法无效；另一种观点认为“应当将听证报告作为立法的重要依据”③。我国地方立法听证规则多采用第二种观点。而学者对所谓“重要依据”的理解又呈现两种态度：一是，听证意见不具有必须采纳的效力，也没有高于来自其他途径的意见的效力；二是，“立法听证的效力应分为立法听证笔录的效力和立法听证报告的效力”，“立法听证笔录是立法机关最后作出立法决策的重要依据，但不是唯一依据；立法听证报告是决策部门决策的唯一依据”④。有的学者还比较了公众其他参与方式的法律效力，认为“应赋予立法听证报告以法律上的约束力，且通过立法听证会获取的意见应较通过座谈会、论证会上获取的意见有

---

① 马怀德、陶杨：《我国地方立法听证效力的表现方式》，《苏州大学学报（哲社版）》2007 年第 3 期，第 51 页。

② 王炜：《地方立法听证存在的问题及完善对策》，《阴山学刊》2018 年第 2 期，第 111 页。

③ 马怀德、陶杨：《我国地方立法听证效力的表现方式》，《苏州大学学报（哲社版）》2007 年第 3 期，第 52～53 页。

④ 王炜：《地方立法听证存在的问题及完善对策》，《阴山学刊》2018 年第 2 期，第 111 页。

较强的约束力”[1]。而实践中，有关立法听证意见没有被采纳或没有被大量采纳，一般也没有影响立法的效力。

立法听证对立法决策应当产生何种效力？一方面，“只有公众的意见得到立法者的充分尊重和认真对待，对立法决策、法案内容甚至立法的效力产生实际影响，公众参与才是有效参与”，立法才真正实现了民主化[2]，也才能激发公众参与的积极性。制度选择应在理念与制度上以“保障公民参与权”为本位[3]，因此，应当积极吸纳立法听证的意见，激发公众的参与热情。另一方面，如果完全按照立法听证记录立法，可能并不能实现科学化，毕竟立法听证的陈述人至多是有限理性的，对有关事项的认知未必都是真理性的。因此，立法听证应当作为立法的重要依据。“重要依据”意味着比其他公众参与方式的效力优先；意味着应当给予更多的理性说明和解释，即在决策中需要说明公众的意见以及有的意见为什么没有被采纳，让公众明白决策的价值取向。

① 杨福忠：《论我国公共信任期待下的立法听证制度》，《武汉理工大学学报（社科版）》2010 年第 4 期，第 527 页。

② 曾祥华：《行政立法的正当性研究》，中国人民公安大学出版社，2007 年，第 127 页。

③ 冯英、张明磊：《行政立法听证功能探究》，《北京科技大学学报（社科版）》2013 年第 6 期，第 52 页。

第七章　地方立法列席与旁听

一、地方立法列席与旁听的基本理论

“列席”是指符合所参加的会议、某项工作、某项活动的有关规定的非正式代表的参与行为，列席者只有发言权没有表决权。“旁听”是指按所参加的会议、某项工作、某项活动的有关规定，与该会议、该项工作、该项活动没有法定参与关系的人员，经该会议、该项工作、该项活动的组织者批准的参与行为。旁听者既没有发言权也没有表决权，只能听取报告和听取发言者发言。在我国，根据适用的机关和领域不同，可分为立法机关即人大及其常委会会议的列席旁听，司法机关如法院庭审的列席旁听，政府部门工作会议的列席旁听，人民团体如政协、党派会议的列席旁听，其他机构如小区业委会的列席旁听等。下文在立法机关的语境中探讨列席和旁听问题。

（一）地方立法列席与旁听的区别

虽然列席和旁听两个概念经常放在一起使用，但实际上两者是有区别的，不能相互替代和混淆。根据全国人大常委会法工委研究室马韬的解释：

首先，列席者和旁听者享有的权利不同。根据《现代汉语规范词典》，“旁听”是指听会，但没有发言权和表决权；而“列席”是指非正式成员参加会议，有发言权而没有表决权。从基本词义可以看出，两者最显著的差异在于列席者有发言权而没有表决权，旁听人员则是两项权利都没有。其次，从法律和地方法规的规定中可以发现，“列席”人员一般是与会议议题有着紧密联系的人，范围较窄；而“旁听”人员与会议议题的关联程度则相对较弱，范围也比较广泛。根据《中华人民共和国全国人民代表大会议事规则》规定，“列席”的情况包括：国务院组成人员，中央军事委员会组成人员，最高人民法院院长和最高人民检察院检察长，列席全国人民代表大会会议；其他有关机关、团体的负责人，经全国人民代表大会常务委员会决定。“可以列席”的情况：全国人民代表大会会议、专门委员会审议议案的时候，也可以邀请提案人列席会议、发表意见；审议议案和有关报告，涉及专门性问题的时候，可以邀请有关方面的代表和专家列席会议、发表意见；提质询案的代表团团长或者代表也有权列席会议，发表意见。“只能旁听”的情况：大会工作人员、国内外和港澳台记者、外国驻华使馆官员只能旁听大会全体会议。另外，1993年至1999年施行的《山西省人民代表大会常务委员会工作条例》也规定旁听人员的范围是民主党派、人民团体、大专院校和其他单位的人员。最后，对两种人员的批准机关和审批程序有不同的要求。邀请“列席”人员，法律对于决定机关有着明确的规定。如《中华人民共和国地方各级人民代表大会和地方各级人民政府组织法》规定，县级以上的其他有关机关、团体负责人，经本级人民代表大会常务委员会决定，可以列席本级人民代表大会会议。而邀请“旁听”人员，《中华人民共和国全国人民代表大会议事规则》中仅规定了大会全体会议设旁听席，旁听办法另行规定。但到目前为止尚未有明确的规定，实践操作中往往较为灵活。

在建立健全人大及其常委会的旁听制度和列席制度时，应该明确，列席和旁听没有政治上和待遇上的区别，没有哪个高级哪个低级的区别，仅仅是根据出席人与会议的法律关系以及应该享有的权力和责任、权利和义务而定的。如果允许参与人参加审议和讨论，允许其发言，他们就是列席；如果不允许参与人参加审议和讨论，不允许其发言，他们就是旁听。这完全由会议组织者——人代会主席团或秘书处、人大常委会、委员长会议或主任会议、人大专门委员会根据需要来安排和决定。如果是人大常委会工作机构（如工作委员会）和办事机构召开的会议或组织的有关工作和活动，则由人大常委会工作机构（如工作委员会）和办事机构来安排和决定。

就会务来说，列席比旁听的组织工作要多。在实际工作中，如果有些人员仅仅是听取有关会议、工作或活动的报告，并不参加审议和讨论，会议、工作或活动的组织者也没有让他们参加审议和讨论的需要和安排，从法律上来说，这些人就是旁听，应该明确他们本来的身份。这样，既可以让他们听取有关会议、工作或活动的报告，又不增加会议、工作或活动的经费和组织工作的工作量。

（二）地方立法列席与旁听的分类

1. 列席的分类

从现行法律法规和有关规范性文件的规定看，人大及其常委会的列席可以分为法定列席和临时列席两类。法定列席又可以分为已定列席（确定列席）和未定列席两类。在法律法规或有关规范性文件中，已定列席者的指向具体明确，即已经具体化到确定的列席主体；未定列席者的指向不够具体，即没有具体化到确定的列席主体，还需要另外的程序来确定。未定列席又有三种情况：

第一种，法律法规或有关规范性文件只规定了列席者的列席权（例如规定有权列席），或者法律法规或有关规范性文件做出的是选择性规定（例如规定可以列席、可以应邀列席、可以邀请列席、可以安排列席），这些人员是否列席，还需要另外的程序来决定。

第二种，法律法规或有关规范性文件只规定了列席者的范围（例如规定负责人、有关负责人、主要负责人、有关方面、有关的专门委员会、有关机关团体、有关的代表、参加视察或者专题调研的代表可以列席），这个范围的人员中谁属于有关的，最终列席者是谁、多少人列席，都需要另外的程序来决定。

第三种，法律法规和有关规范性文件规定了列席者的范围，同时还规定了若干种决定程序（例如规定可以被推选或者受邀请列席），最终谁列席、如何选择其中一个的决定程序，都需要另外的程序来决定。

2. 旁听的分类

在全国人大及其常委会和地方人大 50 多年的历史及地方人大常委会近 30 年的历史中，实际组织和进行的对人代会和人大常委会会议的旁听，从不同的角度进行分析，可以做以下分类。

从旁听的目的来分析，基本上可以分为三类：第一类是工作性质的旁听。例如，为了会务、简报、有关议案或报告、决议的起草修改，人代会、人大常委会工作人员的旁听；为了进行新闻报道，各种媒体记者的旁听；为了答复人大代表、人大常委会组成人员的询问或为研究有关问题提供咨询意见，与审议的议案有关的“一府两院”或其部门负责人、工作人员的旁听；上级人大调研组到下级人大调研时的旁听。第二类是为了了解人代会、人大常委会会议有关情况，了解人大及其常委会决策的有关情况而进行的旁听。例如，各国驻华使节对全国人代会的旁听，全国性人民团体（全国总工会、团中央、全国妇联）派人对全国人大常委会会议的旁听，我国公民、外国代表团或公民对地方各级人代会、人大常委会会议的旁听。第三类是学习观摩性质的旁听。例如，外国议会代表团对全国人代会的旁听，不同地方的人大及其常委会人大代表、人大常委会组成人员、人大机关工作人员相互之间学习观摩性质的旁听，上级人大机关工作人员到下级人大非工作性质的旁听。

从旁听主体来分析，大致可以分为四类：第一类是国家机构——上级、同级和下级人大及其常委会，同级“一府两院”及其部门有关人员的旁听，同级人民团体（总工会、共青团、妇联）派出人员的旁听。第二类是社会团体、组织、企业、学校、科研院所、新闻媒体等单位或其他法人派出的工作人员的旁听。第三类是我国公民的旁听。本书所指旁听主要是指这类公民旁听。第四类是外国驻华使节、外国议会或其他代表团和外国公民的旁听。

从旁听提出的程序来分析，可以分为两类：一类是会议、工作或活动组织者邀请的旁听，简称邀请的旁听。例如，各国驻华使节对全国人代会的旁听，全国性人民团体（全国总工会、团中央、全国妇联）派人对全国人大常委会会议的旁听。一类是旁听者主动要求的旁听，简称要求的旁听。例如，公民对地方各级人代会、人大常委会会议的旁听。同一类型的主体在同一个会议、工作或活动中，有的可能是邀请的旁听，有的可能是要求的旁听，例如，新闻记者对各级人代会的旁听。

从旁听的内容来分析，与立法机关的职责相对应，可以分为四类：一是法律草案审议，二是政府工作报告审议，三是法律实施情况审议，四是有关人事任免说明，五是其他内容等。下文所述的主要为第一类立法审议旁听。

从旁听的对象来分析，可以分为两类：一是中央立法机关的旁听或中央立法旁听，包括全国人代会的旁听、全国人大常委会的旁听、全国人大专门委员会的旁听；二是地方立法机关的旁听，包括地方各级人代会的旁听、地方人大专门委员会的旁听、地方人大常委会的旁听。

需要注意的是，列席也可按照上述两种标准进行划分，在此不再赘述。如前所述，相比而言，列席人员范围窄，相关规定较明确；而旁听人员范围广，相关规定不够明确，学术界和实务界争议也较大，因此下文主要阐述地方立法（或地方立法机关）的旁听情况。

（三）地方立法机关的旁听

1. 地方各级人代会的旁听

法律对此没有规定，地方人大议事规则有规定，但规定得很简单，大部分只是比照全国人大议事规则，同样规定人代会全体会议可以设旁听席，旁听办法另行规定。

我们看到，个别地方的人大议事规则对人代会的旁听办法规定得多一些，例如，规定大会全体会议设旁听席；申请旁听者凭证明本人身份的有效证件，向常委会或者常委会委托的单位、组织提出申请，或者委托代表大会的代表提出旁听大会全体会议的申请；代表大会可以邀请外国驻当地的领事官员旁听大会全体会议；旁听人员可以口头或者书面向大会秘书处提出关于当地经济和社会发展的意见和建议。

长期以来，地方各级人代会全体会议实际也有旁听人员，主要是：同级党委机关和人民团体（总工会、共青团、妇联）主要负责人，同级人民政府直属机构、办事机构、直属事业单位、国有重要骨干企业主要负责人，当地驻军主要负责人，下级人大常委会负责人，同级人民法院、人民检察院主要负责人；上一届人大常委会组成人员于本届人大不再任组成人员的，旁听同级本届人代会第一次全体会议。

代表团全体会议、代表团分组会议、主席团会议、秘书处会议、大会预备会议的旁听人员主要是：人代会工作人员（为了会务、简报、有关议案或报告、决议的起草修改）、进行新闻报道的各种媒体的记者、与审议的议案有关的“一府两院”或其部门负责人、工作人员（为了答复人大代表的询问或为审议和研究有关议案提供咨询意见）。

上述各种会议旁听人员的名单和旁听哪一个具体的代表团、具体的会议，也是由大会秘书处批准和安排。

2. 地方人大专门委员会的旁听

对此，法律同样没有规定，地方人大议事规则也没有规定。长期以来，地方人大专门委员会会议实际旁听的人员是：为会议服务的本委员会办事机构工作人员（为了会务、简报、有关议案或报告或决议的起草修改），与审议的议案有关的“一府两院”或其部门负责人、工作人员、有关专家学者（为了答复专门委员会组成人员的询问或为审议有关议案、研究有关问题提供咨询意见），有时会有采访会议的新闻记者。

3. 地方人大常委会的旁听

法律对此也没有规定，有的地方人大常委会议事规则有规定，但规定得简单，只规定常委会全体会议可以设旁听席。个别省（区、市）的人大常委会议事规则对公民旁听常委会做了一些规定。

（四）地方立法旁听的价值和意义

邀请市民旁听地方权力机关的议事活动，体现出地方权力机关保障公民知情权和参政权的民主意识，同时也是加强权力机关自身民主建设的有效举措，值得关注。

一般而言，国家的权力机关就是民意机关，其成立目的在于通过公民代表将最广泛的公民意见收集上来，再通过法定程序上升为法律法规，以实现人民治理国家的终极目标。在西方古典文明时代，往往是由全体公民组成公民大会以决定城邦的重大事务。随着社会的发展，当无数城邦联合成国家以致公民人数庞大到无法召开公民大会时，由公民选举代表组成的代议机关就代替了直接民主式的公民大会。但是，当绝大多数公民将自己的权利交付给极少数代表行使而退出民意机关时，并不意味着他们对自己的权利失去了兴趣，相反他们仍关心代表们在大会上的一言一行是否代表了其利益，此时，保留对代表和议事机关的监督权就成为普通公民实现其权利主张的必要方式。正因为如此，现代民主政治不仅要求代议机关的代表须由人民选举，还要求代议机关的议事活动对公众公开、透明。

对我国而言，宪法规定的“一切权力属于人民”正是通过人民代表大会制度体现的，各级人大是由人民选举代表组成的权力机关，它们在行使人民交付的权力时，必须听取和征询民意并向民众及时公开日程信息。但在具体的工作机制上，由于人大代表并非专门职业，故而人大的日常职能一般都由其常设机构人大常委会行使，相比而言，人大常委会的常设人员所能代表的民意范围就更为狭窄，其议事活动也不如人代会那样透明公开。在人大开会期间，普通公民可以通过媒体近乎全方位的报道知晓自己的利益如何被“代表”，但在其他更多的平常日子里，人们对同样决定其利益的人大常委会的议事过程则缺乏详细的了解，这在一定程度上既削弱了公民的知情权和参与权，又消解了公民对权力运作过程的监督。

正是在这个意义上，某些地方采取立法旁听的做法为地方权力机关的民主化建设提供了借鉴，因为邀请市民旁听常委会会议，无论其能否吸收到更广泛而又有代表性的市民参与，但至少在形式上实现了普通公民的“在场监督”。而公民的这种“在场监督”，正是现代国家对代议制民主实行纠偏不可或缺的装置。

更值得关注的是，重庆市还决心将邀请市民旁听人大常委会会议形成制度，这意味着今后在人大常委会决定各项重大地方事务的会场上，装置了一个个固定的民意“摄像头”，政策法规出台之前的各种利益冲突和博弈，都将置于市民眼睛的“监控”之下，这不仅有利于提高常委会各项立法决策的民主性和公正性，同时也增强了法规政策的公信力和可接受性。而且，制度化的市民旁听排斥了观赏性的一时喜好或偏颇，有利于在更宽泛的意义上保障不同利益立场的公民了解并参与权力运作，长此以往，其对市民民主意识的培育和民主政治建设的推动意义或将更为深远。

二、地方立法旁听的制度及实践考察

（一）地方立法旁听的现行制度

1989 年 4 月，七届全国人大二次会议通过《全国人民代表大会议事规则》，规定大会全体会议设置旁听席。其后，各地通过的《人民代表大会议事规则》中都有关于“设置旁听席”的规定，只是措辞有所不同，有些（如北京市、上海市等）借鉴《全国人民代表大会议事规则》的规定，规定“大会全体会议设置旁听席”；大多数则相对保守，仅规定“可以设置旁听席”。根据各地人民代表大会议事规则中的授权条款，目前全国已有十多个省级人大就公民旁听制度出台了具体规定，建立起了公民旁听制度的基本框架。实行公民旁听制度的市、县级人大也已非常普遍。各地出台的办法，大多阐明了建立公民旁听制度的意义，规范了参加旁听公民的条件、申请的手续、旁听的程序和纪律、旁听公民建议的处理、参加旁听所产生的费用负担等事项。笔者具体分析后发现[①]，各地的规定虽然在名称上差别较小，但由于没有统一的法律依据[②]，实际的具体做法上仍存在不小的差异。

1. 关于旁听公民的资格

对参加旁听公民的资格要求，各地不尽相同。目前，主要有四种做法：第一种是本行政区域内年满 18 周岁享有政治权利并具有完全民事行为能力、持有本地身份证的中国公民。不是本地户籍的中国公民和外国人不享有参与旁听的资格，做这样规定的有北京市、江西省、河北省、郑州市等。第二种是年满 18 周岁、享有政治权利、具有完全民事行为能力、户籍在本地或者户籍不在本地但在本地居住满一年的中国公民。与第一种相比，资格有所放宽，增加了居住满一年的暂住人口。这种资格标准宽严适度，目前为大多数实行公民旁听制度的省、市所采用，如吉林省、山东省、浙江省、上海市、厦门市、南昌市、九江市等。第三种规定，年满 18 周岁具有完全民事行为能力的中国公民，可自愿申请旁听人大及其常委会会议。这类规定取消了户籍方面的要求，较第二种更宽，实行的有安徽省等。第四种是在第二种或第三种的基础上，增加了外国公民，如重庆市、河南省、大连市等。河南省规

---

① 分析的对象既包括省级人大的旁听办法，也包括部分市级人大的相关规定。

② 尽管《全国人民代表大会议事规则》第十八条第三款在规定“大会全体会议设旁听席”的同时也规定“旁听办法另行规定”，但事实上，国家层面的、统一的人民代表大会旁听办法至今仍未出台。

定，在本行政区域内工作满一年的外国公民也可申请旁听常委会会议。2002年，大连市人民代表大会首次向外国公民开放。①

2. 关于旁听公民的产生

在旁听公民的产生上，大多数地方采用本人报名申请和基层（或单位）推荐相结合的办法产生候选对象，在此基础上由人大办事机构按照规定的旁听条件和旁听席座位数多少，确定旁听人员。以大连市为典型。大连市旁听常委会会议的公民中，有近60%的人来源于单位推荐，40%来源于自主报名，平均每次约有12人旁听。少部分城市采用自主报名的办法，如北京市。北京是全国政治文化中心，公民有参与政治活动的传统，报名参加旁听的热情比较高，实践表明，北京市只采用自主报名的办法就能达到旁听人数的要求。此外，上海等地还增加了邀请的办法。上海市旁听办法规定：人大专门委员会、市人大常委会工作委员会可以根据需要，邀请有关国家机关、群众团体、企事业单位和基层组织的人员旁听会议。

3. 关于公民旁听会议的范围

除了少数地方如上海市、湖州市等允许公民旁听人代会会议，大多数地方只允许公民旁听人大常委会会议。就旁听常委会会议而言，北京、大连等地允许公民全程旁听每次会议，即无论是常委会全体会议还是分组审议会议都毫无例外地允许公民参加旁听。许多地方规定，只允许公民旁听人大常委会部分会议，而不允许旁听每次会议；有的规定只允许旁听人大常委会的全体会议，只安排集中听取报告，而不允许旁听分组会议；有的规定由主任会议根据常委会会议议题来决定。如浙江省规定，公民只能旁听常委会全体会议和联组会议，对于部分会议，主任会议根据议题和需要，可以决定不实行公民旁听。上述规定，主要是基于人大常委会会议的议题和组成人员的审议发言可能涉及一些不宜公开的内容等方面的原因。

4. 关于旁听公民的权利

大多数地方对公民旁听时的权利做出了一定限制：不能直接发言，不参加会议讨论，不得在会上提意见，在常委会会议上没有发言权和表决权。如果对会议审议的事项有意见、建议，可以在会后以书面形式向人大常委会办公机构反映，或者在会后的座谈会上口头提出。如厦门市规定，旁听会议的公民在旁听市人大常委会会议时，可以以书面形式提意见或建议，但不能发

① 张涛：《关于公民旁听人大常委会会议几个问题的探讨》，http://www.jzrd.gov.cn/ziliao/rendayanjiu/2014/0728/2104.html，2004年。

言和提问。但也有少数例外，江苏省泰兴市明确规定，旁听公民可在常委会会议后的小组审议中发言，如有重要事项，会前提出申请，提交发言提纲，经批准后，可以在大会上发言。

5. 关于公民旁听的程序

各地关于公民旁听的程序的规定有繁有简，典型的包括这几个步骤：(1) 发布公民旁听公告。人大会议召开之前，通过当地新闻媒体向社会发布公告，有的还在城市广场、集镇等张贴公告，告知人大会议举行的时间、地点、议题和公民旁听名额、申请程序等事项。(2) 确定旁听公民名单。相关工作机构在规定时间、地点接受公民的旁听申请，主任会议或有关工作机构对报名旁听名单进行资格审查，最后确定参加旁听的公民。(3) 公民旁听会务工作。发放旁听证，安排好旁听席，准备好旁听人员所需的笔、纸张及相关文件材料，引导旁听公民遵守有关法律法规和会议纪律，保障旁听公民的权利和义务。(4) 处理旁听公民建议。通过书面形式收集旁听公民的意见建议，必要时组织召开旁听人员座谈会，听取意见。

值得一提的是，新近通过的一些地方规定，在总结数年来公民旁听制度实践经验的基础上，对于旁听制度增设了一些细节，使得规则更加符合实际，更加方便公民的参与，也体现了人文思想。比如，在报名旁听方式上，反映出多样性。如重庆市原来的规则只规定了现场报名的单一方式，显然不方便公民的参与，而修改后的新规则第六条规定："报名旁听可以选择现场、网络、信函和电话等方式。"另外，在旁听前的准备上，许多地方规定，应当为列入旁听名单的人员提前阅读会议资料、了解与议题相关的信息等提供方便，这就有利于旁听公民知情权的切实实现和旁听实效的提高。

（二）地方立法旁听的实践

浙江、河南、湖南、陕西、北京等省（直辖市）和沈阳、大连、济南、青岛、无锡、黄冈、汕头、厦门等市都有地方立法旁听的具体实践。

1. 旁听程序

以成都市人大常委会立法某次旁听为例：(1) 人大发布旁听信息，公布在网上和市人大办公地的公告张贴栏内。(2) 公民申请旁听，持本人有效身份证件在规定时限内向市人大常委会人事代表工作委员会报名。(3) 人大按照一定原则（原则内容不明确）确定旁听数额 6 名（其中 4 名学生，2 名社会人员）和旁听人员。(4) 在会议召开前 3 天通知旁听人员领取旁听会议通知（由信访科通知旁听公民），旁听通知上写明会议召开的时间和地点、旁听人员届时应带的有效证件（一般是身份证）。（5）公民于会议召开当天，提前到达旁听通知中指定的地点，领取旁听证，工作人员告知旁听规则，由工作人员带入会议厅，坐在旁听人员席位。（6）旁听人大常委会第一次全体会议，听取报告，其间不能随意发言和走动（主要是听取草案审议情况、法律实施情况和有关人事任免事项的说明等等）。（7）下午分组审议，以座谈会的形式针对上午第一次全体会议听取的相关事项发表自己的意见。（8）旁听人大常委会第二次全体会议（听取人大对有关事项的表决），其间不能发言和随意走动。（9）交还旁听证。

2. 基本做法

各地开展公民旁听工作的基本做法大体如下：

（1）制定公民旁听制度。为了保证公民旁听工作的规范有序，各地人大分别以常委会会议或主任会议讨论通过有关规定、办法等形式，制定出台公民旁听制度，明确建立公民旁听制度的意义和依据，规范旁听公民的条件、报名申请程序、旁听的组织、公民意见建议的处理反馈等，并向社会公众公布。

（2）发布公民旁听公告。一般是人大常委会会议召开之前一周左右，人大常委会办公室要通过当地新闻媒体、公众信息服务网站等，向社会发布公告，告知人大常委会会议举办的时间、地点、旁听的议题、旁听名额和旁听申请的方式，欢迎公民踊跃报名参加旁听。

（3）确定旁听会议的公民代表。人大常委会工作机构要根据公告内容，在规定时间、地点接受公民提出的旁听申请，进行旁听资格审查，最后确定参加旁听的公民代表，也可视情况邀请部分公民参加旁听，并及时发放公民旁听证。

（4）做好公民旁听会议时的组织服务工作。安排好旁听席，引导旁听公民遵守有关法律法规和会议纪律，保障旁听公民的权利和义务。

（5）处理旁听公民的意见和建议。通过书面形式收集旁听公民对人大常委会会议议题的意见和建议，必要时可以组织召开旁听人员座谈会听取意见。对旁听公民的意见和建议，人大常委会要认真研究处理，从而增强人大决策的科学性和监督的针对性。

三、地方立法旁听的制度化对策

（一）地方立法旁听的问题分析

从立法层面看，地方立法旁听缺乏法律的规定，各地的专门规定也参差不齐、不够完善。而近年来，随着民主意识的不断发展，群众参与公共政治的热情不断高涨，原有的旁听制度已经不能满足公民对政治参与的诉求，影响公民参与旁听的积极性，报名人数逐渐减少。如某省人大常委会组织的8次公民旁听报名中，最早的一次报名人员有164人，最近的一次报名只有12人，报名人数呈现出逐步减少的趋势。这是因为现有旁听制度存在一些不足：

(1) 人大公民旁听制度尚未形成全国性的制度。由于至今仍没有一个全国性的法律对公民旁听制度做出具体规定，各地只能见机行事，做法不尽相同，容易将它理解为一种临时性的工作，公民的参与愿望和热情也因而受到影响。另外，宣传的舆论氛围也没有形成。在许多城市，人民代表大会设置旁听席的实施办法一直未在新闻媒体全文公布过，很多市民无法知悉旁听制度的有关内容，主动报名参与的人相应也较少。

(2) 旁听公民代表性不强。一是以“旁听”为参与目的的人员不超过总报名人数的50%。从旁听动机来分析，真正关心旁听议题，并就此做过社会调查，能提出有针对性建议和意见的人员，不到总报名人数的5成；以参与旁听作为反映社会不满现象或者以上访为目的的分别占一定比例；真正对审议议题感兴趣，希望借此途径为议题提出对策建议的公民所占比例不高。这与人大常委会邀请公民参与旁听的初衷有悖。二是以个人报名为主，单位、社会团体推荐来报名的人员少。来参加旁听的个人意愿比重大，集体行为很少。公民旁听制度未能在社会上引起足够的重视，参与面不广。三是缺少与会议审议议题利益相关的公民旁听代表。由于旁听公民随机选择，在审议一些行业相关的议题时，没有相关行业的公民代表。比如某省人大常委会审议《生猪屠宰管理条例》，但旁听的人员中却没有与屠宰工作相关的。四是旁听人员行业代表性不够强。通过对参加旁听公民的分析发现，报名人员主要是公务员、退休人员、学者和企业负责人，工人、医生、记者人数少，代表不具备广泛性。

(3) 公民旁听会议的范围、程序等限制较多。一是旁听议题选择有局限性。虽然地方人大常委会听取和审议的议题与每位公民的利益都息息相关，但由于所处的地位不同，关注点会存在差异。如某省第十届人大常委会第四次会议审议的14个议题中，涉及气象、宗教、科学技术普及的占多数，群众关注度不高，仅21名群众报名。二是公民不能全程参与旁听。根据《公民旁听人民代表大会常务委员会的若干规定》，公民参加常委会的旁听只能旁听全体会议，不能旁听常委会分组审议过程，限制了公民旁听的内容。三是交流方式单一。根据规定，旁听人员在常委会会议期间不能发言和提问，不能参与讨论，只能在会后以口头或书面的形式向人大常委会机关提出意见和建议，限制了旁听人员与人大常委会委员的直接交流。四是意见反馈不畅、对处理不重视。在参加过旁听的公民中，有45人向人大常委会机关口头或书面提出过意见和建议，但由于种种原因只有15人得到了反馈。调查中85%的公民希望自己提出的意见和建议能够得到重视，并且能够得到书面答复。在回答“如果没有得到答复是否还会继续提出意见和建议”时，62%的公民选择了“不会”。由此可以看出，公民提出的建议和意见能否得到答复，直接影响到公民参政议政的热情及实际效果，若对其采纳和处理答复不够及时甚至不了了之，容易挫伤旁听人员的积极性。

（4）部分参加旁听的群众参政议政素质有待提高。一是参政议政意识淡薄。部分参加旁听的公民认为，“参加旁听只是为了了解权力机关的运行，没有想过提建议和意见”，还有人认为“旁听只是一种形式，看看就可以了”。参加旁听的群众中有15%的人员在回答“是否还会继续参加公民旁听”时，选择了“否”。二是参政议政能力欠缺。在参加旁听的公民中，对于会议议题进行过社会调查研究的很少，对于审议一些专业性较强的法律法规，旁听人员缺乏相应的专业知识。某省十届人大常委会第四次会议共审议了《实施〈中华人民共和国气象法〉办法》《燃气管理条例》《涉案财务价格评估鉴证条例》《生猪屠宰管理条例》等4件法律法规，报名参加旁听的12人中，有8名表示没有就这些法规进行过调研，一则不了解调研的方式方法，二则缺乏法律专业知识，三是法律素养不高。[①] 对人大制度和国家法律法规不了解，成为公民参政议政的一大障碍，直接影响公民提交意见和建议的质量。特别是在审议一些法律法规时，公民所提的建议和意见缺乏法律基础。这些都反映了旁听公民议政能力的缺失。

（二）境外立法旁听制度及做法借鉴

旁听作为立法公开制度的一项重要内容，为多数国家所接受，并在宪法或法律中加以规定。瑞典议会法规定，准许公众旁听，“议会大厅应设有若干公众旁听席”。尼泊尔宪法规定，经全国评议会秘书许可，允许任何人在评议会列席旁听。相比之下，日本国会的旁听制度已经健全且达到了法制化程度。

日本国会由众议院和参议院组成，议会会议坚持公开原则。日本认为，

① 黄少凌：《人大公民旁听制度探析——以H省人大常委会公民旁听制度实施为例》，《人大研究》2008年第7期，第16～18页。

议院会议公开的原则就意味着旁听自由。旁听虽然是自由的，但从维护会场秩序的观点出发，限制人数、要求遵守旁听规则也是自然的。因此，除两议院议事规则对旁听有所规定，两议院还分别专门制定了旁听规则。现行的旁听规则有以下主要内容：

（1）旁听席。各议院都设有旁听席。众议院的旁听席分为贵宾席、外国外交官席、参议院议员席、公务员席、群众席和新闻记者席，参议院的旁听席分为皇族席、外国外交官席、众议院议员席、公务员席、群众席和新闻记者席。公务员旁听即公务员通过所属各省厅要求旁听时，秘书长根据旁听席的情况，把旁听证送交各省厅分发。群众席分介绍席和自由席，入介绍席的必须持有议员介绍的旁听证，入自由席的必须持有按顺序排座位的一般旁听证。新闻记者持旁听证参加旁听。对新闻社和通讯社由议会管理机关酌情发给在整个会议期间通用的旁听证。旁听人必须服从议长的院内警察权。议院的委员会会议除议员外，只有经委员长许可者才可以旁听，两院协议会不许旁听。

（2）旁听证的记载和检查。旁听人在旁听证上必须记载其住所、姓名及年龄。旁听人入场时在旁听席入口处必须接受旁听证及携带物品的检查，警卫在旁听证上加盖验讫章。

（3）人身搜查。议长认为必要时可以下令警卫或警察官对旁听者进行人身搜查，旁听人必须接受。

（4）不得入席者。对于持有武器及其他危险品者、带酒气者不得入旁听席。管理上需要限制旁听人数或旁听席无空席时，即使持有旁听证也不得入席。

（5）禁止进入会场。旁听人不得进入会场。

（6）遵守事项。旁听人在旁听席必须遵守下列事项：①不得身着奇装异服；②不得着、用或携带帽子、大衣、伞、手杖、手提包、包袱等；③不得饮食或吸烟；④对会场上的言论不得表示赞成与否或鼓掌；⑤不得妨碍以肃静为宗旨的议事；⑥不得打扰他人或做出不体面的行为。

（7）旁听人的义务。所有的旁听人必须听从警卫的指示。

（8）秘密会议时的退场。议院在做出召开秘密会议的决议时，旁听人必须按照警卫的指示迅速退场。

（9）旁听人违反旁听规则时的退场。旁听人在违反旁听规则时议长可以命令其退场。议长有权调动警卫执行其命令。

（10）儿童。儿童只有在经过特别许可后才可以入旁听席。

（三）完善我国地方立法旁听的建议

一项制度只有对社会的变化做出相应的反应，不断适应现实情况的要求，才能保持旺盛的生命力。公民旁听制度也是如此，只有根据我国实情不断探索改进和完善制度设计，扩大公众有序参与面，增强决策透明度和公众参与度，才能在社会主义民主进程中发挥其应有的积极作用。

（1）建立完善的公民旁听制度，将其上升为国家层面的统一规则。日本著名政治学家蒲岛郁夫在其著作《政治参与》中曾指出，“如果制度准备不足，扩大政治参与可能导致政治不稳定”，这就要求我们加强公民政治参与的制度化建设。一是将公民旁听制度化。制定出台公民旁听制度，避免随意终止或者废除该制度的情况发生，使公民在进行政治参与时有法可依，有章可循，最终实现公民依法参与旁听。这包含两个层面，首先基于公民旁听制度已在全国普遍推行并已发挥相当大的作用的实际，建议全国人大在总结各地立法经验的基础上，制定统一的规则，然后由各地在此基础上根据各自的不同情况，制定或修改具体的实施办法。二是程序化。对公民参加旁听资格的要求、申请手续、批准过程以及会场纪律等环节做出详细的规定，处理好人大会议正常活动与旁听人员的组织管理之间的关系。此外，还要通过日常强有力的宣传，进一步明确人大公民旁听制度的重要性和必要性，提高公民的民主法治意识和对旁听制度的认识，提高全体公民对地方国家权力机关性质、地位、作用的认识。各级人大常委会要加大对民主法制建设、人民代表大会制度和公民旁听制度的宣传力度，要大力宣传经常参与公民旁听人员的事迹，扩大公民对旁听会议的认识，让更多的公民自觉参与到管理地方事务中来。

（2）确保公民旁听的层次性。加强对公民旁听的正确引导，提高公民参与的理性程度，约束非理性的参与。一方面，在旁听公民的确定上，要保障公民旁听权利的平等，因此，立法机关在确定旁听人员时，一是要一视同仁，只对报名者的资格进行审查，而不应在身份、职业、地位上设置门槛，将一些“可能会带来麻烦”的报名者排除在外；另一方面，在旁听公民的选择上，既要重视广泛性、代表性，更要注意针对性、专业性。根据会议审议的议题的不同，以利益直接相关、信息掌握较为充分、结果影响明显的原则，引导相关性强的群体及代表进行分层次的参与。在报名方式上，将个人报名与单位和社会团体推荐相结合。具体可实行委托登记、自主报名、特别邀请三者相结合的办法。多鼓励受委托接受报名的单位和社会团体在本系统内指定或推荐公民代表参加旁听，也可以根据会议审议的议题，向相关的单位和团体发出邀请函。

(3) 提高公民参与旁听的积极性。一是精心选择旁听议题。由于群众的参政议政心态更加务实，群众对参与旁听会议内容是否牵涉自己的切身利益也越发关注，因此，旁听会议要选择与群众切身利益相关的议题。二是要加强对公民参政议政方式方法的培训。调查中，“自己缺乏参政议政知识，不能有所作为”被一些人认为是参与旁听的主要障碍。因此有必要对旁听公民进行旁听前的培训。三是给予部分参加旁听公民经济补助，保障旁听公民的权利。在调查中，报名参加旁听的人员外地群众占10%，73%的接受调查者提出，希望能够提供一定的车旅费补助。同时公民参加旁听活动，必然要放下手头的工作，这对公民造成一定的经济损失。而目前相关人员得不到应有的补贴，影响了旁听活动的正常进行。补助参与者尤其是外地参与者的车费等有利于扩大公民旁听制度的影响，让更多的公民参与这项政治活动。因此，必须加强公共财政的支持力度，为公民旁听会议的常态化提供物质保障。相关部门要专题研究人大工作，在人力、物力、财力方面充分保障公民旁听人大会议工作的顺利开展。

(4) 拓宽公民旁听会议的范围，要允许公民全程旁听会议。人大及其常委会的每次会议和会议的全过程，除了个别临时召集的会议外，都应毫无例外地允许公民旁听。在公民参加旁听时，应当允许他们除可旁听全体会议，还可旁听分组会议，使他们真实地感受和认识人大及其常委会履行职权的全过程，从而使公民旁听的形式意义转换为增强人大工作民主性和科学性的实质价值，使公民旁听作为一种监督机制也名副其实。在每次会议前，人大常委会工作机构应当通过媒体公布会议举行的时间、地点及会议议程，为公民旁听提供方便。还可以进一步丰富旁听公民参与立法的活动内容。除了代表大会和常委会的大会，一些重要的联组和分组审议，特别是内容与人民群众生活密切相关的法规审议，力求让旁听公民参与。

(5) 畅通旁听公民与人大联系的渠道。现有的公民旁听制度在设计上，并没有公民与常委会组成人员之间的互动，建立一种公民与常委会组成人之间的联系是很有必要的。这样，公民可以向常委会组成人员表达自己对常委会审议议题的意见，有效调动旁听人员的积极性，同时委员也能听到来自基层的呼声，有利于人大了解社会各阶层的真实想法，使人大的审议意见更科学、合理，更符合人民群众的意愿。旁听不应等于旁观，在不影响会议正常进行的前提下，应以适当形式提供旁听公民表达意见的机会，具体形式既可以是会前与人大代表及常委会组成人员配对沟通，也可以是常委会会议期间安排一定时间由旁听人员集中发言，还可以是会后的座谈交流。此外可以考虑建立人大公民旁听制度反馈机制，对于公民向人大提出的合理化建议，应及时向有关部门反映反馈，处理结果可以在报纸等新闻媒体上公布，扩大影响。

（6）探索公民旁听制度实施的新途径。在技术层面上，要拓宽公众了解渠道，扩大会议开放程度。现有的网络和电视直播的都是人大常委会全体会议，没有直播过分组审议，而分组审议恰恰是人大常委会集体行使权力的核心，建议将分组审议纳入公民旁听直播的范围，实行人代会全程电视直播、网络直播，让更多的民众关注和监督会议，拓宽参与途径。从制度层面上来看，可以将公民旁听制度设计成为一种公共政策的对话和直接民主的形式，打造网上民意表达平台，为公民“扩大有序政治参与”开辟新的渠道。适度放开公民参与的资格审查，可借鉴外国议会虽对旁听人员不设资格限制，但却实施严格的安全检查措施和严肃的旁听纪律的做法。比如北京市的普通公民现在只要凭身份证到北京市人大办理相关的手续以后，就可以自由地旁听人大会议，这是公民旁听制度发展的一个重要方向。

第八章　地方立法助理

党的十九大报告指出“全面依法治国是国家治理的一场深刻革命”，强调要“深化依法治国实践”，“推进科学立法、民主立法、依法立法，以良法促进发展、保障善治”。为实现这一目标，地方人大今后一个时期的立法任务将会更加艰巨，对地方人大立法者的立法水平、立法素质的要求也会越来越高。近年来一些地方探索建立“立法助理”制度，笔者认为这是立法工作与时俱进的具体体现，对于在现行体制和现有程序范围内，使立法者的法律素质快速得到提升，逐步提高地方性法规的审议水平，从而进一步提高地方立法的质量，提高地方人大工作的质量和效率，将起到积极有效的促进作用。

何为立法助理？简言之，立法助理就是为协助立法机关及人大代表履行立法职责，完成立法工作提供专业的法律咨询服务，具有立法专业知识的人员。立法助理制度是随着近代各国立法工作的专门化和立法机关职能的不断强化而发展起来的、协助立法机关工作的一项制度。立法助理是立法者的“资料库”和“智囊团”，建立立法助理制度在我国法学界早有呼声。但在实践中这项制度才刚刚起步，只是在局部地区有些尝试。2002 年年初，深圳市人大常委会在全国率先尝试立法助理制度，在经过了长达 8 年的酝酿后，真正将理论的探讨变成了现实的探索。这种探索引起了全国各方面的关注，并已在全国不少地方产生了影响。重庆、上海、成都、郑州、海口以及广东和湖北等地方人大也先后进行了类似的尝试。立法助理制度正在被越来越多的地方引入人大制度建设的考虑视角。

一、立法助理的概念界定

（一）立法助理的概念

立法助理有广义和狭义之分，广义的立法助理（Legislative Staff）是协助立法机关及人民代表履行立法职责、完成立法工作的具有立法专门知识的人员。狭义的立法助理专指议员个人立法助理，负责为议员草拟法案，撰写演讲稿，分析法案，对政策提出意见，准备工作剪报。按照此种定义，我国现存的立法助理应该做狭义上的理解，因为我国目前的立法助理都只是为中央和地方各级人大常委提供法律专项服务。因此，下文中提到的立法助理均指狭义上的立法助理，而且鉴于我国立法体制的复杂性，本书仅就人大及其委员会立法进行分析，而不涉及授权立法。

（二）立法助理的价值

我国《宪法》第五十七、五十八条分别规定："全国人民代表大会及其常务委员会是最高国家权力机关"，"行使国家立法权"。应当认为，"权力机关"比"立法机关"更清楚地表明了人大的法律地位，因为从广义来讲，除有立法权的各级人大及其常委会，国务院及其部、委、局，省、自治区、直辖市、设区的市和经济特区市政府在我国都是"享有立法权的国家机关"，而作为有立法权的国家权力机关，人大及其常委会的立法权确切地说应当是立法决策权，而非简单的职能性立法。两者的区别在于，前者提供一种立法上的宏观裁量权（最终表现为表决权），而后者侧重于立法的微观的、技术层面的操作。权力机关的立法者即人大代表或人大常委会组成人员在行使立法权时同样也应以执行这种立法决策权为主。

权力机关或狭义的立法机关（西方即代议机关）立法"功能"的衰退，是现代国家的一个共同趋势。即使是法律专业出身的立法者，也难以成为操作所有立法案的通才。在我国，百分之八十以上的法规案是由政府部门提出或起草；在西方国家，这一比例更高，此外还把许多重要的立法或技术性较强的法案完全交由专家学者草拟。这里有一对矛盾，一方面"立法通常指国家立法机关按照立法程序制定、修改和废止法律的活动"，因此立法权是一个完整概念，不可能剥离；另一方面立法的各个环节和层次在事实操作中却是被剥离开的，即不同的部门（包括非权力机关）按其职责分工负责不同的环节和层次。权力机关的立法者不可能对一部法规案从头到脚全盘包揽，也无此必要。他只可能在立法的某些环节而且往往是最重要的环节起关键性作用，诸如，法规案成立的必要性论证，审议中若干争议问题的协调和决策等等。专业性和技术性的细节问题，现在一般交由起草部门和权力机关的工作机构去完成。如果要防止起草部门或工作机构在这些细节问题上越权甚至谋私，使立法权更加完整，避免被分解的危险，权力机关则有必要增设和扩大自身的立法辅助机关，并通过对辅助机关更有力的控制，以更充分地保证立法权的完整性。在这种情况下，立法助理制度就成为一种合理的选择。

换一个角度讲，在立法成本控制范围以内，增加环节、增加程序，是对立法民主性的保障，而非相反。《宪法》第二条规定："中华人民共和国的一切权力属于人民。""人民行使国家权力的机关是全国人民代表大会和地方各级人民代表大会。"从法律意义上讲，只有权力机关的代表才有权力代表人民行使权力，行使立法权，其他任何人、任何机构都无此权力，也无权干涉权力机关的代表行使权力。但是代表意见的形成并不是个人意志的反映，他同样需要汲取群众的意见，具备使之成为代表的代表性和代表的渠道、方式。不妨认为，在立法上，参与意见的人数越多，征求意见的范围越广泛，越能够体现大多数人的意志。同时，无论采纳何种手段，都应当以科学性为前提。因为反过来，渠道的无限扩大既无操作上的可行性，事实上也无法形成统一的意志而易使民主流于形式，并且对一个社会来讲可能是极其危险的。因此，作为法律问题专家的立法助理的存在对立法而言不仅是适度民主的一种反映，同时，也是科学性的显现。

二、国外立法助理制度概述及产生原因

议员立法助理是协助立法机关的议员履行立法职责、完成立法工作的具有法律专门知识的人员。随着各国立法工作的专门化和立法机关职能的强化，议员立法助理呈制度化、规范化发展趋势，已比较定型。议员立法助理成为各国议会等立法机关的重要辅助力量。其中，美、英、法、德等西方主要国家的立法助理设置及其相关规定更为成熟。它对于我国全国和省一级人民代表大会及其常务委员会行使好立法权不无现实的借鉴意义。

（一）国外立法助理制度介绍

1. 美国的立法助理制度

美国是较早建立立法助理制度的国家。国会中有大量直接为议员个人服务的助理。议员个人助理的数量是由议员的繁重工作决定的。他们分别在两地工作：一部分在议员选区，主要任务是安排议员与选民见面，帮助议员处理选民提出的各种问题和要求，收集选民的意见和反映，及时将有关情况报告给议员；另一部分在华盛顿的国会大厦工作。国会大厦的议员助理又分为立法助理和一般文秘助理。立法助理属于高级助理，主要帮助议员起草文件、议案，研究各种对策；一般文秘助理主要帮助议员处理信件和其他事务性工作，安排来首都的选区选民与议员会见，为议员收集各方面所需的信息，帮助议员处理同外界的各种关系等。

2. 英国的立法助理制度

英国平民院助理制度在实现其议员的专职化和职业化方面有自己的一些特点。就布局而言，平民院的助理制度比较全面，能够全方位地协助平民院议员，为平民院议员提供各种服务；就经费而言，由于议员的研究助理经费已经与办公费合并，成为办公经费的一部分，这就意味着平民院可以独立地决定平民院的经费和人事任免，完全脱离政府的控制，具有一定的独立性；就机构和体制而言，平民院的专职机构包括秘书长及其秘书局，他们与议员的个人助理一起，成为对议会的议事程序、议事规则、议事惯例和议案从事汇集、研究、解释的卓有成效的专职机构和专家队伍；就现代化建设方面而言，平民院的专职机构和议员助理在办公和研究条件上，努力采用最新技术，建立电脑资料信息网络使“议会之母”成为现代科技成果的受益者，并使其专职机构办事效率和专家队伍的研究能力不断得以完善与提高，从而迅速赶上别的国家议会助理机构建设前进的步伐。

但是，英国议会问题专家仍然认为，平民院助理制度尚存在很多不足的地方：一是议员的个人助理数量较少。他们认为，无论是与平民院议员所担负的工作量相比，还是与其他发达国家议员所拥有的个人助理数量相比，平民院议员的个人助理的数量都太少；二是忽视议员个人助理的作用，尤其是平民院议员个人助理中专门为议员从事研究工作的很少，办理日常杂务的较多。可见，即便像英国这样老牌的议会制国家，为了适应现代社会越来越复杂繁重的立法任务，仍在不懈地推进议员聘请“专职研究助理”制度的完善和发展。

3. 德国的立法助理制度

德国的议会助理队伍比较庞大。德国的议会助理又称为议会问题的私人助理，为议会党团的主席、副主席、议会督导员和议员提供个人咨询。由于议员，特别是新议员对议会工作并不熟悉，没有助手或顾问的帮助是很难履行代议职责的，所以这种服务绝对必要。德国的议会助理不仅是立法助理，其工作职责也不限于立法咨询，他们大多是法律专家。事实上，这些人员都是议会问题和宪法问题的专家。议员可能如走马灯般地在联邦议院进进出出，但这些助理却是职业的议会专家和法律专家，他们还必须具有与公务员相类似的中立性。

4. 法国的立法助理制度

法国的议会助理制度有着鲜明的特色：一般由议会工作人员担任，由议会自行管理，人员要通过公开考试遴选产生。法国议会讨论的法案多数是由内阁提出来的，议员的立法提案尽管微乎其微，但对法案提出的修正案却逐年增加，其被采纳的比例也很高。资料显示，法国议员的个人立法助理的数量也呈逐年增加的趋势：1976 年为 1 名，1980 年为 2 名，1995 年增至 3 名。此外，每个议员还配有 1～2 名秘书。目前，法国议会工作人员大约有 2200 人，其中国民议会有 1260 人，参议院有 920 人。议会对他们的要求是政治上的完全中立，并要有为所有议员服务的职业责任感，要能够出色地完成本职工作，能够保持高出勤率，随叫随到。

5. 日本的立法助理制度

日本立法助理制度的显著特征是通过有关法律加以明确规定。日本《国会法》第 56 条规定："各常设委员会至少经常性地设置两名有专门知识而非国会议员的专职职员（称为专门委员）、调查员及调查主事，但议院认为不必要的，不在此限。"同时，日本还存在议员助理制度。其《国会法》明确规定：国会议员可配备两名秘书，以"辅佐其职务的履行"，还可专门配备一名秘书，主要用以"辅佐议员的政策立案以及立法活动"。这三名秘书均以国费雇佣，故名"公设秘书"，其法律身份是"特别国家公务员"。此外，议员还可自行雇佣秘书，称为"私设秘书"。

（二）国外立法助理制度建立的原因

立法助理制度之所以会在一些国家应运而生，主要有以下几个原因：

（1）时代的发展。随着生产力的发展，社会分工加剧，新型社会关系不断涌现，需要立法的事项日渐增多。立法的专业性、技术性要求不断提高，立法机关难以胜任，不得不寻求专家或学者的协助。

（2）议员对繁忙的职责应接不暇。国外议会中，尽管很多议员属科班出身，但受专业之限，仍难辨析所有社会现象。此外，他还要同利益团体、游说者协商、谈判，控制行政机关人事任命的承认权和掌握政治动向；要与本选区和选民保持经常联系，接受他们的质询并做出回应……繁重的职务常常使他们疲惫不堪，虽竭尽全力地面面俱到，但工作效果却很难令人满意。

（3）行政权力的扩张。行政权的过度膨胀使得行政机关广纳专才，并凭借自身专业优势制定一系列规章制度，这严重削弱了立法机关的立法功能。为了保持政治结构中的平衡，立法机关也必须采取应变性措施。

三、国外立法助理制度的特点及利弊

（一）国外立法助理制度的特点

西方各国议员立法助理制度的具体规定不同，但却有着一些共同的特点：其一是一定的独立性。美国参、众两院的立法顾问办公室的所有法律顾问和律师在政治上必须保持中立，并对法案的修改情况严格保密。议员个人聘用立法助理当然很难摆脱议员本人所属的党派性，但由于议会是立法机关，独立于行政机关，因此，议会或议员所雇佣的立法助理和其他工作人员相对于行政机关具有自己的独立性。其二是专业性。议员立法助理理所当然是法律问题专家，且具有丰富的法律工作经验。其三是身份上的职业化、专职性。立法助理在西方国家一般都具有公务员身份。

（二）国外立法助理制度的利弊

1. 国外立法助理制度的优点

(1) 有利于提高立法的效率。要制定一部法案，往往需要经过立法准备、立法预测、提出草案、讨论和审议等阶段，其间要耗去大量的时间和财力，再加上议员职务繁忙，可能会使这一过程拖得更久。而现代社会生活瞬息万变，立法本来就有滞后性，如果再任由立法过程的无效率性，往往会使得这部法“天生畸形”。立法助理的加入一方面可以分担议员的部分工作，另一方面他们还可以起草法案，从而使立法所需时间减少。

(2) 有利于提高立法质量。一方面，立法效率的加快可以使法律尽量与变化着的社会实际相一致；另一方面，立法助理以其专业性和对社会现象的敏感性向立法者提出中肯建议，有利于立法质量的提高。

(3) 有利于充分发挥议会的立法作用。如前所述，当今社会生活日趋复杂，议会经常将许多重要法规的制定权授予有专业优势的行政机关，使得后者的权力日益膨胀，前者功能衰弱。立法助理制度的建立使议会的立法能力得到加强，有效地抑制了行政机关的权力扩张。

(4) 有利于广开言路、提高立法的民主化程度。西方国家的立法助理经常受议会委托到选民中去，答复本选区或本州选民的电话、电报和信件，接见来访的选民，解决选民提出的各种各样的要求等。这样，就能使议员同其选民保持密切的联系，倾听选民的呼声，提高法律的民主化程度。

2. 国外立法助理制度存在的问题

西方国家的立法助理制度虽然日趋完善，但存在的问题也十分明显，主要有两种相反的趋向：一方面是作用发挥不够，表现为有些国家的议员立法助理的人数不足，其立法中的顾问、助手作用被忽视。调查表明：议员个人助理中专门为议员从事立法研究工作的人少，办理日常杂务的人则较多；立法助理工作的专属性不明确，立法助理的主要工作应当是为议员草拟法案、分析法案、对政策提出创见、准备工作简报等等，但实际上常有与行政事务秘书不加区分的现象。另一方面也存在立法权向立法助理方面转移的趋势。在欧美国家，立法助理制度的建立本意是为了协助议员搞好立法工作，提高民主政治的质量。但由于议员对立法助理的过分依赖，以及立法助理在议员之间、议员与各委员长之间、议员与各政党之间起着沟通交流的作用，因而立法助理对立法机关的某些活动影响巨大。在有的西方国家，几乎每个法案的通过都是助理们的杰作，议会内的许多决策都是在助理与助理之间协商谈判而成的，而议员的共识、妥协也是以助理为基础的。避免以上两个方面的问题，已经成为西方国家完善立法助理制度的关键所在。

四、我国建立地方立法助理制度的初步尝试

在2002年初，深圳市人大常委会在全国率先为实现“职业立法”迈出重要一步：经过长达8年的酝酿，深圳市人大常委会最终与19名拥有硕士以上学历的法律专业人士签订协议，使他们成为我国首批兼职法律助理。这些法律助理将一对一地为深圳市人大常委会的19名兼职委员提供法律服务。

在2002年9月召开的四川省立法工作会议上，成都市人大常委会发言报告中提道：“（要）尝试建立立法助理制度，为统一审议人员行使审议权提供服务。”这是四川省第一次将立法助理制度引入人大制度建设的考虑视角。

在我国，立法助理也已经出现，早在2003年12月17日，《重庆晨报》报道，在西南政法大学攻读法学博士学位的李寿廷成为我国省级人大常委会的首位立法助理。他的任务是协助常委会组成人员开展立法和议事调研，并提供相关资料及法律咨询。

为人大常委会组成人员聘请个人立法助理的想法，源于重庆市人大法制委员会2003年9月召开的一次全委会。此次全委会的议题是讨论一个有关如何提高立法质量的意见草案。会上，西南政法大学经济法学院的李昌麒教授建议：能不能设一个立法助理，为参与立法的人大常委会组成人员提供专业的法律咨询，通过此举提高人大及其常委会立法的质量？

主持此次会议的俞荣根是人大法制委员会主任委员，他也发现，60多名市人大常委会组成人员中，大多数人在各自所在单位承担重要工作，有些人甚至身任重要领导职务，他们很难保证把时间和精力完全投入到人大的立

法和审议中来。而且，立法工作对法律和其他各个领域的知识专业程度要求甚高，一些组成人员在这方面明显力不从心。这种状况势必会使立法和审议的质量大打折扣，进而影响到广大市民的切身利益。

在俞荣根看来，为人大常委会组成人员聘请个人立法助理可以有效地解决这些问题。与李昌麒教授达成一致意见后，《常委会组成人员聘请立法助理》被写进了《关于进一步提高地方立法质量的工作意见（草案）》。该草案经历了两次人大常委会主任会议审议，最终于2003年11月11日获得通过。11月24日，出席重庆市二届人大常委会第6次会议的60名组成人员每人领到一份表格，请他们填写意见：是否需要聘请个人立法助理？结果，回收的意见显示，有40名成员表示需要。之后，俞荣根开始物色首位立法助理的人选：要有硕士以上的学历；要具备法律方面的专业知识和实践经验；还要热心于人大立法工作；人品要好，要守得住清淡——因为人大支付不起太高的报酬。前西南政法大学校长、博士生导师钟明钊教授向他推荐了李寿廷。李寿廷一被委任，就接受了市人大常委会副主任程贻举安排的三项课题：首先是就市政府和国务院工作报告做一些针对性研究；另两项任务是针对我国基础教育问题、重庆的投资环境改善和对外经贸发展问题进行调研、收集资料。其中，基础教育问题是程贻举在全国人代会递交的议案内容所涉及的。程贻举说，虽然李寿廷还不太熟悉议案的写作，但他提供的资料对议案更高质量地完成提供了帮助；而有关宪法的一些资料，则使程贻举更深入地了解了相关的法律背景。“做立法助理，涉及的问题比较广，超出了我自己的专业范围。此外，还要更广泛地关注社会上的热点问题。”李寿廷说。虽然自己是个在读的博士研究生，具备经济法学等法律知识，也从事过10多年的教学经验，但他必须不断地去学习过去不太了解的医学、教育等方面的立法。李寿廷为了能及时、有效地给程贻举提供资料，提供帮助，开始大量通过互联网、报刊进入他从未进入过的领域，并从中发现问题，整理出自己的观点。“我搜集资料为程主任服务，并不是在行使立法权。”李寿廷很明白自己的“定位”，因为程贻举对他提出了四点要求：“首先要明确‘你是为我服务’的，你有不同观点可以提出来，但是如果我坚持我的观点，你就要为我的观点服务，搜集佐证我的观点的资料；其次要工作认真；再次要注意一些保密原则；最后，不能打着我的旗号或者立法助理的旗号从事与立法助理无关的工作。”“我不但能学以致用，服务社会，自己也能更多地了解社会，提高自己。”李寿廷认识到，虽然每月仅有极少的“交通补贴”，但“当立法助理是一种荣誉”。“现在，我越来越感觉到责任重大，因为自己是第一个立法助理，成功与否，影响很大!”事实上，李寿廷的工作得到了市人大法制委员会的首肯。在李寿廷任立法助理一个多月后，程贻举曾向媒体表示，“我们磨合得很快，合作比较好。”继李寿廷之后，市人大常委会向社会公布了聘请立法助理的消息，很多具有法律专业背景的学生、教师、律师以及退休的检察官、法官、公证员等纷纷报名，尤其是一些知名的律师也表示出了极大热情。于是，第二个、第三个立法助理随即产生。

2004 年 5 月 30 日，21 名立法助理与重庆市人大常委会签约，时间最短 1 年，最长 3 年。他们协助重庆市人大常委会委员开展立法和审议调研，并提供相关资料及法律咨询。

五、地方立法助理制度建立健全的探索

（一）建立健全地方立法助理制度的必要性

立法助理制度是随着近代各国立法工作专门化和立法职能不断强化而发展起来的、协助立法机关工作的一项立法制度。许多国家都建立了相对完备的立法助理制度。20 世纪以来的科技迅速发展，社会日益多元化和专业化，新的社会关系和社会现象层出不穷，它们要求立法者对其有相当程度的了解和把握，这不是出自各个阶层的人大代表都可以做到的，因此对立法助理的需求也日益提升。为了加强我国人大的立法工作，提高立法的质量，笔者认为，我国也应建立具有自己特色的立法助理制度。

（1）建立立法助理制度能够满足立法民主化的要求。衡量立法的民主化，不仅要以立法过程中参与人数的多寡和立法者来源与构成的多元化、广泛性作为标尺，更要以立法的实际内容作为考量的基础。现代立法追求的是一系列程序制度保障下的实质内容的民主，立法的目的是要体现民意、顺应民意，而这些普通公民自己无法完成，需要凭借立法职业者的收集、整理和表达民意的活动及中介活动发挥利益聚合功能。立法助理作为实际进行立法的专业人员，能运用自己的专业知识、专业技能，将民众零乱、分散的意志、愿望和要求进行集中、整理、分析过滤、归纳综合成型，最终以文字的形式表达出来。而且作为立法助理的法学专业人士，能够以其所拥有的大量丰富的专业知识和立法知识、冷静审慎的思维方式，来弥补人民代表在相关方面的不足。

（2）立法助理制度能满足立法科学化的要求。立法本身是一门学问，要想制定出好的法律，必须掌握科学的立法知识。立法助理一般“一对一”协助委员进行立法，用自己科学的理论作为立法准备工作的基础，而且各种专门化的立法（如网络立法、电子商务立法、信息立法等）也需要借助立法助

理的专业素养来弥补人大代表在专业结构知识上的不足，加速各类专业化过程，避免立法上的失误，提高立法效率。从科学的立法技术上讲，现代社会出现了大量的必须以立法技术才能解决的问题，要求立法者给予调整。这就迫使立法者无论是自觉还是不自觉，都不能不考虑和采取必要的立法方法、立法策略和立法操作技巧，而立法助理可以有效满足这种需要。

（3）立法助理制度有助于消解民主与法治之间的紧张。立法助理与人大代表智慧与经验的结合，不仅可使代议机关与司法机关找到一种能够沟通与协商的共同话语体系，而且法律人的理性思维也可以提供某种反极端民主、牵制极端民主的平衡措施。

（4）最后，建立立法助理制度从形而下的角度而言，可以开辟法科学生另外一片用武之地，实现社会多元利益的正和博弈。

（二）建立地方立法助理制度的可行性

在我国建立地方立法助理制度具有理论技术和现实实践层面的可行性。

首先，从理念和技术层面上分析。笔者认为，地方立法助理制度与国外的议员立法辅助人员制度之间基本上达成了对应关系。在这种关系中，彼此均存在立法机关立法能力的弱化现象，设立立法助理制度，有利于解决这一问题，并不违背人民代表大会制度通过强化立法机关立法功能来实现“主权在民”和“人民主权”的深层精神理念。

其次，从现实层面上分析。一方面，我国经济迅速发展，综合国力不断增强，目前我们已经有能力支付地方立法助理人员的报酬。另一方面，近年来，我国不断扩大法学院规模，为建立地方立法助理制度储备了大批的法律人才。

最后，从实践层面上分析。深圳市和重庆市最早建立了地方立法助理制度，并且运行良好。2002 年 1 月 18 日，19 名法律专业人士与深圳市人大常委会签订协议，成为兼职地方立法助理。2004 年 5 月 30 日，重庆市二届人大常委会 65 位组成人员中的 3 位副主任、1 位秘书长、17 位委员，与 21 位立法助理签订了聘任合同。其做法为地方立法助理制度的正式确立和推广积累了实践经验。

（三）建立健全地方立法助理制度的构想

1. 地方立法助理的产生条件

地方立法助理应该具备胜任立法工作的基本条件，主要有以下几方面：(1) 学识素质。立法助理人员应具备法律方面的素养，有较高层次法律专业教育背景。(2) 业务素质。立法助理人员应具备一定的相关部门社会实践工作基本经验，具备一定的业务水平。(3) 素质能力。立法助理人员应具备一定的组织与管理能力，能够对立法活动中的有关行为进行有效的控制与引导；具备一定的综合判断能力，能够去粗取精、去伪存真地分析与判断纷繁复杂的立法信息材料；还应具备一定的快速反应与逻辑思维能力以及较好的语言表达能力。(4) 品行操守。立法助理人员要有良好的品行修养，应树立客观、公正、公平的价值观，能够不偏不倚地执行职务。

2. 地方立法助理的产生方式

我国应建立专职和兼职相结合，以兼职为主的地方立法助理制度。专职立法助理的性质是国家公务员，应按国家公职人员管理方式实施管理。由于其专业能力要求的特殊性，可同时建立一套适合于为立法提供服务和协助的人才管理机制。例如，报考人员除具备一般公务员的报考资格和条件，还必须具备前面所列的立法助理产生条件。兼职的立法助理一般由法学资深专家学者或者有所专长和丰富法律知识的人员担任，主要负责对特定法律草案的专业性和可操作性进行把关。兼职立法助理，应当在订立聘用合同时明确双方的权利和义务，具体薪酬由双方协商确定。

3. 地方立法助理的组织设置

我国有学者提出："省级人大常委会委员每人配备1至2名立法助理。全国人大常委会委员和省级人大常委会的主任、副主任配备2至3名立法助理。全国人大常委会委员长、副委员长、各委员会主任，配备3至4名立法助理。"笔者认为，在我国目前情况下，设立委员会助理比较妥当。因为根据美国国会议员个人助理的职能来看，其主要是为议员个人服务，比如为议员的竞选筹集经费、进行广告宣传、与选民的经常联系等，而不是为着立法工作。只有委员会助理的主要工作才是协助立法。因此，我国应在国家权力机关设立委员会助理。各专门委员会根据实际情况以及立法任务的繁重程度等设立数量不等的委员会助理，协助专门委员会进行立法方面的工作。

4. 地方立法助理的职责

地方立法助理的主要职责为：协助进行调查研究，在科学论证的基础上提出立法建议；在有关委员会的主导下，拟订法律草案，并就法律草案广泛征求各界人士的意见；受理、组织与准备立法听证工作；对正在制定或拟定提交审议的法规案进行解读，为委员准备人大会辩论、质询、听证、讨论等发言材料、参考意见和法律资料，委员可以根据自己的理解和判断，对这些意见进行采纳或者不采纳；进行立法反馈；其他应当由立法助理承担的工作。

5. 地方立法助理工作的待遇

专职的立法助理，其性质应属国家公职人员，因此，应按照国家公职人员的管理办法进行录用、考核、奖惩等，工资也应参照同等级别的国家公务员标准从国库拨款进行发放；兼职的立法助理，应当在订立聘用合同时明确双方的权利和义务，具体工资则由双方协商确定。只有保证立法助理的利益，保证立法助理的工作条件，禁止立法助理从其他途径获取立法活动的经费，才能在一定程度上保证其中立性。所有费用应纳入国家财政预算，由财政拨款解决。

6. 地方立法助理的制约机制

为了不使立法助理的意见过度影响甚至控制委员本人，为了防止新的越权和新的权力分解，为了防止立法助理在立法意见中过度参与、影响立法机关的立法倾向而使立法助理成为“隐形立法主体”，应该有一个机构保证正确使用立法助理和保证立法助理的意见得以表达。立法助理应该保证其中立性，不与立法有利害关系的部门发生利益联系。但是立法助理会形成自己的利益集团，从而进行“间接立法”。“在有的西方国家，立法助理已不仅仅是议员的助手，而成为‘议程安排者’‘政策的创议者’‘政策的妥协者’‘议会的首席调查员’和‘法律制定者’。在这些国家，几乎每个法案的通过都是助理们的杰作……议员在决策中的作用不过是立法助理的代言人罢了。而且，立法助理本身还可能结成利益集团，蜕变为官僚，同时也可能与行政部门的公务员或社会利益集团的代表勾结起来控制某些立法，使社会官僚化。”而且正如有些学者所说：“尽管影响立法的法学理论很可能与这些利益群体素不相识，但这并不影响立法后果自然要给某个群体带来意外的收获——因为，任何一种务实的、立场鲜明的立法理论，如果不利于此利益群体，就必定要有利于彼利益群体。”所以为了避免立法助理受到各种利益集团的影响，保证其中立性，就必须有一套制度予以保证。其中应包括：（1）回避制度：即要求立法助理不得与所助理的委员有近亲属关系或者有任何利害关系，而且立法助理也不得在本人所服务的机关推荐自己的亲属。（2）工作公开制度：立法助理工作要保持透明度，特别是立法参与所用的信息资料、参考意见都要公开，定期向公众发布。(3) 立法责任制度：立法助理违反职责要求而没有严重违反法律法规时应承担相应的内部责任；对于违反法律的行为，应追究其民事责任或者刑事责任。(4) 收入审查制度：即工资外收入不得超过工资的一定比例；接受礼品不得超过一定金额；接受非官方渠道出资旅行的，不得超过一定天数；不动产所有权、土地使用权、矿业权等其他有关权利和各种有价证券需要明确登记。

20 世纪以来，科技迅速发展，社会日益多元化和专业化，新的社会关系和社会现象层出不穷，它们要求立法者对其有相当程度的了解和把握，这不是出自各个阶层的人民代表都可以做到的，因此对立法助理的需求也日益提升。现代行政权的过度膨胀使得行政机关需要广纳专才，相比较而言，权力机关虽有民意基础但如无具备专业知识的代表来监督行政机关，其效用恐怕会大打折扣。所以立法助理制度的建立，已成为不可阻挡的趋势。但是，立法助理制度毕竟发端于西方政治社会中，它的出现有着其内生与外生因素。由于中西方代议制度的不同，使得西方议员立法助理制度与中国人大常委立法助理在此基础上有了不同的特征，如在西方国家授权立法机构中并没有设立立法助理，那么在我国独特的立法体制背景之下，我国授权立法是否有必要设立立法助理就是一个鲜明的本土问题。中国特殊的国情和背景，决定了中国立法助理制度的建立必然是循序渐进的，所以我们只能逐步建立和完善，使之展现出“细节之变的制度力量”。

下　篇：余　论

第九章　地方立法公众参与监督与保障

一、地方立法公众参与监督与保障概述

（一）地方立法公众参与监督与保障的含义

地方立法公众参与的监督与保障，从字面上看，应当理解为“监督与保障公众参与地方立法”。研究地方立法公众参与的监督与保障，首先应当界定的是由谁监督、监督对象、监督内容以及由谁承担责任等内容。

地方立法公众参与的监督是立法监督的重要组成部分。从监督主体上看，广义的立法监督，是指包括政党、国家机关、社会团体、公民在内的一切组织和个人对立法行为及其结果的监督；而狭义的立法监督，是指特定主体对立法权运作过程及其结果的审查和控制。从监督对象上看，立法监督指对有权制定法律、行政法规、地方性法规、自治条例、单行条例以及规章的机关的活动所实施的监督。从监督的内容上看，广义的立法监督，是指有权主体对立法过程和立法结果实施的监督，既包括对立法行为的监督，也包括对立法结果的监督。“行为监督能够有效地抑制立法异化，将立法错误和失误消除在立法过程中，保证立法结果的合法性和合理性”①，因此，对立法行为的监督与对立法结果的监督具有同等重要的意义，都应当置于有权主体的监督之下。而狭义的立法监督论者认为，立法监督的目的是保证立法行为的结果即立法机关制定的规范性法律文件的合宪性和合法性，因此，仅需对产生立法结果的立法活动进行监督，对于不产生任何立法结果的立法活动无须监督。② 本章所要探讨的地方立法公众参与的监督是有权主体即特定主体对地方立法过程和立法结果实施的监督。

首先，地方立法活动不公开，公民不了解法律议案提出的动因、指导思

---

① 周旺生主编：《立法学》，法律出版社 2000 年，第 431 页。

② 阮荣祥主编：《地方立法的理论与实践》，社会科学文献出版社，2008 年，第 340 页。

想和方案的内容，也就无法主动参与地方立法活动和有效发表见解，这样无疑会影响公众参与的积极性。其次，公民在立法活动中提出建议或意见时，其言论应当受到法律保护。公众参与立法活动，应当有充分表达意见的权利。具体而言，公众的意见可以是支持的，也可以是反对的，还可以是具体的修改意见。在多元化的时代，由于每个人的成长经历、所处的社会阶层、受教育水平以及利益取向和诉求的不同，个体对同一部法律的内容、目的和价值的认知会表现出差异。如果对个体的一些片面、甚至可能错误的立法意见追究责任，可能会极大地损害公民参与立法的积极性。再次，民主也要讲究效率，立法机关应当对公众参与立法活动各个环节的具体时间做出规定，从程序上保障公众参与地方立法的效率，控制立法成本，避免立法资源浪费。最后，立法监督应当包含对立法活动的监督、对法律实施的监督以及对公民选出的人大代表的监督。立法机关的代表尤其是基层人大代表应当加强与选民的交流，及时反映选民意见，并定期向选民汇报立法机关行使立法权的情况以及报告和意见被采纳的情况。

地方立法公众参与的保障是指通过制定法律法规，明确公众参与地方立法的形式和程序，并对妨碍公众参与地方立法的行为设定法律责任，由有权机关予以追究，确保公众参与地方立法的权利得以实现。规范参与程序，明确保障机关，设计救济途径，推进公众参与地方立法的制度化和法律化，是立法民主化的关键所在。

（二）地方立法公众参与监督与保障的实质要求

根据 2015 年《立法法》第九十九条规定，国务院，中央军事委员会，最高人民法院，最高人民检察院和各省、自治区、直辖市的人民代表大会常务委员会认为行政法规、地方性法规、自治条例和单行条例等下位法同宪法或者法律等上位法相抵触的，可以向全国人民代表大会常务委员会书面提出审查要求。其他国家机关和社会团体、企业事业组织以及公民认为下位法同宪法或者法律等上位法相抵触的，可以向全国人民代表大会常务委员会书面提出审查建议。第一百条规定，全国人民代表大会专门委员会、常务委员会工作机构在审查、研究中认为行政法规、地方性法规、自治条例和单行条例同宪法或者法律相抵触的，可以向制定机关提出书面审查意见、研究意见；也可以由法律委员会与有关的专门委员会、常务委员会工作机构召开联合审查会议，要求制定机关到会说明情况，再向制定机关提出书面审查意见。制定机关应当在两个月内研究提出是否修改的意见，并向全国人民代表大会法律委员会和有关的专门委员会或者常务委员会工作机构反馈。第一百零一条规定，全国人民代表大会有关的专门委员会和常务委员会工作机构应当按照规定要求，将审查、研究情况向提出审查建议的国家机关、社会团体、企业事业组织以及公民反馈，并可以向社会公开。

2016年1月29日，四川省第十二届人民代表大会第四次会议通过的《四川省人民代表大会及其常务委员会立法条例》第六条规定，国家机关、社会团体、企业事业组织以及公民可以向省人民代表大会常务委员会提出制定、修改或者废止地方性法规的建议。第六十五条规定，省人民政府、省高级人民法院、省人民检察院以及设区的市和自治州人民代表大会常务委员会认为省、设区的市、自治州人民政府发布的规章同宪法、法律、行政法规和本省的地方性法规的规定相抵触的，可以向省人民代表大会常务委员会书面提出进行审查的要求，由常务委员会工作机构分送有关的专门委员会进行审查、提出意见。前款规定以外的其他国家机关和社会团体、企业事业组织以及公民认为省、设区的市、自治州人民政府发布的规章同宪法、法律、行政法规和本省的地方性法规的规定相抵触的，可以向省人民代表大会常务委员会书面提出进行审查的建议，由常务委员会工作机构进行研究，必要时，送有关的专门委员会进行审查、提出意见。第七十条规定，省人民代表大会有关的专门委员会和常务委员会工作机构应当按照规定要求，将审查、研究情况向提出审查建议的国家机关、社会团体、企业事业组织以及公民反馈，并可以向社会公开。

上述条款规定了广义的立法监督主体，而且只涉及对立法结果的监督，对立法程序的监督并未有明确规定。可见目前我国地方立法公众参与的监督与保障制度缺失，相关机制尚未建立。立法民主化要求把公众参与从群众路线上升为法律制度，通过制度保障公众参与的实现，避免流于形式，达到民主立法的目标。地方立法公众参与的实质要求是审查与监督的重要标准，主要包括以下内容：

（1）自愿参与。公众必须是自主自愿参与。首先，立法主体不能强迫公众参与。关心自己的利益是每个理性人的本能，如果立法内容与公众利益息息相关，公众参与是应有之义；如果立法内容与参与者并无相关利益，那么勉强其参与并不能得到有价值的建议，反而会因为强制参与侵犯了参与者的自由权。其次，公众参与应当是主动参与，而不是被动的指定。一般说来，积极主动参与的公众是与立法内容密切相关的利益主体，而指定参与可能会错过这些真正利益相关者的意见。再次，公众参与应当是自愿参与。自愿参与度越高，参与效果越理想。而且只有参与成本较低时，公众才会主动参与。参与成本太高实际上会构成公众参与的程序壁垒。此外，由于立法活动也要受到成本和效率的制约，因此不可能所有的报名者都能参加。但是立法主体不可以此为由任意指定代表参加，而应当由自愿报名者推荐诉求最为接近的代表参加。因此，立法主体是否任意指定公众参与以及公众参与成本是否合理均是审查监督的具体内容。

（2）平等参与。地方立法应当保证立法专家、社会组织、公民个人和利害关系人均有平等参与立法过程的机会。立法主体应当对各利益群体的意见和建议给予平等的对待，综合和平衡取舍各方观点，科学做出决定。参与立法活动的公众鉴于其自身社会阶层、受教育背景和认知水平的差异，提出的意见和建议内容可能不同甚至大相径庭，但这恰是立法公开和立法民主的目的——立法主体需要听取各利益群体的声音。不同社会阶层、不同利益群体的代表都可以参与立法过程并提出建议，各利益群体的主张和诉求也不应因其优势或弱势地位而被不合理地区别对待。平等参与原则要求立法建立“无知之幕”，对行政机关工作人员针对管理型立法提出的意见不能盲从，对普通公民的意见也应当认真听取。

（3）有效参与。公众参与应当产生实效，否则将形同虚设。公众参与的深度代表着公众参与的质量，也代表着地方立法民主化的程度。当利益相关人的意见被立法主体听见并被认真对待的时候，当公众的建议对立法案的内容产生实际影响的时候，民主立法才落到了实处，法律法规的内容才算真正体现民意。首先，立法项目的确定和排序不应当完全由立法主体决定。公众有立法动议权，立法主体应当在广泛征求意见的基础上确定立法项目。其次，不同利益群体的利益诉求在地方立法的内容中均应有所体现，立法机关应当认真听取各方意见，平衡和尊重各方利益。最后，公众是否有效参与会影响立法的效力。比如英国，当法律规定咨询是强制程序时，如果没有咨询程序将导致立法无效。立法的重要功能是协调和平衡各种冲突的社会利益，经过公众参与，各利益群体的利益需求和主张得到表达，通过讨论、辩论和协商，各方意思得到沟通，争论的焦点得以明确，利益共识得以达成，矛盾最终得以调和。[①]

① 曾祥华：《论公众参与行政立法的正当性》，《中国行政管理》2004 年第 12 期。

二、理论基础与宪法意义

（一）地方立法公众参与监督与保障的理论基础

1. 一切权力属于人民

“一切权力属于人民”是人民民主专政的社会主义国家的基本原则。国家权力既然属于人民，它的行使就必须符合社会目的，维护社会普遍认同的公共利益，满足人和社会的现实需要。习近平总书记在党的十九大报告中强调，人民当家作主是社会主义民主政治的本质特征。要加强人民当家作主的制度保障。巩固基层政权，完善基层民主制度，保障人民知情权、参与权、表达权、监督权。健全依法决策机制，构建决策科学、执行坚决、监督有力的权力运行机制。无数历史事实证明，除非立法者本人受到人民的约束，或者立法者就是人民自己，否则他们不会自动制定符合公共利益的立法；换言之，只有坚持“一切权力属于人民”才能保证法治符合人民的普遍利益——或者至少是多数人的利益。因此，现代国家普遍认可“一切权力属于人民”的理论，使人民直接或间接地成为管理自身事务的立法者。“一切权力属于人民”作为立法监督制度存在的思想基础，要求立法监督机关进行立法监督时，尤其是在对立法行为和立法过程进行监督时，要切实保障公众参与地方立法权力的实现。

人民的意志能否在国家的政治生活中发挥决定性的作用是区分民主与专制的标志。为维护“法律是人民意志的体现”，近代民主国家普遍地设立对立法活动的监督制度，通过立法监督避免立法异化，追求人民意志在法律中的充分体现。根据社会契约论的观点，人原先是处于没有国家或政府的自然状态，只是为了解决自然状态下的种种困难或不便，才相互同意达成契约让渡手中的权力，从而产生了公共权力或国家。当人们订立社会契约建立国家以后，国家的最高权力就是立法权。立法权虽由立法机关或议会行使，但人民才是最高权力的享有者。因为立法权来自人民的授权，并且这种来源是立法权成为国家最高权力的基础和理由。从立法权的终止和变更上看，人民才享有最终的权力。人大立法是我国人民当家作主的重要形式，而公民广泛参与立法是社会主义民主的集中体现。如今，“开门立法”已成为一种不可阻挡的趋势。立法只有坚持群众路线，充分发扬民主，广泛听取各方面的意见，才能最准确地把握和反映人民群众的意愿，才能适应地方的具体情况和实际需要。

2. 权力制约和监督理论

习近平总书记在十八届中央纪委第二次全会上的讲话指出："要加强对权力运行的制约和监督，把权力关进制度的笼子里。""把权力关进制度的笼子里"，涉及"权力"和"制度"两个关键词。这些要被关进去的"权力"，指的是作为执政党和国家机关及其工作人员手中握有的公共权力。把权力关进制度的笼子里，既是对权力与制度关系的形象概括，也是回归权力本质的必然要求。权力是人民赋予的，行使权力必须为人民服务、对人民负责并自觉接受人民监督，为政清廉才能取信于民，秉公用权才能赢得人心。要彻底弄清"把权力关进制度的笼子里"这一命题，必须要回答"为什么关"和"怎么关"这两个问题。习近平总书记在省部级主要领导干部学习贯彻十八届四中全会精神全面推进依法治国专题研讨班开班式上强调："权力是一把双刃剑，在法治轨道上行使可以造福人民，在法律之外行使则必然祸害国家和人民。把权力关进制度的笼子里，就是要依法设定权力、规范权力、制约权力、监督权力。"在权力监督这个问题上，历来就有"上级监督太远、同级监督太软、下级监督太难"的困境。所以，要想管住权力、看好笼子，最好还是把"钥匙"交给群众来管，充分发挥群众监督权力的优势，充分释放群众监督以及舆论监督的威力，让笼子里的权力不敢出来甚至出不来，让笼子外的人不敢也不能放权力出来。

权力制约的目的主要是避免政府越权侵犯公民的合法权利。当然，立法机关也可能制定错误的法律，因而也有必要受到其他权力的制约。在所有权力中，立法权是最高权力，是法治国家所有权力的来源。但是如果不对立法权的行使加以限制，那么立法机构就可以制定法律授权政府做世界上的任何事，无论正义与否。法国思想家孟德斯鸠尖锐地指出："一切有权力的人都容易滥用权力，这是万古不易的一条经验。有权力的人们使用权力一直到遇有界限的地方才休止。"所以，"当立法权与执法权联合在一人或单个行政机构手中时，自由就消失了，因为人们将害怕制造暴戾法律的同一个君主或元老院将以暴戾的方式执行它们。当司法权不和立法权或执法权分离时，自由也不复存在。如果它和立法权相结合，那么在公民的生命和自由之上的权力就将是任意的，因为法官也将是立法者；如果它和执法权相结合，法官就能具有压迫者的力量。如果同一个或一群人——贵族也好，平民也好——运用这三项权力：制定法律的权力、执行公共决议的权力和判定罪行或个人争议的权力，那么一切都将丧失殆尽。"如果立法机关的权力不受限制，人民的权利就面临着的威胁。因此，为了保障人民的利益，由人民对立法机关的权力行使进行监督是十分必要的。

（二）地方立法公众参与监督与保障的宪法意义

立法者在进行制度设计时，必然带有特定的立法目的。立法目的如若违反法的一般价值或特定的价值取向，便背离了法律是“人民公意”的原旨。地方立法公众参与监督与保障制度的意义就在于对立法权的异化进行防范。制定和完善立法监督与保障制度是社会主义法治国家的标志，也是实现依宪治国的重要方式和途径。1954 年《宪法》初步确立了我国的立法体制和立法监督制度。“文革”期间，在特殊社会环境和政治环境中通过的 1975 年《宪法》并没有对立法监督做出规定。1978 年通过的《宪法》重新确立了立法监督制度。1982 年《宪法》的通过和 1979 年制定的《地方组织法》的三次修改，促使我国的立法监督制度得到了新的发展。我国《宪法》为公众参与地方立法提供了宪法依据。1982 年《宪法》第二条规定：“中华人民共和国的一切权力属于人民。”第二十七条第二款规定：“一切国家机关和国家工作人员必须依靠人民的支持，经常保持同人民的密切联系，倾听人民的意见和建议，接受人民的监督，努力为人民服务。”人民是国家的主人，参与国家和社会事务的管理是人民当家作主的一个重要方面，其中就包括参与立法活动。可见，地方立法公众参与的监督与保障具有重要的宪法意义。

1. 是保障现代民主政治的需要

对地方立法公众参与的监督之所以必要，是因为大多数国家都为降低政治成本而用代议制取代了直接民主。为确保公共意志在“代议”过程中不被扭曲，监督和制约便成为必不可少的手段。因为，立法者的任性和随意性可能会损害社会公正，使民主和法治不能得到很好的实现。所以，对公众参与立法过程的有效监督，是民主立法的必然要求，是民主政治的必然走向。公众参与立法监督的实质是保障立法真正体现民意，最大限度地保护公民利益，实现平等和自由。因此，在我国积极开展立法监督，并建立对公众参与地方立法的监督与保障制度，一方面可以维护民主集中制原则，规范国家权力的行使，另一方面可以保障人民的主体地位，维护公众参与地方立法的权利和自由，这对推进我国社会主义民主政治建设具有十分重要的意义。

2. 是实现“良法善治”的基础

习近平总书记指出，法律是治国之重器，良法是善治之前提；立法、执法、司法活动都要体现社会主义道德要求，使社会主义法治成为良法善治；

推进科学立法、民主立法、依法立法，以良法促进发展、保障善治。[①] 现代国家要求把法治建立在“良法”基础之上，因为不符合生产力发展要求的立法反而会成为社会发展的阻碍，这比没有法律还要糟糕。公众参与立法的监督与保障是实现“良法善治”的重要条件。马克思在论证立法权与司法权的关系时曾经深刻指出：“如果认为在立法者偏私的情况下可以有公正的法官，那简直是愚蠢而不切实际的幻想！既然法律是自私自利的，那么大公无私的判决还能有什么意义呢？在这种情形下，公正是判决的形式而不是它的内容。内容早已被法律所规定。”也就是说，要让执法、司法行为公正合法，首先必须对立法行为的价值、目的和内容进行判断审查。[②]

研究法律法规的制定与实施必须要分析其政治成本。政治成本不仅包含决策成本，还包含实施成本。通过直接民主制定的法律法规决策成本较高，但与社会公共利益最为接近，因而能够获得有效的实施并取得较好的效果，即实施成本较低；通过间接民主制定的法律法规决策成本相对较低，但运作的结果可能扭曲民意，甚至背离社会公共利益，所以实施阻力较大，并且无法取得积极效果，因此实施成本较高。法律的目的是实现社会公共利益，同时也希望尽可能降低政治成本。我国作为泱泱大国，实现全国范围内的直接民主成本太高，最好的方式就是折中——在人民代表大会制度的前提下，建立公众参与地方立法的配套机制，保障制定出的法律法规最大限度地体现民意，通过降低实施成本来控制政治成本，并实现立法的预期目的。法律法规如果在立法的过程中就纠正了某些缺陷，那么对于立法的实际操作就很有益处。因此，地方立法公众参与监督与保障制度的建立对于促进“良法善治”的形成起着举足轻重的作用。

三、监督与保障机制运行的制约因素

地方立法公众参与监督与保障机制的运行与发展是一个复杂的过程，除受制于一国法治水平之外，还要受到经济、政治以及文化因素的制约。

（一）经济与社会因素

公众参与地方立法是现代民主政治的内在要求。法律是民意的集中体

① 《实录：习近平总书记在党的十九大的报告》，http://news.youth.cn/sz/201710/t20171018_10888424_3.htm，2017年。

② 阮荣祥主编：《地方立法的理论与实践》，社会科学文献出版社，2008年，第347～348页。

现，而民意的表达机制除了通过选举人大代表间接表达，还有公众参与地方立法的直接表达。通常情况下，一个国家的经济发展水平和社会事务的公众参与度以及监督机制的完善程度呈现出耦合关系。经济发展水平越高，资源分配越复杂，公民的参与度越高。而随着公众参与立法的纵深发展，立法监督和保障机制也会更加完善。经济发展与变革是法律制度立、改、废的根本动因。满足经济发展带来的阶层分化、利益分化和社会分化的现实需要是立法制度变革的主要目的。共同利益的分化以及公民社会的发生，增强了公民与法律和政策的利益相关性，这继而促进了公众参与立法的积极性。与此同时，随着科学技术的发展，人类社会已步入人工智能时代。智慧社会发达的通信网络和智能技术为公众参与立法活动提供了更为便捷的途径，有效促进了公众与立法机关的良性互动。一方面，公众可以更加快捷地获取立法信息，知情权得到充分保障；另一方面，公众可以通过立法机关的网站、手机应用软件或者小程序更加有效地提出立法建议或批评质疑，从而参与立法活动，充分实现建议权和监督权。

社会治理是政府、企事业单位、社会组织、社区以及个人等主体通过平等的对话、协商、沟通以及合作等方式，依法对社会组织和社会事务进行引导和规范，并最终实现公共利益最大化的过程。社会治理的社会化和多元化要求社会主体在一定程度上能够起到对国家的监督和制约作用。公众参与是平衡社会治理多元主体之间的利益冲突，达成利益共识的有效途径。公众广泛参与地方立法活动和表达意见，从程序上看，多元利益主体的多样性利益诉求得到了平等对待，尽管最终的立法结果可能无法兼顾所有主体的利益诉求，但公平合理的表达机制本身已经将利益冲突进行了某种程度的消解。公众参与地方立法的过程，就是将利益共识转化为法律内容并予以实现的过程。地方立法的公众参与及其监督机制在一定程度上弥补了“关门立法”的缺陷，有助于实现立法资源的公平配置和社会治理的科学运行。

（二）政治与法律因素

古希腊思想家亚里士多德最早对“良法之治”做出了解释。亚氏认为，法治包括两重含义：第一，已成立的法律获得普遍的服从；第二，大家所服从的法律本身是良好的法律。扩大地方立法的公众参与度，有助于立法机关制定出真正体现民意的地方性法规。立法是法律运行的起点，而立法监督是法治的重要保障。有效可行的地方立法公众参与制度和监督保障机制是“良法之治”得以实现的前提与基础。公众参与地方立法需要配套的政治与法律制度的支持，唯有通过科学合理的程序性制度设计，方能将公众参与的权利落到实处。监督制度的“先天不足”会使公众参与流于形式，既增加立法成本、降低立法效率，又浪费立法资源。

（三）文化因素

地方立法公众参与监督与保障机制的形成与发展除了受到经济与政治等因素的影响，还会受到文化等因素的影响。社会制度是建立在一定的物质生产条件基础上和特定的文化背景下。一般说来，公众基于文化传承形成的行为习惯构成了制度的基础，经由“习惯—习惯法—成文法”的逻辑演化为法律规范。可以说，文化是制度的组成部分。正如德国法学家萨维尼所指出的那样，法律是一个民族特有的共同信念，即民族精神的产物。正如各民族的语言和风俗习惯具有差异一样，法律在各民族与国家之间也有差异，因此不具有绝对的普适性。从萨维尼的视角看，法律是民族精神的体现。一个国家民族精神的塑造过程亦是一国文化传承与演进的过程，也正是在这个过程中，形成了一个国家独特的法律文化。因此，一国社会制度的具体内容实质上深受本国法律文化的影响。

法律文化不仅是一国法律制度产生的基础与条件，同时也是法律运行的前提与保障。法律文化表明公众对法律现象和法律活动的认知、态度、价值、观念和信仰。公众对法律的态度会影响法律制度的运行。在崇尚法治信仰的国家，法律能够得到普遍尊重，公众参与地方立法的积极性和监督机关行使监督权的主动性都比较高。反之，在缺乏法治信仰的国家，公众怠于参加立法活动，甚至认为公众参与是形式主义，监督机关也怠于行使监督权，这必然影响法律的权威性。公众积极参与立法以及立法监督的有效实施均需要有特定的法律文化支撑，而法律文化的培育主要依靠教育和社会经验的代际传承。文化的传承展现了文化自身丰富多元的纵向继承和横向创造过程。文化和制度是两条腿走路。制度前行一步，文化也必须立即跟上；文化前行一步，制度也必须与时俱进调整。如果文化与制度发展脱节，正如两条腿走路步伐不协调，就会跌倒。所以公众参与地方立法及其监督机制的建设与运行状况，很大程度上取决于地方的法律文化基础。幅员辽阔的中国各地文化差异较大，法律文化水平也呈现出区域落差，因此公众参与和立法监督水平亦不均衡。

四、地方立法公众参与监督与保障机制的不足与完善

公众参与地方立法有积极效果也有消极效果。立法过程中，公众参与的环节增加了立法成本，降低了立法机关的立法效率。民主与效率这组矛盾对

我国这样一个资源有限的人口大国表现得尤为突出。为了确保地方立法最大限度地体现公共利益，必须建立和完善公众参与的监督与保障机制。各国民主政治发展的历史表明，对权力机关制约的机制日益完善是民主政治稳定发展的前提。我国应基于本国政治体制与权力架构的具体国情，建立具有现实可行性的公众参与监督机制，切实保障国家一切权力属于人民。

（一）存在的问题

1. 监督体制设计的不足

如前所述，我国现行立法监督的主体主要是各级立法机关，即各级人民代表大会及其常委会。立法机关作为监督主体具有权威性，但这种单向性的监督体制，难以设计有效的外在制约，立法机关不受外来的监督。在我国，对立法的监督主要还是来自立法机关内部，而且局限于对立法结果的监督，忽略了对立法过程即立法行为的监督。

2. 程序性规定的欠缺

程序性规定的欠缺包含两个方面：一是公众参与地方立法缺乏具体的程序性规定，公众如何行使参与权无法可循；二是监督程序尚属空白，监督机关如何行使监督权或如何追究责任也无法可循。虽然我国已经建立起多种公众参与地方立法的形式，但均缺乏具体的、与之相配套的程序性规定。因而在实践中，监督机关无法衡量公众是否已经有效地参与到地方立法活动中。无监督标准可以参考，监督机关便无法追究责任。因此，针对目前存在的问题，我们需要进一步细化公众参与地方立法的程序性规定，增强其可操作性。

3. 缺乏专门的监督工作机构

在我国，对立法结果的监督权主要是由各级人大及其常委会来行使的，但对立法过程的监督权却未明确规定监督机构。一般认为，权力机关享有的立法监督权不仅包含对立法结果的监督，即对下位展开的合宪性审查，也包含对立法过程即立法行为的监督。因此，人大和人大常委会有权监督公众参与地方立法，这是立法监督的题中应有之义。但由于人大职权范围的广泛性和监督职能的非独立性，决定了它无法克服非专门化和非经常化的局限，因此无论对于立法结果还是立法行为，它都难以实现全面监督。就目前情况看来，我国各地方人大常委会的监督机制尚不健全，缺乏专门机构负责监督工作。笔者以为，若要确保监督到位，必须设立专门机构负责对立法过程的监督工作。

4. 缺乏必要的责任机制

我国立法监督不完善还有一个重要原因就是责任机制欠缺，责任主体和责任内容不明确。对地方立法公众参与的监督而言同样面临这个问题。我国在司法活动中已经建立了错案责任追究制度，在行政执法活动中也实行了行政执法责任制，这些在一定程度上促进了司法公正和依法行政。但在立法监督领域并没有建立相应的责任机制，监督主体没有依法行使监督权的压力和动力，无论是越权监督、滥用监督权或者是怠于行使监督权，都无法追究监督主体的法律责任。法律有必要明确地方立法公众参与的监督主体及其职权与职责，通过完善监督机制保障民主立法。

（二）完善建议

1. 设立专门的监督机构

就公众参与地方立法而言，设立独立的立法监督机构从理论上看是利大于弊。按照现行法律的规定和权力机构的架设，可以在立法机关下设立法监督委员会，来行使对立法过程的监督权，包括对公众参与地方立法的监督。立法监督委员会作为常设机构可以有效推进立法监督工作的专业化，且其设立不会同我国现行政治体制相冲突。需要注意的是，立法监督委员会应当符合以下几个要求：首先，立法监督委员会不仅有权监督地方权力机关的立法活动，而且有权监督地方行政机关的立法活动。其次，立法监督委员会作为专门监督机构，应当吸纳专家学者加入，不断提高立法监督的专业性和技术性。最后，立法监督委员会可以主动行使审查权，也可以应国家机关的要求和社会团体、组织、公民的申诉被动行使监督权。

2. 引入有限的司法审查

司法审查制度是一项重要的现代民主政治制度。我国目前是否具备了创制此项制度并使之正常运作的可能性？部分学者持肯定观点，亦有学者抱持怀疑态度。在我国地方立法公众参与的监督机制中可以尝试引入有限的司法审查机制。在实践中，公众参与地方立法的权利如果受到侵犯，向司法机关反映冲突的意愿就会更强烈，主观上对司法机关也更为信任。客观上，我国现行司法理论和实践也为有限的司法审查制度奠定了一些基础。以对行政立法信息公开制度的监督为例。除了加强地方人大自身的监督，还可以尝试借助于行政诉讼法，向人民法院提起诉讼。现在的问题是，需要明确法院对此类案件行使司法审查权的条件，将公众参与地方立法的程序合法性置于人民法院的监督与保障之下。同时也必须明确，应当以坚持人民代表大会制度为前提，立足我国制度实践，设计具有中国特色的有限的司法审查制。从立法过程看，法院可以监督地方立法机关的公众参与过程，为公民的参与权保驾护航；从立法结果看，这种有限的司法审查只能对公众参与地方立法的程序性争议进行审查与提供救济，不能对法律法规的实体内容是否合宪进行审查。

3. 细化程序性规定

如前所述，我国地方立法公众参与制度程序性规定不足，这需要从两个方面着于完善：一是完善地方立法公众参与的程序性规定，提高立法技术，避免“必要时”“重要的”“可以”等模糊用语，明确公众参与地方立法的权利，从而确保公众参与权的实现；二是建立对地方立法公众参与的监督程序，明确监督机关、监督对象、监督手段、监督程序以及责任追究程序，增强其可操作性。以我国目前环境保护立法的现状为例。最初环境保护法是1989年制定的，经过了多次修订。最近一次是在2014年4月修订，2015年的1月开始实施。但环境保护法的修订无法完全满足目前环境风险规制的需要。因为环境保护立法专业性较强，技术色彩较重，立法主体需要设定一些公众参与的特殊条件，而这些特殊条件可能会导致一部分利益相关者被排斥在外。因此立法程序中需要设计更好的公众表达机制，对多元利益进行整合。利益整合时遵循的原则也需要明确下来，比如生存性利益是否应当优先于发展性利益。

4. 完善配套的责任机制

公众参与地方立法是确保大多数人的利益需求得以体现的途径之一。法律对应当维护的利益加以确认和规定，并以法律上的权利、义务、职权、职责作为保障这些利益得以实现的手段，而追究法律责任就是保障这些利益的最重要的手段。因此，法律责任是任何一个法律体系必不可少的组成部分。正所谓“无救济即无权利”，没有法律责任条款的设定，公众参与地方立法的权利就是一纸空谈。四川省人大常委会近年来坚持探索，充分发扬民主，实行开门立法，先后制定了《四川省人民代表大会及其常务委员会立法程序规定》《四川省人民代表大会议事规则》《四川省公民旁听省人民代表大会常务委员会会议规定》《四川省人民代表大会常务委员会公开征集地方立法选题和立法建议办法》《四川省地方性法规草案公开征求意见办法》《四川省地方立法听证会规则》《四川省地方立法技术规定》和《四川省人民代表大会及其常务委员会立法条例》等一系列有关公众参与地方立法的规定。由于缺乏系统完整的理论支撑，其中法律责任条款设置的合法性、合理性、有效性和可操作性还有待提高。建立地方立法公众参与的监督责任机制，要明确责任的追究主体、承担主体、责任追究程序以及监督主体的职权和职责。我国目前地方立法实践发展较慢，既有立法本身的问题，也有监督不力的原因。如果明确立法监督主体的法律责任，尤其是违法行使监督权或怠于行使监督权的责任，就会促使监督机构认真行使监督权，确保公众有效参与地方立法，提高立法质量。法律关系主体各方权利、义务规定要对等。尤其是对法律责任认定机关和执行机关的职责规定应详尽，条款设定避免限于表面化、形式化，以期实现对权力的有效监督，促进权力合法、合理、及时、有效行使。遵循“谁主导谁担责”的原则，初步形成针对部门保护主义和地方保护主义的人大主导立法的体制，不断完善立法监督制度。

第十章　地方立法公众参与实效与评估

一、地方立法公众参与的制度与实践——以四川省为例

《立法法》总则第五条明确规定："立法应当体现人民的意志，发扬社会主义民主，坚持立法公开，保障人民通过多种途径参与立法活动。"第六条规定："立法应当从实际出发，适应经济社会发展和全面深化改革的要求，科学合理地规定公民、法人和其他组织的权利与义务、国家机关的权力与责任。"党的十九大报告提出："推进科学立法、民主立法、依法立法，以良法促进发展、保障善治。"这是立法认识论的一次巨大跃迁，也是对立法理论一次非常重要的丰富和发展。科学立法体现了立法活动的专业性，民主立法突出了立法活动的公众参与，而依法立法则针对法出多门、部门利益和地方保护主义法律化等问题给出了解决方案。科学立法、民主立法、依法立法三者密不可分、相辅相成，形成严密的立法逻辑，为立法工作提出了新目标和新任务。近年来，各级地方人大都在创新形式、搭建平台、提供载体，大开公众参与之门。"公开、民主"已经成为地方人大工作的显著特色。

（一）四川省地方立法公众参与制度建设取得的成绩

依据《宪法》和《立法法》的规定，我国许多拥有地方立法权的地方人大纷纷制定地方性法规，规定公众参与地方立法的相关内容，为地方立法公众参与提供制度支持。笔者考察了四川省的相关制度，认为四川省关于公众参与地方立法的制度正处于不断发展之中，有待进一步完善。

四川省人民代表大会常务委员会早在1993年12月15日就通过了《四川省人民代表大会常务委员会关于制定地方性法规程序的规定》。其中第十二条规定："草拟地方性法规草案，应当充分调查研究，广泛听取基层单位和有关方面的意见。"2001年2月13日四川省九届人大四次会议通过了《四川省人民代表大会及其常务委员会立法程序规定》，其中第二十六条规定："列入常务委员会会议议程的地方性法规案，法制委员会、有关的专门

委员会和常务委员会工作机构应当听取各方面意见。听取意见可以采取座谈会、论证会、听证会等多种形式。重要的意见和建议应当作为资料印发常务委员会会议。”第二十七条规定：“列入常务委员会会议议程的重要的地方性法规案，经主任会议决定，可以在《四川日报》等报纸上公布法规草案文本，征询意见。常务委员会法制工作机构应当将各机关、组织和公民提出的意见收集整理后报主任会议，分送法制委员会和有关专门委员会，并根据需要，印发常务委员会会议。”第二十八条规定：“地方性法规案列入常务委员会会议议程后，常务委员会法制工作机构应当收集整理常务委员会分组审议意见和各有关方面的意见以及其他有关资料，根据需要，报主任会议，分送法制委员会和有关专门委员会或印发常务委员会会议。”

2002年四川省九届人大第五次会议修改的《四川省人民代表大会议事规则》也对公众参与地方立法做了明确规定。其中第十七条规定：“省人民代表大会全体会议设旁听席。旁听办法另行规定。省人民代表大会会议可以举行新闻发布会、记者招待会。”第二十五条规定：“列入会议议程的议案，提案人应向大会全体会议做关于议案的说明，由各代表团审议。有关专门委员会可以对议案进行审议，提出报告，由主席团印发代表。需要表决的议案，由主席团审议决定提交大会全体会议表决。专门委员会审议议案时，可邀请有关方面的代表和专家参加，发表意见。”第二十七条规定：“省人民代表大会会议举行前，省人民代表大会常务委员会对准备提请会议审议的重要的地方性法规，可以公布草案，广泛征求意见，并将意见汇总印发代表。”

2004年6月3日，四川省十届人大常委会为适应新形势、新任务对地方立法提出的更高要求，通过了《关于提高地方立法质量有关事项的决定》，确立了公开立法的三项制度，即公开征集立法选题和立法建议制度、公开征求意见制度、立法听证制度。为了使上述决议更具有可操作性，省十届人大常委会主任会议相继制定了《四川省人民代表大会常务委员会公开征集地方立法选题和立法建议办法》和《四川省地方性法规草案公开征求意见办法》，修改了《四川省地方立法听证会规则》和《四川省地方立法技术规定》。

2015年修订的《立法法》首次赋予所有设区的市地方立法权，四川省成为全国行使地方立法权市州数目最多的省。经过近一年准备，2015年12月4日，四川省人大常委会发布公告，省第十二届人大常委会第十九次会议决定：自贡、攀枝花、泸州、德阳、绵阳、遂宁、南充、宜宾、广安、达州、巴中、雅安、眉山13个设区的市人民代表大会及其常务委员会开始行使地方立法权，可以对城乡建设与管理、环境保护、历史文化保护等方面的事项制定地方性法规，并报省人民代表大会常务委员会批准后实施。这13

个市也成为四川省首批行使地方立法权的城市。四川省人大常委会充分发挥立法在引领、推动和保障改革方面的重要作用，加强了重点领域立法。2015年，在原规划92件立法项目的基础上，调整了本届省人大常委会立法规划，增加24件，取消5件。调整后的立法规划涵盖了民主法治、依法行政、村民自治、环境保护、社会法治、民生保障等领域，进一步提升了地方立法工作的针对性和有效性。

2016年1月29日，四川省第十二届人民代表大会第四次会议通过《四川省人民代表大会及其常务委员会立法条例》（以下简称《条例》）。该《条例》内容包括总则，立法规划、立法计划和法规草案起草，省人民代表大会立法程序，省人民代表大会常务委员会立法程序，设区的市和自治州地方性法规的批准程序，地方政府规章的备案审查以及附则，共7章74条。该《条例》第三条规定："地方立法应当维护社会主义法制统一，坚持依法立法、科学立法、民主立法。地方立法应当适应经济社会发展和全面深化改革的要求，体现地方特色。"第六条规定："制定立法规划和年度立法计划，应当向社会公开征集立法选题和立法建议。"第十五条规定："起草地方性法规草案应当加强调查研究，广泛听取有关机关、组织、省人民代表大会代表和社会公众的意见。新设行政许可、行政收费、行政处罚、行政强制措施和其他涉及行政管理部门与管理相对人之间重大利害关系的，应当依法举行听证。"第四十一条规定："列入常务委员会会议议程的地方性法规案，法制委员会、有关的专门委员会和常务委员会工作机构应当听取各方面的意见。听取意见可以采取座谈会、论证会、听证会等多种形式。法规案有关问题专业性较强，需要进行可行性评价的，应当召开论证会，听取有关专家、部门和省人民代表大会代表等方面的意见。论证情况应当向常务委员会报告。法规案有关问题存在重大意见分歧或者涉及利益关系重大调整，需要进行听证的，应当召开听证会，听取有关基层和相关利益群体代表、部门、人民团体、专家、省人民代表大会代表和社会有关方面的意见。听证情况应当向常务委员会报告。"

《四川省人民代表大会及其常务委员会立法条例》公布后，原2001年2月13日四川省九届人大四次会议通过的《四川省人民代表大会及其常务委员会立法程序规定》和2004年6月3日四川省十届人大常委会第九次会议通过的《四川省人民代表大会常务委员会关于提高地方立法质量有关事项的决定》予以废止。推进立法公开、体现科学民主、提高立法质量的关键在于能否为立法设置一套民主、科学的程序，充分地、最大限度地反映民意、集中民意和表达民意。四川省地方立法公众参与制度的不断完善和程序的进一步规范，有利于克服立法中的部门利益倾向，为提高立法质量提供了保障。

（二）四川省地方立法公众参与的实践

2004年，四川省人大常委会根据《四川省人民代表大会常务委员会关于提高地方立法质量有关事项的决定》的有关规定，首次向社会公开征集立法选题和立法建议。2005年9月1日，四川省人大常委会办公厅又通过《四川日报》、四川电视台、四川人民广播电台、四川人大网等媒体发布了向社会公开征集2006年度立法选题和立法建议的公告。截至2005年10月1日，收到64件共计65条立法建议，比上一年度增加27件。可见广大人民群众对地方权力机关的立法活动十分关注，参与的积极性也有明显提高。为尽可能吸纳征集到广泛的建议和意见，保护和提高广大人民群众的积极性，省人大常委会法工委对64件65条立法建议逐一进行了分析、筛选，提出了处理建议。建议涉及正在制定的地方性法规的，交由有关专门委员会立法时参考；建议符合地方立法需要，但条件尚不成熟，列入有关专门委员会、常委会工作机构作为立法调研、论证项目，成熟后转为立法项目；其他的建议给有关专门委员会作为工作参考。省人大常委会法工委逐一向建议人反馈了处理情况，并通过媒体向公众反馈了这次征集立法建议活动的情况。公开征集立法选题和立法建议有效地拓宽了省人大常委会与广大人民群众的联系，扩大了立法民主，也给地方立法工作带来了新的生机和活力。

2005年，为进一步发挥专家学者和实际工作者在地方立法中的作用，四川省人大法制委、常委会法工委在总结前两年立法咨询工作经验的基础上，加大了立法咨询工作力度，组织了形式多样的立法咨询活动。与一般公众参与立法不同，专家学者参与立法工作，能够发挥其地位超脱、知识广博的优势，利于促进立法的科学性。因此，法制委、法工委专门邀请咨询委员座谈，总结立法咨询工作的经验，探讨有效开展立法咨询工作的方式，研究地方立法中存在的问题。为使立法咨询工作不流于形式，确保立法咨询工作经常、有序地进行，法制委、法工委把立法咨询工作纳入了年度工作计划。2005年期间，咨询委员们积极参与地方立法起草工作和立法论证工作，还接受委托进行了立法专题调研。法制委与法工委将物业管理立法项目委托论证的工作交给了西南财经大学。该校法学院组建团队按照要求迅速制订了工作方案，广泛搜集和整理国内外物业立法相关资料，深入房产主管部门和物业管理企业进行调查，在充分了解物业管理现状的基础上进行制度设计，并反复征求法院、律师事务所、有关主管部门和物业管理企业的从业人员以及北京的知名专家的意见。按照委托要求，该团队于2005年10月份提出了

《四川省物业管理条例（建议稿）》和立法理由书。立法理由书采取理论推导与实证分析相结合的方法，就建议稿的每一条款都进行了详细阐述。可以说，咨询委员在参与地方立法活动中充分发挥了自身优势，且取得了明显成效。

为贯彻落实《民办教育促进法》及其实施条例，制定促进民办教育的地方性法规被列入了四川省十届人大常委会立法规划。2007 年 11 月，省政府法制办会同省教育厅牵头起草《四川省民办教育促进条例（草案）》并提交省人大常委会第一次会议审议。常委会组成人员普遍认为，草案的制定是促进民办教育发展的一项重要举措，具有重要意义。2008 年 3 月，省十一届人大常委会第二次会议对该草案进行了第二次审议，二审稿名称修改为《四川省〈中华人民共和国民办教育促进法〉实施办法》，但在民办教师养老保险、民办学校税收优惠等问题上仍存有较大争议。三审阶段，省人大法制委员会、常委会法制工作委员会会同教科文卫委员会又多次征求相关行政部门和社会各方面意见，并赴有关市、县进行调研和座谈，在充分听取和吸收各方面意见的基础上，数易其稿，最终形成了比较成熟的《四川省〈中华人民共和国民办教育促进法〉实施办法》草案修改稿。2008 年 7 月 25 日，《四川省〈中华人民共和国民办教育促进法〉实施办法（草案）》经省十一届人大常委会第四次会议审议通过，并于 2008 年 10 月 1 日起施行。这部地方性法规有三大亮点：①确立了民办学校教师可以参加事业养老保险的制度；②确立了民办学校突发事件应急管理制度；③确立了民办学校风险防范制度。这部地方性法规对于维护民办学校、教职工和受教育者的合法权益，规范民办教育的办学行为和管理行为，促进四川民办教育事业持续健康发展，具有积极的意义。

2008 年，汶川大地震后，四川及全国有 600 多万人通过各级团组织参加了抗震救灾志愿服务，还有难以计数的个人也自发加入了这一行列，重灾县（市、区）建设各级各类志愿服务站达 300 余个。在北京奥运会和残奥会期间，四川从 5 万余名报名者中挑选出 100 名志愿服务者，参加各项志愿服务。实践证明，作为一种影响广泛的社会行为，志愿服务不仅需要参与者的热情，还需要制度保障。据了解，目前世界上已有加拿大、美国、韩国、波兰、巴西、阿根廷等十几个国家制定了专门的志愿服务法律。广东是国内第一个为志愿服务立法的省份。很快，受广东经验鼓舞，山东、南京、福建等多个省、市制定了志愿服务地方性法规，对志愿服务活动予以支持和规范。但是，由于各地情况不同，此类法规大多地方性较强，且相互之间有较大的差异。正是由于志愿服务活动的蓬勃发展，促使四川省的志愿服务产生立法需求。四川省人大代表、省人大内司委分别着手深入调研，发现志愿者活动经费筹集和保障、志愿者基本权益保障、志愿者行为的监督和规范、志愿服务的记录以及激励机制的建立等问题都需要法律加以规范。2009 年 1 月 14 日，四川省人大代表联名提出关于制定《四川省志愿服务促进条例》的议案。2009 年 5 月 14 日，《四川省志愿服务条例》立法调研座谈会在西南交通大学举行。座谈会上，与会人员结合实际工作分别就《四川省志愿者服务条例（草案）》的构成和内容、法律和法规的专业表述、志愿服务组织管理、志愿服务高效运作以及志愿者社会认同等方面提出意见和建议。四川省人大和团省委相关领导肯定了与会人员对《四川省志愿服务条例（草案）》提出的宝贵意见和中肯建议。2009 年 9 月 25 日，四川省十一届人大常委会第十一次会议表决通过《四川省志愿服务条例》，并自 2009 年 12 月 1 日起实施。《四川省志愿服务条例》对志愿服务活动的原则、开展和保障做了具体规定，明确了志愿者的权利和义务。为解决志愿者的后顾之忧，《四川省志愿服务条例》规定，志愿服务活动的组织者可以根据自身条件和实际需要，为志愿者办理相应的人身保险。志愿者在志愿服务活动中遭受重大伤害或者死亡的，与用人单位建立了劳动关系的，依法享受工伤保险待遇；符合《四川省保护和奖励见义勇为条例》规定的，按照该规定处理。《四川省志愿服务条例》还规定，有关单位在招录公务员、学生和招聘员工时，有良好志愿服务记录的志愿者可以享受国家和地方有关的优惠政策。

2012 年 2 月，四川省人大常委会出台《四川省人民代表大会代表联系群众工作办法》，要求人大代表充分发挥密切联系群众的作用，充分发挥代表联系群众的天然优势。在《四川省人民代表大会代表联系群众工作办法》的示范指导下，四川各市州人大常委会先后制定了人大常委会组成人员联系人大代表、人大代表联系群众的办法、制度，推动联系工作规范化、制度化、常态化发展。2014 年 5 月，在四川省第十二届人大常委会第九次会议上，“代表应当密切同群众的联系，通过座谈、走访、持证视察、电话、信函、网络和参加集中视察、专题调研、小组活动等方式和渠道，听取和反映群众诉求”，这一全新条款写入修订后的《四川省〈代表法〉实施办法》。对代表而言，密切联系群众不仅是一种工作作风、一种政治责任，更是一项法律义务。人大代表唯有密切联系群众，才能最大限度地反映民意、集中民意和表达民意，立法机关才能充分发挥作用。

2015 年，四川省人大常委会就全省大气污染防治工作、财政教育资金投入以及绩效和养老服务业推进工作组织了调研。四川省人大常委会以“基层政府对污染治理有没有地方保护主义的情况？如何加以约束？”“教育资金廉政问题如何杜绝?”“城镇和农村的养老怎样平衡?”为主题先后进行了3次专题询问。地方立法机关对群众关注话题的重视与回应，获得群众和人大代表的一致“点赞”。2015年7月，四川省人大常委会对全省贯彻落实《安全生产法》《四川省安全生产条例》等法律法规情况开展执法时，特别增加了公开征集意见建议、典型案例跟踪检查等方式，同时还在现场进行了法律法规内容抽查测试。同年9月，在《四川省农村扶贫开发条例》实施3个月后，四川省人大常委会组织执法检查组赴16个市州开展执法检查，详细了解贫困群众的需求，并就如何确保《四川省农村扶贫开发条例》贯彻落到实处、怎样瞄准“短板”精准发力、如何因地制宜发展产业率先全面奔小康等问题提出了建议和意见。

二、地方立法公众参与之评估

地方立法评估是指特定的评估主体，按照一定的标准和方法，对地方立法活动的目标、功能和效果所做的评价和分析。它是贯穿地方立法全过程的评估工作，既是对地方性法规立项、起草、审议、颁布等阶段有关程序的评估，也是对地方性法规具体内容、实施效果和文字表述等法规实体的评估。每一项法规的出台，实际上都存在事前评价和事后评价的问题。对法规进行科学评价，将有利于我们对现行法规的审查、判断和及时修订，建立起适应社会需求的秩序。2015年第十二届全国人民代表大会修订《立法法》，赋予地方立法权给所有设区的市，同时其第三十九条、第六十三条也增加了可以组织进行立法评估活动的规定和要求。从此，我国各地立法评估工作开始呈现多样化发展态势，立法评估作为提高立法质量的关键环节，受到了我国各级地方立法主体的持续关注。就地方立法公众参与的评估而言，具有双重含义。第一，公众参与对地方立法的评估。地方立法评估包括立法前评估、立法中评估和立法后评估，公众参与对地方立法的评估主要体现在立法前评估和立法后评估两个阶段。拓宽公众参与立法评估的渠道是提高地方立法民主化水平的现实要求。第二，对地方立法公众参与机制与效果的评估。地方立法公众参与机制的科学设定和有效运行是地方立法质量和地方法治发展水平的重要保障。对地方立法公众参与机制与效果的评估实质上是对地方立法民主性的评估。

（一）地方立法评估中的公众参与

1. 立法前评估中的公众参与

2015年《立法法》修改，对于进一步完善立法体制，深入推进民主立法等做出了新的规定。根据建设中国特色社会主义法治体系、建设社会主义法治国家的目标要求，立法工作要对立法目标和任务做出科学合理的规划，要在更高层次、更高水平、更高质量上完善以宪法为核心的中国特色社会主义法律体系；要在统筹考虑各个方面立法需求的基础上，区分轻重缓急，突出重点，将条件比较成熟且比较重要的立法项目，以及重点领域的立法项目列入规划；要坚持问题导向，聚焦实践提出的问题和立法需求，通过立法着力解决发展不平衡不充分的制度性突出问题，弥补相关制度规范的短板和缺项。立法项目是否反映了实践中的具体立法需求？如何区分和判断立法项目的轻重缓急？对上述问题的回答均应建立在民意的基础上。因此，立法前评估中的公众参与显得尤为重要。

2016 年 1 月 29 日，四川省第十二届人民代表大会第四次会议通过的《四川省人民代表大会及其常务委员会立法条例》第七条规定："省人民代表大会常务委员会法制工作机构负责编制立法规划草案和年度立法计划草案。编制立法规划草案和年度立法计划草案，应当根据经济社会发展和民主法治建设以及实施重大改革决策的需要，综合考虑法律法规的实施情况和社会重大关切等因素，认真研究代表议案，广泛征集各方意见，科学论证评估，确定立法项目，提高地方立法的及时性、针对性。"第四十四条规定："拟提请常务委员会会议审议通过的地方性法规案，在法制委员会提出审议结果报告前，常务委员会法制工作机构可以对法规草案中主要制度规范的可行性、法规出台时机、法规实施的社会效果和可能出现的问题等进行评估。评估情况由法制委员会在审议结果报告中予以说明。评估报告印发常务委员会会议。"《四川省人民代表大会及其常务委员会立法条例》关于立法前评估的规定强调"广泛征集各方意见，科学论证评估，确定立法项目"，为公众参与地方立法的评估提供了法律依据。但第四十四条只明确了立法前评估的基本内容，并未对立法前评估的程序、评估结论的依据等做出具体规定，公众在立法前评估这一环节如何有效参与仍是亟待探讨和解决的问题。

近年来，学界对立法前评估的工作机制、方式方法的分析和研究略有积累，但对立法前评估中的公众参与研究较为薄弱。立法前评估应当坚持审慎性原则、专业性原则、合法性原则和民主性原则。一方面，立法前评估是社会公众通过个体或者专业组织机构参与评估，是一种对立法预期效果的评估，是评价主体享有立法权的体现。另一方面，就主体之间的关系而言，公众参与立法前评估又使得立法权在开放式参与过程中得到制约，这也是公众监督权的体现。

立法前评估中的公众参与主要体现在立法项目论证环节。科学合理地确定地方立法项目是保障立法质量的前提。2015 年修订的《立法法》对“确定立法项目”做出规定：“编制立法规划和年度立法计划，应当认真研究代表议案和建议，广泛征集意见，科学论证评估，根据经济社会发展和民主法治建设的需要，确定立法项目，提高立法的及时性、针对性和系统性。”地方立法项目的确定，不仅是法律法规统筹安排的需要，也是妥善安排公共利益的基础性工作。从全国的地方立法实践看，有的立法项目不完全是按照实践对立法的客观需求确定的，而是平衡有关部门、单位工作要求的产物；有的项目立法必要性不强，却占用了立法资源；有的立法可行性不强或立法时机不成熟，以至于在立法计划实施过程中形成“夹生饭”，被搁置起来；有的该立项未能立项，无法对实践需求做出及时回应。总体而言，在地方立法项目的确定上存在立法项目的价值取向不清晰、项目确定缺乏具体明确标准、立法项目的地方特色不显著、立法项目针对性不强等问题。地方立法项目论证的五个核心是：（1）是否迫切需要；（2）是否特色显著；（3）是否与上位法抵触；（4）是否与上位立法活动协调；（5）是否务实可行。其中，首要论证内容是“是否迫切需要”。在地方立法工作中要重视并区分轻、重、缓、急，应当优先安排“重要且紧急”的立法项目。事关地方经济社会发展面临的突出问题以及基层民众反映强烈的地方问题的项目通常被认定为“重要且紧急”的立法项目。因此，在地方立法项目论证中，应当科学设计公众参与的环节，让息息相关的利益主体作为评估主体行使权利。

2. 立法后评估中的公众参与

《立法法》第六十三条规定：“全国人民代表大会有关的专门委员会、常务委员会工作机构可以组织对有关法律或者法律中有关规定进行立法后评估。评估情况应当向常务委员会报告。”《四川省人民代表大会及其常务委员会立法条例》第五十二条也对立法后评估做了规定：“省人民代表大会有关的专门委员会、常务委员会工作机构可以组织省人民代表大会代表、专家学者、执法部门等对重点领域的地方性法规或者法规中的重要制度进行立法后评估。评估情况应当向常务委员会报告。”上述内容主要明确了立法后评估的主体，但并未对公众能否作为立法评估主体以及公众在立法后评估阶段如何有效参与做出具体规定。

学界对立法后评估较为关注，相关研究成果较多。关于立法后评估的主体，尽管《立法法》未明确规定公众作为评估主体的法律地位，但依据法理，学界认为公众当然可以成为立法评估的主体。立法评估中应对公众、专家和执业者三种评估主体进行分类研究，实现多主体、多类型、多视角的综合评估，保证评估结果的科学性和适度平衡。立法的目的是人民通过立法活动，行使管理国家事务、管理经济和文化事业、管理社会事务的权力，实现当家作主。因此，立法主体、程序、内容都应当恪守以民为本、立法为民的理念，把公正、公平、公开原则贯穿立法全过程。立法民主、价值优良、社会参与、凝聚共识是法律规范的价值取向。民主立法的过程，就是推动治理体系改革创新的过程，就是统一思想、寻找并凝聚共识的过程。[①]“没有公民协商和参与，民主最终是一个空洞而无实际意义的概念。”[②]公众参与立法后评估的意义有三点：第一，有助于了解法规的实施情况，并进一步促进立法质量的提高。第二，有助于强化公民的公众参与意识。在共同参与对法律法规实施状况的评估活动中，被评估的法律法规成为一种交往媒介，通过参与讨论，可以促进社会公众间的相互交流，从而达成公共利益共识以有效解决问题。第三，有助于进一步发挥人大的监督作用。作为国家监督体系的重要组成部分，人大监督是国家最高层次的监督，在法治国家建设中具有重要地位。通过公众参与立法后评估，可以帮助人大及时发现法律法规实施中的问题并提出修改完善方案，以提升法律法规的实施效果。[③]

以地方性法规清理为例。地方性法规清理是立法评估机制中一种重要的方式，也是地方立法机关实现自我监督的有效途径。法规清理是指立法机关对已颁布实施的法规通过一定的审查程序，做出修改、废止的决定的过程。法律法规的立、改、废在逻辑上构成一个合理的循环路径，法规清理是其中重要一环。相对于在立法前开展的立法规划编制和立法项目确定等工作，法规清理是在立法后开展的评估立法与完善立法的活动。“法与时转则治”，随着社会的不断发展，包括宪法在内的任何法律都要根据社会的发展进行调整，以满足社会发展的需要。地方性法规不仅调整面广，地方特色突出，且与公民个人的生活和利益息息相关，因而在地方性法规清理工作中更应当考察和尊重民意。地方性法规清理的条件主要有以下几个：（1）与上位法冲突；（2）国家政策做出重大调整；（3）无法满足社会需求（4）与同位法不协调。目前我国地方性法规清理工作中存在的主要问题是缺乏公众参与。对地方性法规清理工作的完善应当从公众参与方面入手，比如增加调研环节，真正立足实践进行立法评估与清理；加强公众对立法清理的参与意识，包括听取公众意见、建立专家咨询制度和听证制度。这样既可增强公众的主人翁

① 冯玉军：《中国法律规范体系与立法效果评估》，《中国社会科学》2017 年第 12 期。

② Michel Pimbert & Tom Wakeford. Overview-Deliberative Democracy and Citizen Empowerment，PLA Notes 40，2001.

③ 戴激涛、李锦滨：《网络调查：人大立法后评估促进公众参与的重要方式》，《人大研究》2013 年第 9 期。

意识，还能增强立法清理的民主性与科学性。

（二）对地方立法公众参与机制与效果的评估

对地方立法公众参与机制与效果的评估实质是对地方立法民主性的评估，主要包含三个方面：一是对地方立法公众参与程序条款的设定评估，评估程序条款是否科学合理以及具有明确的可操作性；二是对地方立法公众参与条款的执行评估，如法律责任种类和方式是否被采用，采用后达到了什么实际效果，有哪些没有预料到的结果，在执行期间条件发生了什么变化，以及是否做过修改；三是对地方立法公众参与实效的评估，要看是否进行了充分的调查研究和广泛地征求意见，比如论证会、听证会、座谈会等是否按规定举行，公众参与的程度和反馈的情况如何，公众意见的科学性和吸收的程度如何等。

冯玉军教授在中国立法学年会上介绍了对我国法律规范体系与立法效果满意度评估的调研数据。他所在的课题组依托中国人民大学“中国调查与数据中心”的技术平台，分别对公众、专家和执业者三种主体发放调查问卷收集评估数据，对立法完备性、科学性、民主性、受监督性 4 个二级指标以及其下细分出的 9 个三级指标逐个打分，继而通过数据分析评估我国法律规范体系的现实状况。其中二级指标“立法民主性”中的 3 个三级指标分别是立法公开性、公众参与立法和专家参与立法。课题组把公众参与立法指标细分为“提出立法建议”和“立法建议反馈”两个四级指标，针对“向制定该法律的有关方面提出自己的意见或建议”问题，公众对提出立法建议的好评率仅为 8%，相较于专家（25.1%）和执业者（15.7%）的好评率低了很多。针对“提出的意见或建议在立法中得到反映反馈”问题，社会公众的差评率相较法学专家和执业者又更高一些。[①] 调研结果显示，公众对立法的参与度不满意。我国现有法律规范体系与立法效果确实逐年在进步和完善，但是立法在符合社会实际以及公正合理等方面，尚有一定的提升空间。

1. 对地方立法公众参与机制的评估

2015 年《立法法》修订后，全国各地人大及其常委会纷纷将开展地方性法规评估工作作为提高地方立法质量的新尝试和新举措，试图通过评价法规的内容和实施来检验法规本身的合法性、针对性和可操作性。对地方立法公众参与机制的评估应当针对不同类型的立法区别对待。由于立法技术构造

① 冯玉军：《中国法律规范体系与立法效果评估》，《中国社会科学》2017 年第 12 期。

的不同，在立法起草中，公众参与的方式与程度也有所不同。地方立法从其规范体系与规范性质划分，可以分为促进型立法和管理型立法两类。促进型立法与管理型立法的立法原则与宗旨不同。促进型立法以促进、引导新兴公益事业或社会行为为立法宗旨，管理型立法以设定禁止或限制目标为立法宗旨。政府在促进型立法的定位上，具有主导性与服务性，强调的是在推动公益性服务发展中政府需要承担的职责；而在管理型立法中，强调的是政府的监管职责。促进型立法中通常会针对公众参与进行制度设计，具体包括政府激励制度设计和社会参与制度设计。而管理型立法中即使有公众和社会参与的内容，也只是作为管理的补充因素而存在的。公众和社会可以参与政府和社会公共事务，但是不对管理事务构成实质性的影响。

2. 对地方立法公众参与效果的评估

地方立法公众参与效果是地方立法评估的一个重要指标。地方立法公众参与效果评估是一种对立法的民主程序的评估，指评估主体对地方立法过程中公众参与的实际情况与效果所做的评估。地方立法公众参与效果评估不同于地方立法效果评估，后者是指评估主体根据一定的标准，对已经颁布实施的地方性法规的实施效果、总体质量和基本价值进行评价，并将评价的结论作为地方性法规进一步修改完善的重要依据。地方立法效果评估本质上属于立法后评估，而地方立法公众参与效果评估是贯穿立法过程的评估。

1）地方立法公众参与效果评估的意义

首先，地方立法公众参与效果评估是促进地方立法工作民主化的重要途径。随着依法治国基本方略的不断推进，地方经济、社会、政治和公共管理的各项工作都急需纳入法制轨道。地方立法日益成为保障地方各项事业发展的重要基础和依据。而地方立法的民主性则影响着地方立法在地方发展全局中作用的发挥。地方性法规只有符合社会发展规律和实际特点、反映最广大人民群众的利益诉求、最大限度地实现社会的公平和正义，它的价值才能够得以实现。地方立法公众参与效果评估就是为确保公众有效参与地方立法、民意得到充分体现而设计的。地方立法公众参与效果评估既是民主立法的动力，又是民主立法的有效途径。

其次，地方立法公众参与效果评估是监督地方民主立法、提高公民法律意识的有效途径。地方立法公众参与效果评估为监督主体和社会公众监督民主立法提供了现实的平台。社会公众是法规产品的最终消费者，只有得到社会公众的认同和遵循，法规才能够得以顺利实施。立法机关可以将公众作为评估的主体之一，一方面通过开展广泛的社会调查，听取公众对参与地方立法的意见和建议；另一方面也再次向公众宣传了“开门立法”的理念，引导公众积极参与地方立法。将评估工作置于广大人民群众的监督之下，既可以保障评估结论的客观性，又可以促使更多人关注立法，推进立法机关和社会的良性互动。

最后，地方立法公众参与效果评估是促进立法者转变观念，实现立法为民的一项重要机制。法规的制定者如果不能与法规的执行者和守法者充分沟通，倾听他们对法规的意见和建议，那么法规的制定就有闭门造车之嫌，法规的针对性和可操作性也一定会大打折扣。正是因为有了地方立法公众参与效果评估这样一种地方立法程序检验机制，立法机关才能自觉地摆正位置，在法规的制定中倾听人民群众的呼声，真正实现法为民所立，充分表达广大人民的利益诉求，保障人民的根本权益。

2）地方立法公众参与效果评估的原则

地方立法公众参与效果评估的原则是指评估主体对公众参与地方立法的效果进行评估时所应当遵循的基本准则，主要包括客观性原则、民主性原则和实用性原则。

第一，客观性原则。地方立法公众参与效果评估是从实践入手衡量和评价民主立法的运行情况。实践的客观性就决定了评估工作必须坚持实事求是，坚持主观与客观相结合。首先，评估过程要排除人为因素的干扰，评估主体应当有着公正、客观的态度和立场。立法机关作为评估主体尤其要防止先入为主的态度，要客观看待公众参与地方立法中的问题。其次，要掌握第一手资料，尽可能搜寻真实的信息，在对大量信息的整理中还要做到去伪存真。再次，评估过程所运用的各项指标应当具有客观性，评估过程中所做出的假设、预测等主观判断，只有建立在真实有效的资料的基础上才有意义。最后，评估的结论应当以充分的事实为依据，反映客观现实。

第二，民主性原则。民主原则贯穿整个立法过程的始终，它主要体现为立法主体的广泛性、立法行为的制约性、立法内容的平等性和立法过程的程序性。地方立法公众参与效果评估作为地方立法评估工作的一个环节，也必须遵循民主性原则。首先，评估工作要兼顾公众的参与和充分的表达。要尊重公众对参与立法活动的评价，充分听取他们的意见，吸纳他们的建议。特别要避免完全由立法者自我评价的情况发生。其次，评估的全过程应该公开透明，一方面要充分满足公众的知情权，另一方面还要自觉接受人民群众的监督。最后，评估的重点应当是公众参与地方立法的形式是否有效、民意是否充分表达、反馈信息的采纳程度等。

第三，实用性原则。地方立法公众参与效果评估的实用性原则主要是指评估的结论必须具有实效，要发挥实际作用。确保民主立法、提高地方立法质量是进行地方立法公众参与效果评估的出发点和落脚点。要实现这一目标，就要求我们建立畅通的反馈渠道，完善反馈方法和手段，将评估结论及时有效地反馈给立法起草、审议、决策的有关机关，为有关机关提供权利保障和救济以及做出有效决策提供参考。

三、地方立法公众参与评估机制的构建

《立法法》修订后，设区的市成为我国继省、自治区、直辖市之后的全新立法主体，国家开始积极探索提高地方立法质量的路径。加强地方立法评估力度，有利于促进地方治理实现“良法善治”。2015 年修订的《立法法》在赋予设区的市地方立法权的同时，将其立法权限明确限定于“城乡建设与管理、环境保护、历史文化保护等方面”。学界和立法实务界对于“环境保护、历史文化保护”两项立法权限基本不存在争议。但是，关于“城乡建设与管理”的具体范围是什么，却至今未形成统一的意见。虽然有争议，但有一点却是明确的，即设区的市的立法与民生息息相关，比如立法如何面对扶贫、减贫、脱贫等民生问题？如何解决环境问题？如何彰显区域特色或民族特色？等等。无疑，地方立法应当通过科学合理地设立公众参与条款保障民意和公共利益的表达与实现，而地方立法公众参与评估机制的构建与运行是公众有效参与的前提。

（一）确立多元化的评估主体

在现行的立法评估模式下，立法机关是评估工作的主导者，执法者、专家和公众虽然都有所参与，但大多是配合立法者的评估，在评估的目的、内容、方法上具有一定的被动性。这种现状与公民参与地方立法的不充分有密切关系。长期以来，地方性法规有着较浓重的行政管理法色彩。公民对地方事务管理缺乏发言权，而对涉及自身权益的事项又缺乏与立法者充分沟通的渠道，久而久之影响了公众参与立法评估的积极性。地方立法除了接受上一级立法机关的法律监督，还要接受社会监督，但社会监督的体制尚未建立。因此，现阶段应当推进地方立法公众参与评估主体的多元化，将评估主体拓展至独立第三方、社会公众以及相关利益团体，建立更加全面客观的评价机制。

立法机关为了更好地开展地方立法评估工作，也可以考虑设立专门的评估部门，集中专门的评估人才从事评估理论研究和实践活动，从而提高评估工作的科学化水平，同时还能在一定程度上避免“自己评价自己”的尴尬境

地。大部分的立法评估制度属于一种内部的立法评估制度。这种内部的立法评估制度可能会成为地方立法竞争的推手，导致非功能、重复性的地方立法泛滥，极大地增加立法成本、浪费法律资源。这对于新获得立法权的地区尤其不利。因此可以考虑建立第三方评估机制。第三方立法评估包括委托第三方立法评估和法定第三方立法评估。委托第三方立法评估时可能在评估对象的选择、组织、启动等方面受到立法机关的影响，评估权限分配方面独立性不足；法定第三方评估制度规定了评估对象的选择、评估程序、评估标准以及评估内容，立法机关只具有启动评估的权限，评估的整个过程还是由第三方来主导。地方立法机关可以根据自身立法水平以及经济发展程度选择合适的第三方评估模式。

伴随着社会各阶层、不同利益群体的分化，多元的利益冲突与诉求必然会在立法参与中有所体现。社会公众除以个人身份参与立法外，还可以借助社会组织的中介力量表达利益诉求。需要注意的是，由社会其他主体（包括独立第三方、社会公众、相关利益团体）进行评估时，评估过程和评估结果也要依赖立法机关的支持和配合。此外，未来区域立法合作加强，法治的联动性增强，区域合作将会在地方立法中占据重要的地位，公众参与的方式会随之发生变化，评估主体未来也会进一步细化分类。

（二）合理确定评估内容，重质量而非数量

评估内容主要是地方立法程序的民主程度，包括在提出议案、审议法案、表决和通过法案以及公布法案的整个过程中，是否贯彻了民主立法原则，贯彻的效果如何。概括地说，主要包含两个层面：第一，信息是否公开，社会公众的知情权是否得到有效保障；第二，公民和社会团体等是否能够充分地参与、影响和监督立法过程。具体来说，评估主要包含以下内容：立法活动的程序是否开放、透明，社会公众是否知情；社会公众是否享有平等参与地方立法活动的机会；立法选题、立法建议是否定期向社会公众公开征集；地方立法项目论证是否有公众参与；起草的法律草案是否向社会公开征求意见；是否充分听取了社会公众的意见，对反馈的公众意见采信情况如何。此外，立法过程中是否举行了立法听证会，是否在大众传媒上公开讨论了立法中的问题，人大代表是否向选区选民报告了立法情况，以及人大代表本人在此项立法活动中的发言和作用等，都属于评估内容。

评估内容还应当包括对地方特色的充分考量。地方立法应当因地制宜彰显区域特色。地方立法竞争应当以地方特色和立法质量为核心，而非单纯比拼地方立法的数量。

（三）科学的评估程序和智能的评估手段

评估程序包括三个阶段：评估计划的制订，评估的启动和准备，评估信息的采集以及分析整理。制度化的评估工作，首先要有计划性。要制订每年的评估工作计划，并将其纳入年度工作计划，根据立法工作的需要，从实际出发，确定评估的时间、项目和人员。根据年度评估工作计划，可以由人大常委会主任会议或者秘书长办公会议提出启动评估项目。评估最基础的准备工作是制订评估的实施方案，包括评估目标、评估主体、评估对象、具体的评估内容、评估方法和评估标准以及完成评估的时间表。其次要根据评估对象和评估内容设计问卷和调查图表。最后还要确定评估信息采集的区域和对象。具体来说，就是确定问卷发放的范围、实地考察的具体地点、座谈会的参加人等。评估信息的采集是评估的一项基础性工作，它关系到评估主体能否获取真实而充分的评估信息，得出客观科学的评估结论。因此要做好以下三点：首先，信息采集应当遵循合法、客观、真实、公正的基本原则；其次，要科学地选择信息采集的对象；最后，要明确信息采集的方式，畅通信息采集的渠道。目前评估信息的采集主要通过专题报告、问卷调查、专题调研会、实地调研和开辟网上评估专栏等方式。我们一直倡导在法规制定过程中“开门立法”，力求立法的公开化，对公众参与立法的评估工作也应如此。评估过程的公开，一方面有利于保障公众的知情权和监督权，另一方面也是提高公众参与地方立法积极性的一种途径。

智慧社会建设背景下，评估手段逐渐智能化，公众参与效能显著提高。在继续有效运用传统立法评估方法的同时，应当善于结合运用现代网络科学技术和数据分析方法，促进科技化、智能化立法。当下，“智慧城市”所代表的不仅是城市发展形态，而且是未来人类社会生存和发展的基本方式。将大数据技术引入地方立法，改变传统公众参与模式和立法评估手段是必然趋势。大数据的自身特征、数据挖掘技术、可视化技术、共享技术在地方立法的公众参与中有着巨大优势和推动作用。地方立法由“精英化”逐渐向“大众化”转变，可真正实现“立法数据化”。[①] 大数据近年来在立法领域的成效令人欣喜，但在大数据应用于地方立法的过程中可能会受到制度、人才、个人信息保护、数据共享等方面的制约，智能评估手段本身亦需要通过法律加以规制。

① 曹瀚予、汪全胜：《大数据在地方立法公众参与中的应用》，《电子政务》2018 年第 10 期。

（四）评估报告的形成与结论的反馈

评估报告是对评估结论来龙去脉的综合阐述，是整个评估活动的总结性文件。它主要包括以下内容：一是对整个评估活动的概述，包括评估目的、评估主体、评估主要过程，采用的评估方法和标准等；二是对公众参与地方立法的评价，包括参与形式、代表的确定方式、民意采信度等等；三是评估结论，公众参与是否实现了预期目的，发挥了怎样的作用，存在的问题以及解决方案或完善建议；四是由评估工作而引发的对整个立法工作的思考，也可以称之为评估工作的启示。评估结论的反馈，是指评估结论形成后对评估结论的利用。评估本身不是目的，通过评估纠正立法中的程序错误，实现民主立法才是评估的目的。因此，评估结论的反馈与采信是整个评估工作发挥作用的关键。要保障对评估结论的反馈与采信落到实处，就有必要明确评估结论反馈和采信的程序。反馈的程序主要包括评估报告的提交、常委会的审议以及审议意见的交办。具体来说，评估组完成评估后，应当将评估报告提交常委会主任会议，由其决定是否提请常委会会议审议。①

四、我国地方立法公众参与的困境与对策

（一）我国地方立法公众参与的困境

公众参与地方立法对于保障地方立法的公正、维护民众的合法权益、推进公民自治、培育公民社会有着特殊重要的意义。近年来，我国许多省市已出台了有关地方立法公众参与的规定，将公众参与地方立法机制的建设推向了新的高峰。但客观地说，我国现行地方立法公众参与机制与构建法治社会的要求尚有一定距离，有待进一步完善。

1. 缺乏统一的制度设计与程序规制

首先，立法机关对社会公众在立法活动中所起的作用没有给予足够的重视，因而没有通过法律将公众参与立法作为一项公民权利确定下来；其次，关于公众参与地方立法的程序性规定欠缺，没有制定切实有效的途径和措施保障该项权利的实现；再次，欠缺监督和反馈制度，对法案交由社会讨论后收集到的意见如果不加以分析和采纳，会使公众参与地方立法流于形式。由

① 阮荣祥主编：《地方立法的理论与实践》，社会科学文献出版社，2008 年，第 442～445 页。

于缺乏统一的制度设计与程序规制，我国公众参与立法并没有成为公众的法定权利，保障公众参与立法的实现也没有成为立法主体的法定职责和义务，导致实践中公众参与立法行为失据，立法主体组织公众参与立法的活动则因自由裁量权过大而易陷入形式主义或带有主观随意性，这也会影响公众参与立法的积极性与实效性。而且，公众参与地方立法制度的缺失，使有关机构或部门无法充分考虑所要调整的社会关系的状况，无法认识到矛盾所在以及解决途径，进而影响地方性法规的质量。由于没有通过统一制度将公众参与地方立法的机制固定下来，使得公众参与具有随意性。比如，立法项目如何进行调研和论证，地方立法哪些内容必须公开公告，立法听证和立法座谈如何举行，立法助理如何发挥作用等等，全由立法者决定，没有统一标准。再比如立法听证中，听证范围不明确、听证程序不完善，如何确定听证会的具体内容、如何确定听证陈述人、依据什么标准等等都未见相关规定。因此，从我国地方立法实践看，公众参与立法的相关制度仍需重视和完善。

2. 存在部门利益本位现象

目前我国地方立法提出立法项目的主体集中在政府及其工作部门。由于政府及其部门是执法主体，具有人力、财力、组织上的优势，提出立法项目也占据一定的优势。不仅如此，实践中，我国绝大多数地方性法规都是由政府部门起草后，就直接交付审议的，没有广泛征求社会公众的意见和建议。而且地方政府可能从地方利益出发，利用国家赋予的立法权限，通过地方立法来扩充自身享有的权利，减少应履行的义务，为公民、法人和其他组织设定较多的义务规范，使权利和义务不对等。

3. 公众参与地方立法过程中信息不对称

立法过程中的信息不对称是对立法过程中信息传递确定性不高的一种描述，也是对立法过程中法案的提案、起草、审议、表决等各个环节的参与者和参与机关利用彼此之间信息上的不对称，将对其不利的信息加以掩盖或者提供有倾向性的信息以达到左右法案通过的一种描述。立法过程中信息不对称的直接原因是立法过程缺乏民主化和科学化的保障机制。立法过程中的信息不对称不仅包括提案机关和立法机关之间的信息不对称，还包括立法机关、提案机关与社会公众之间的信息不对称。就前者而言，一般是地方政府部门利益本位影响的结果。就后者而言，目前我国有关立法机关只对公众提供或者公布法规草案，不提供或者不公布关于法规草案的说明和法规草案要规范的主要内容以及法规草案起草的主要依据等，公众获取的有关法规草案的信息有限，不利于公众解读法规草案和提出意见。社会公众对立法机关提出的立法议案的背景信息基本上不了解，对立法机关取舍信息的标准也不了解。而且实践中，法律没有明确规定立法机关应当公布哪些信息或资料，因而相关信息的公开都由立法机关决定，社会公众的知情权难以得到保障。

4. 公众参与途径单一，有待多元化与智能化

社会公众参与立法的途径单一，也会影响公众参与地方立法的效果。目前，公众参与的途径主要是传统的座谈会、论证会和听证会等。从立法程序上看，公众参与主要是参与对立法草案的讨论。而我国有些地方法案尽管在形式上向社会公开征求意见，但途径单一，没有充分考虑公开的程度和效果。有些只在大众媒体公布，没有积极宣传，也没有相应的立法说明，公民在对法律不了解的前提下很难参与讨论。而且，立法的民主性应当体现在立法活动的各个方面和环节，包括在立法计划制定阶段、起草阶段、提案阶段、审议阶段、表决阶段以及公布阶段，都可以设计公众参与的途径，为社会公众参与地方立法开辟渠道。只有普遍地、真实地和全面地公开立法过程，确保公众广泛地参与到地方立法全过程中，才能保证地方立法的质量。目前我国正处于建设智慧社会、推进智慧社会治理的加速发展时期，地方立法公众参与的途径应当并且可以借助于智能技术和科技发展实现多元化与智能化。

5. 缺乏反馈机制，地方立法机关未与公众形成良性互动

目前我国很多地方立法机关都没有建立与公民的良性互动机制，公众对立法机关到底有没有采纳自己所提的意见毫不知情，欠缺反馈机制的立法程序有违科学性。应当明确，立法机关对公众征求的意见要记录在案，分门别类，以示尊重。对于公众的任何立法意见和建议，地方立法机关都应当采取认真负责的态度做出答复。

6. 公众参与立法的热情不高

体现人民意志的法律规范最终是由社会物质条件决定的，但是，除了物质条件外，政治、思想、道德、文化、历史传统、民族、科技等因素也对法律产生不同程度的影响。民主科学的立法机制的建立必须以社会公众相应的心理和素质为基础，以相应的思想文化水平为支撑。尽管我国中央立法和地方立法都在扩大社会公众参与方面做出了许多努力，而且我国公民的权利意识也在不断增强，但是，从总体上来说，我国社会公众参与立法的热情仍然不高，究其原因主要有以下几个方面：第一，受传统文化影响，公民权利意识仍有待提高。传统文化强调义务和服从，而文化具有惯性，至今还影响着公民的权利意识。第二，受利己主义影响，“囚犯困境”仍在发生作用。许

多人认为立法与自己没有多大关系，于己没有多少实际利益，因而没有必要参加这些社会活动。而且如果大家都参与了，那么自己不参与也不会影响民主的结果；如果大家都没参与，自己参与也拯救不了民主——这种“理性人”的思维模式也普遍影响着社会公众的思想和行为。第三，受立法机关工作的影响。立法机关的工作对社会公众参与立法的热情有直接影响。如果一些立法机关组织的社会公众参与立法的活动最后都流于形式，就会使公众对法制失去信心。

（二）我国地方立法公众参与机制的完善建议

1. 建立完善的公众参与制度，保障公众的参与权

首先，我国公众参与立法的权利与基本原则应当通过法律法规明确下来。应在《立法法》总则中明确规定我国公众除通过人大及其代表行使立法权外，还依法享有通过多种途径参与立法的权利，立法主体有职责和义务保障公众参与立法权的实现。我国公众参与立法的基本原则应当包括：（1）民主原则，即以立法成为民意的表达为宗旨，力求公众参与立法的广泛性和多元性，并通过民主化的程序设置，充分保障公众真实有效地行使参与立法权；（2）公平原则，即任何公众均享有自愿平等地参与立法的权利，立法主体应当尊重公众的参与权，不得限制或剥夺任何公众的这一法定权利，同时，应平等对待参与各方的意见、建议和利益诉求，不得存有偏私，这是法律面前人人平等的宪法原则在公众参与立法上的体现；（3）公开原则，即立法信息的全方位公开，无论立法文档还是立法过程都应公开化，以保障公众的知情权和监督权，使其有效参与立法；（4）全程参与原则，即公众参与立法的权利应体现并贯穿于立法程序的各个阶段，缺乏公众参与要素的立法阶段性成果没有法律效力；（5）便民原则，这是民主、公平原则实现的必然要求，即立法主体在立法过程中应尽可能地为公众参与立法提供各种便利条件，如顾及我国经济社会发展不平衡的现实，尽量多渠道公开立法信息和征集公众意见，立法信息公开语言应通俗易懂，给予弱势群体更多的意见表达机会与途径等；（6）参与时效原则，公众参与立法不仅要注重公平，也要兼顾效率，即应根据立法程序的不同阶段和具体的公众参与形式，恰当合理地安排公众参与时效，超出时效限制的公众参与行为无效。[①] 其次，要防止公众参与地方立法流于形式，保证立法的民主化和透明度，应当加快地方立法

① 江晖：《对我国公众参与立法制度完善的思考》，《法制与社会》2008 年第 9 期，第 2 页。

公众参与机制的法制化进程，完善公众参与地方立法的范围、方式和程序，建立一整套公众参与地方立法的有效机制。最后，应该充分发挥现有公众参与立法方式的作用，将一些行之有效的做法建成长效机制，上升为可以反复适用的行为规范，以免有些环节的操作长期处于不确定的状态，这样可以防止立法者的随意性，确保公众参与立法得以实现。

2. 增强公众参与程序的可操作性

《立法法》确立了公众参与立法的基本原则，但对公众参与立法的途径只做了概括性、原则性规定，即只规定国家机关制定法律、法规和规章“可以采取座谈会、论证会和听证会等多种形式”征求意见。这里的“可以”只是个准用性规范，而不是强制性规范，立法机构或部门完全可以自主地决定是否采取这些方式。《立法法》对这些途径的适用条件也未做具体规定，未确定座谈会、论证会、听证会各自的法律含义，在什么时候采用以及如何采用。这种规定缺乏具体的规范性和可操作性。如果地方立法机关对人民参与立法的规定沿袭《立法法》的规定模式，将使《立法法》确立的这一原则失去价值和意义。参与程序可操作性的强弱，直接决定了公众参与能否有效实现。因此，增强公众参与地方立法程序的可操作性，将公众参与地方立法的途径、形式具体化、规范化、程序化，是保证民主立法和提高立法质量的必然要求。与美日等国家相比，我国公众参与地方立法程序规定得过于原则化，缺乏可操作性，不利于公众参与。因此我国在公众参与地方立法权利与方式法定化的前提之下，应加强对参与具体程序的设置，提高参与制度的可操作性。

3. 防止部门利益法制化，避免越权立法

在传统的立法工作中，政府及其部门控制了部分法律法规的起草权和提案主动权，而人大自主立法的数量有限。立法的起草工作决定了整部法的走向，有关利益也只有在这个环节才能系统性地输入。因此，在人大立法中防止部门利益时，完善立法起草制度就显得特别重要。要建立由人大主导，中立专家、学者、利益相关人和相关部委参与的制度，才能在法案的起草中让多方平等、有序地进行博弈。要加大人大自主起草的力度，继续发挥各级政府与部门在立法中应有作用的同时，也要淡化部门利益，防止部门利益法制化。[①] 要让立法从草案起草阶段就体现民主，能反映各方利益，就必须实行立法回避制度，将法律、法规、规章的起草委托于中立的第三方。实行立法

① 阮荣祥主编：《地方立法的理论与实践》，社会科学文献出版社，2008 年，第 13 页。

回避后，有利害关系的个人与部门不介入，中立的第三者在草案中就更能照顾各方的利益。鉴于公众监督地方立法存在着虚置危险，适度限制立法机关的主导性就成为必然。具体做法是明确规定哪些地方立法公众必须参与，哪些地方立法公众可以参与。对于公众必须参与的法案，地方立法机关不得以任何理由拒绝。此外还要建立立法参与责任制度，即立法主体违反其法定职责和义务，以作为或不作为的方式，侵犯公众参与权的，应明确规定其相关机构和人员必须承担法律责任。

4. 完善地方立法信息公开制度

公众有效参与地方立法的基本条件和前提是公开立法信息。信息公开程度低，公众无法了解立法的背景情况，就很难对草案进行评价以及提出建议。完善立法信息公开制度包括以下几个方面：（1）完善地方性法规、规章草案的公告制度。要公开有关规范性文件的各种草案、说明、背景资料、立法讨论中的会议记录等，同时要强化公告的法律效力。公告应是地方立法机关的法定义务，地方性法规和规章的草案应以公告为原则，以不公告为例外。（2）建立地方立法会议公开制度。地方立法机关公开其为立法而召开的相关会议内容，是公众了解地方立法活动的基本运作状态及进程、掌握地方立法草案相关背景资料的重要途径。建议以专门法律法规的形式规定地方立法会议公开的范围、例外情况、公开的形式、公众参与的必要程序以及违反会议公开制度的法律后果等。（3）完善公开征求立法建议制度。通过广泛的公民参与进行立法项目的论证、筛选，一些重要的、质量较高的、具有可操作性的立法建议将被列入立法计划，进入立法程序。在立法草案出台后，立法机关应尽量利用政府门户网站、政府公报、政府信息专刊、政府信息公开热线等多种渠道公布草案，或者召开新闻发布会，利用报刊、广播、电视等媒体发布，让民众知晓所立之法的内容和目的，最大限度地倾听公众的声音。（4）建立公众意见处理说明公告制度。公众参与地方立法，提出自己的观点和意见，旨在得到立法机关的认真对待和平等考虑。制定者对公众所提意见最终是如何对待和处理的，应在法案公布时予以简要说明，使公众知晓某类意见被采纳或不被采纳及其理由。建议通过立法将立法项目、立法规划、立法草案及其说明、立法议事过程及其记录、公众参与立法的意见及其反馈、公众参与立法情况报告等重要立法信息纳入法定的立法信息公开范畴，建立立法文档并赋予公众查阅相关立法信息的权利，明确规定立法信息公开的主体、具体内容、途径、时限及违反公开义务的法律责任。此外，我们还可以实行依职权公开和依申请公开相结合的立法信息公开方式，全面保障公众的知情权。

5. 利用智能技术完善公众参与的途径

首先应当推进公众参与地方立法途径的多元化与智能化。参与方式越丰富越有效，公众在参与时选择性就越强，每个人都可以尽可能选择适合自己的方式参与地方立法，从而有效地提高公众参与地方立法的积极性。同样，参与方式越丰富，立法机关的选择面就越宽，在不影响公正的前提下，地方立法机关可以选择最能提高立法效率的方法，这样可以降低立法成本，避免立法久拖不决的情况出现。除立法建议（包括立法项目、议案、草案）征集、立法调研、开放式听取意见、听证会、座谈会、论证会、列席和旁听、立法评估、立法质询等传统参与形式以外，还可以利用高新技术通过立法网站、手机应用软件等网络智能技术，完善公众参与地方立法的途径。其次，要推进公众参与方式的便民化。便民的参与方式，既能降低公众参与的难度又能降低公众的参与成本，吸引更多公众参与地方立法，使得地方立法更加民主化和科学化。以地方立法中的听证制度为例，听证会的召开一般都在中心城市，而边远地区的公众参加听证会往往要付出时间和金钱等较多的成本，还可能要面对交通不便的困难。因此很多人放弃参加听证会，这在很大程度上影响我国地方立法的民主性。为解决这一问题，建议地方立法机关利用现在发达的即时通信技术，开展网上听证。这样不仅能提高公众参与的效率，还能保护和提高公众参与的积极性。

6. 建立公众立法意见反馈制度

立法机关对公众在参与立法过程中所提的重要意见和建议是否得到采纳，应当书面给予答复并说明理由，以调动和保护公众参与地方立法的积极性。反馈机制的欠缺，不仅会影响公众的参与热情，还会使公众失去对民主立法的信赖，进而影响国家机关的公信力。因此，有必要建立立法意见反馈制度，将立法意见的反馈作为立法主体的法定职责，即无论采纳与否，立法主体都应在认真收集、整理、研究、论证公众意见的基础上，依照法定的程序、方式与时限明确告知公众其意见处理的情况及理由。比如，立法机关对于通过征求意见得到的建议应当认真研究，然后根据公众参与方式的不同，将对这些意见和建议的处理情况以及处理理由明确回复参与者。在参与活动结束后，相关部门还应当将对各种意见的采纳与不予采纳的情况及其理由向社会公布。对于参与积极性高、见解有研究价值的公众，可以邀请他们参加立法座谈会、论证会、听证会以及旁听人大常委会会议，让他们了解立法工作的进程，进一步发表意见和建议。此外，法律法规付诸实施后就会对社会产生影响，而这种影响可能是正面的，也有可能是负面的，所以还必须建立法规的公众评价反馈制度，对法规产生的社会效果由社会公众进行合理评价，并将结果反馈给立法机关，以便对法规进一步修改和完善。

7. 完善公众参与地方立法的配套措施

1）提高公民权利意识，培养公众参与的主动性与积极性

公众参与的主动性越高，参与地方立法的公众的广度就越大，这既可以提高地方立法的民主性，又能够有效减少制定的法规在将来实施过程中遇到的阻力。我国社会公众参与地方立法的不充分一定程度上也缘于我国公民权利意识的薄弱。因此，在和谐的民主法治社会的构建中，必须强化公众参与立法的权利意识。地方立法肩负着贯彻落实《立法法》确立的人民参与立法原则的责任。对于立法机关而言，保障公众参与立法是一种义务与责任；而对于公众来说，参与立法是在行使自己的民主权利。为了增强人民群众参与立法的积极性，需要扩大地方立法信息的公开程度，加大宣传力度，必要时还可以让公众旁听立法过程，以调动公众参与的积极性。

2）建立激励制度，给予参与者一定的物质补贴和精神鼓励

公众参与地方立法，要付出一定的时间和精力，即参与成本。立法机关可对参与的个人给予一定的物质补贴，如给予适当的食宿费、交通费和资料费等。费用由立法部门列入立法成本。除了物质补贴外，还可以从精神层面给予奖励，比如将参与情况载入个人资料中，作为个人信用的一项内容。对于那些对地方立法有较多经验的公民，有关部门还可以与其建立经常的联系，以便在今后的立法工作中主动征求意见。对积极参加的公民要以机关的名义、用书面形式表示感谢，欢迎他们继续关心和支持地方立法工作，以增强参与者的荣誉感。此外，还可以建立公众参与立法的表彰奖励制度，明确规定表彰奖励的目的、类型、程序与方法等，这有利于推动我国公众参与立法制度的完善。

3）充分发挥社会团体的作用，提高吸收公众意见的能力

现实生活中，各个领域存在着不同的利益集团。唯有各种不同的利益群体、不同阶层代表的不同意见、观点和要求得以充分地表达和反映，地方立法才能做到全面、客观、真实和准确。我国已经形成了不少反映这些利益的特殊社会团体，如工会、妇联、企业家协会、消费者权益保护协会等。在立法中应发挥它们的积极性，尤其要充分发挥中介组织与行业协会的作用，使中介组织和行业协会成为地方立法公众参与的重要主体，发挥其社会和行业自律管理的作用，在地方立法中充分表达相关利益群体的意见和建议。

主要参考文献

1. 吴大英，任允正，李林. 比较立法制度［M］. 北京：群众出版社，1992.
2. 唐孝葵，欧阳振，黄湘平. 地方立法比较研究［M］. 北京：中国民主法制出版社，1992.
3. 夏勇. 走向权利的时代——中国公民权利发展研究［M］. 北京：中国政法大学出版社，1995.
4. 王飙. 实用立法技术［M］. 北京：中国法制出版社，1995.
5. 李步云，汪永清. 中国立法的基本理论和制度［M］. 北京：中国法制出版社，1998.
6. 郭道晖. 当代中国立法［M］. 北京：中国民主法制出版社，1998.
7. 周旺生，张建华. 立法技术手册［M］. 北京：中国法制出版社，1999.
8. 马怀德. 中国立法体制、程序与监督［M］. 北京：中国法制出版社，1999.
9. 刘作翔. 法律文化理论［M］. 北京：商务印书馆，1999.
10. 全国人大常委会办公厅研究室. 地方人大 20 年［M］. 北京：中国民主法制出版社，2000.
11. 周旺生. 立法研究：第Ⅰ卷［M］. 北京：法律出版社，2000.
12. 管仁林，程虎. 发达国家立法制度［M］. 北京：时事出版社，2001.
13. 蔡定剑，杜钢建. 国外议会及其立法程序［M］. 北京：中国检察出版社，2002.
14. 汪全胜. 立法听证研究［M］. 北京：北京大学出版社，2003.
15. 陈家刚. 协商民主［M］. 上海：上海三联书店，2004.
16. 周旺生. 立法学［M］. 北京：法律出版社，2004.
17. 江山. 中国法理念［M］. 北京：中国政法大学出版社，2005.

18. 于兆波. 立法决策论［M］. 北京：北京大学出版社，2005.
19. 刘建兰，张文麒. 美国州议会立法程序［M］. 北京：中国法制出版社，2005.
20. 朱力宇，张曙光. 立法学［M］. 北京：中国人民大学出版社，2006.
21. 汤唯，毕可治. 地方立法的民主化与科学化构想［M］. 北京：北京大学出版社，2006.
22. 张文显. 法理学［M］. 北京：法律出版社，2007.
23. 孙育玮，等. 完善地方立法立项与起草机制研究［M］. 北京：法律出版社，2007.
24. 曾祥华. 行政立法的正当性研究［M］. 北京：中国人民公安大学出版社，2007.
25. 阮荣祥. 地方立法的理论与实践［M］. 北京：社会科学文献出版社，2008.
26. 卓泽渊. 法治国家论［M］. 北京：法律出版社，2018.
27. 哈罗德·伯曼. 美国法律讲话［M］. 北京：生活·读书·新知三联书店，1988.
28. 詹姆斯·M. 布坎南. 自由、市场和国家：20 世纪 80 年代的政治经济学［M］. 北京：北京经济学院出版社，1988.
29. 托克维尔. 论美国的民主［M］. 北京：商务印书馆，1997.
30. 约瑟夫·熊彼特. 资本主义、社会主义与民主［M］. 北京：商务印书馆，1999.
31. E. E. 谢茨施耐德. 半主权的人民：一个现实主义者眼中的美国民主［M］. 天津：天津人民出版社，2000.
32. 马凌诺斯基. 文化论［M］. 北京：华夏出版社，2002.
33. 哈贝马斯. 在事实与规范之间：关于法律和民主法治国的商谈理论［M］. 北京：生活·读书·新知三联书店，2003.
34. 罗伯特·达尔. 多头政体：参与和反对［M］. 北京：商务印书馆，2003.
35. 威尔·金里卡. 当代政治哲学［M］. 北京：生活·读书·新知三联书店，2004.
36. 詹姆斯·博曼. 公共协商：多元主义、复杂性与民主［M］. 北京：中央编译出版社，2006.
37. 詹姆斯·博曼·雷吉. 协商民主：论理性与政治 [M]. 北京：中央编译出版社，2006.
38. 卢梭. 社会契约论 [M]. 北京：商务印书馆，2008.
39. 约翰·罗尔斯. 正义论 [M]. 北京：中国社会科学院出版社，2011.
40. 亚里士多德. 政治学 [M]. 北京：商务印书馆，2017.
41. 李林. 立法听证制度的理论与实践 [J]. 中外法学，1991，3 (5).
42. 黄子毅. 中央地方权力配置与地方立法 [J]. 中国法学，1994 (4).
43. 卢文春. 浅谈地方立法中的部门保护主义 [J]. 法学杂志，1997 (6).
44. 汪全胜. 美国的行政立法听证制度探讨 [J]. 行政法学研究，2001 (3).
45. 王鉴辉. 我国地方立法的价值取向研究初探 [J]. 现代法学，2002 (2).
46. 王春光. 民众参与立法是法的正当性之基础 [J]. 法学杂志，2002 (2).
47. 曾凡跃. 论法理念之中西差异 [J]. 重庆大学学报：社会科学版，2003 (4).
48. 肖萍. 透明度原则与地方立法公开制度 [J]. 南昌大学学报：人文社会科学版，2003 (4).
49. 周旺生. 论法律利益 [J]. 法律科学，2004 (2).
50. 陈家刚. 协商民主引论 [J]. 马克思主义与现实，2004 (3).
51. 陈家刚. 程序民主的实践：中国地方立法听证规则的比较研究 [J]. 南京社会科学，2004 (3).
52. 俞荣根，江材讯. 试论立法听证的论辩性——以重庆市立法听证为例 [J]. 法制与社会发展，2005 (5).
53. 崔卓兰，孙波. 地方立法质量提高的分析和探讨 [J]. 行政法学研究，2006 (3).
54. 王惠玲. 专家在立法听证中的角色和作用 [J]. 现代法学，2007 (1).
55. 马怀德，陶杨. 我国地方立法听证效力的表现方式 [J]. 苏州大学学报：哲社版，2007 (3).
56. 黄信瑜. 从程序正义的视角看我国立法听证制度的实践 [J]. 法学杂志，2008 (4).

57. 饶世权，饶艾．地方立法公众参与的实质、问题与对策［J］．理论与改革，2008（1）．
58. 饶世权，饶艾．地方立法公众参与的概念、主体与价值［J］．西北大学学报：哲学社会科学版，2008（1）．
59. 宋方青．地方立法中公众参与的困境与出路［J］．法学，2009（12）．
60. 杨福忠．论我国公共信任期待下的立法听证制度［J］．武汉理工大学学报：社科版，2010（4）．
61. 徐琳．试论完善中国立法听证制度的运行环境［J］．学术论坛，2011（5）．
62. 桂林，陈保中．公众参与地方立法的实践与完善［J］．理论探索，2011（3）．
63. 吴兴国．论我国公众参与地方立法的完善路径［J］．江西社会科学，2013（7）．
64. 田玉麒．地方人大立法听证制度：功能定位、实践经验与发展趋向——基于上海市人大立法听证实践的政治学分析［J］．河北法学，2016（7）．
65. 李晓波．论公众参与地方立法的法制意义［J］．华南理工大学学报：社会科学版，2016（1）．
66. 黄信瑜．公众参与地方立法制度创新：实践反思与完善制度［J］．学术论坛，2016（12）．
67. 冯玉军．中国法律规范体系与立法效果评估［J］．中国社会科学，2017（12）．
68. 顾爱平．公众参与地方立法的困境与对策［J］．江苏社会科学，2017（6）．
69. 郭清梅．公开征集立法项目建议的国内外比较研究［J］．西安交通大学学报：社会科学版，2017（6）．
70. 张晓，岳盈盈．打通立法与民意之间最后一公里：关于破解地方立法公众有序参与困局的实证研究［J］．中国行政管理，2017（2）．
71. 张卉林．论专家参与在民主立法中的功能定位及制度完善［J］．湖南社会科学，2017（2）．
72. 冯玉军．立法参与的理论与实践［J］．河北法学，2018（3）．

73. 李建新. 公众参与地方立法的局限［J］. 河北法学，2018（3）.
74. 曹瀚予，汪全胜. 大数据在地方立法公众参与中的应用［J］. 电子政务，2018（10）.
75. 王子正，赵佳丽. 地方立法的公众参与问题研究［J］. 河北法学，2018（3）.
76. 乔治·M. 瓦拉德兹. 协商民主［J］. 马克思主义与现实，2004（3）